T0247131

Un año con
con
Dios

---◦---

365
devocionales del
Nuevo Testamento
para la
Mujer

ORIGEN

Penguin
Random House
Grupo Editorial

Primera edición: agosto de 2023

© 2023, Penguin Random House Grupo Editorial USA, LLC
8950 SW 74th Court, Suite 2010
Miami, FL 33156

Editora en general: Keila Ochoa Harris
Colaboración: Keila Ochoa Harris (ko), Margie Hord de Méndez (mhm),
Mayra Gris (mg), Yuri Flores (yf)
Diseño de cubierta: www.produccioneditorial.com
Foto de cubierta: Wacomka/Shutterstock

A menos que se indique lo contrario, todas las citas bíblicas son tomadas de la Santa Biblia, NUEVA VERSIÓN INTERNACIONAL® (NVI®) © 1999, 2015 por Biblica, Inc.®, Inc.® Usado con permiso de Biblica, Inc.® Reservados todos los derechos en todo el mundo. Otras versiones utilizadas: Versión Reina-Valera 1960 © Sociedades Bíblicas en América Latina, 1960. Renovado © Sociedades Bíblicas Unidas, 1988 (RVR1960); La Santa Biblia, Nueva Traducción Viviente, © (NTV) Tyndale House Foundation, 2010. Todos los derechos reservados; Palabra de Dios para Todos (PDT) © 2005, 2008, 2012 Centro Mundial de Traducción de La Biblia © 2005, 2008, 2012 Bible League International y Dios Habla Hoy (DHH) Dios habla hoy ®, © Sociedades Bíblicas Unidas, 1966, 1970, 1979, 1983, 1996. Nueva Biblia de las Américas™ (NBLA)™ Copyright © 2005 por The Lockman Foundation. Traducción en lenguaje actual (TLA) Copyright © 2000 by United Bible Societies. La Biblia de las Américas (LBLA) Copyright © 1986, 1995, 1997 by The Lockman Foundation.

Impreso en Colombia / Printed in Colombia

ISBN: 978-1-64473-797-2

ORIGEN es una marca registrada de Penguin Random House Grupo Editorial

23 24 25 26 27   10 9 8 7 6 5 4 3 2 1

¿Cuándo fue la última vez que leíste el Nuevo Testamento completo?

Quizá has leído toda la Biblia una vez o más. Sin embargo, en esta ocasión, queremos proponerte enfocarte en el Nuevo Testamento: un capítulo o sección a la vez, masticando y saboreando lentamente los Evangelios y las epístolas. Recorramos juntas los cuatro evangelios, retratos de nuestro Señor. Vivamos con emoción los Hechos de los apóstoles que hoy se siguen escribiendo en todo el mundo donde hay cristianos proclamando la salvación. Aprendamos de las epístolas de diversos autores que nos explican las profundidades de la redención al tiempo que nos invitan a vivir íntegramente. Finalmente, sumerjámonos en el Apocalipsis para recibir una infusión de esperanza en estos días difíciles.

Nuestra oración es que la lectura bíblica toque tu vida y que estas breves reflexiones te ayuden a poner en práctica lo aprendido.

Con cariño,

LAS AUTORAS

1ro de enero

Con nosotras

He aquí una virgen concebirá y dará a luz un hijo, y llamarás
su nombre Emanuel, que traducido es: Dios con nosotros.
Mateo 1:23 (RVR60)

Una mujer en las noticias decía: "No saben lo que es vivir aquí". Tiene razón. No sé lo que es vivir en Afganistán bajo el régimen talibán; no sé cómo es vivir en una aldea empobrecida de la India; no sé lo que es tener un hijo con un defecto congénito del corazón y darme cuenta de que en mi país no hay hospitales capaces de operarlo.

Quizá así se sintieron los muchos personajes mencionados en el primer capítulo de Mateo. Después de muchas generaciones de judíos, desde Abraham hasta José el padre de Jesús, podían haber dicho: "Mira, Dios, somos el pueblo escogido y queremos seguirte. ¡Pero tú no sabes cómo es vivir en este mundo!". Y ¿qué hizo Dios?

Se mudó al vecindario. Dios se hizo hombre. Vino al mundo como un bebé que nació en Belén y al que nombraron Jesús. ¿Para qué? Para mostrarnos su amor y su plan de salvación. No había otra manera de ayudarnos, salvo muriendo en nuestro lugar por nuestros pecados. Nadie más, salvo Dios mismo, podía unir la brecha de separación.

Al empezar un nuevo año, podemos descansar en esta hermosa promesa: Dios está con nosotras. No es ajeno al dolor ni a la enfermedad, a la traición o al desengaño porque ya lo experimentó. No creemos en un dios indiferente a nuestros problemas; no leemos sobre un creador que hizo todo, se dio la media vuelta y se fue. ¡No! Tenemos un Dios al que podemos llamar Emanuel: Dios con nosotras.

Señor, gracias porque estás conmigo.

KO

2 DE ENERO

NO ERES PEQUEÑITA

*Pero tú, Belén, en la tierra de Judá, de ninguna manera
eres la menor entre los principales de Judá.*
Mateo 2:6 (NVI)

Los menores de edad tienen pocos derechos. El más joven de dos
líderes es el de menor poder o importancia. Una cantidad menor
de dinero tiene menor poder adquisitivo. Las minorías tienen
menos peso en las decisiones de un grupo o un país. Del mismo
modo, esperamos poco de un pueblo pequeño como Belén, o de
las personas que proceden de él.

Sin embargo, la profecía de Miqueas decía de Belén: "De ninguna
manera eres la menor entre los principales de Judá" (5:2, NVI).
Estas palabras se reflejan en el himno "Y tú Belén", escrito por
el pastor mexicano David Pérez: "No eres pequeñita, pues de ti
saldrá el Guiador". Aunque un lugar insignificante a los ojos de
los hombres, se consideraba la tierra del rey David y del Mesías
prometido que nacería de su linaje.

Los sabios del Oriente esperaban encontrar al rey de los judíos
en Jerusalén, en un palacio, pero Dios los dirigió a otro lugar,
del que ya había sido profetizado: "De ti... saldrá un príncipe que
será el pastor de mi pueblo Israel" (v. 6, NVI).

De manera semejante, en nuestros días se busca a líderes importantes e imponentes en lugares donde destacan, y rara vez a
uno que llegó como bebé en un humilde establo de Belén. Dios,
sin embargo, se deleita en usar semillas de mostaza y el sencillo
refrigerio de un niño. Aun cuando te sientas débil, recuerda que
"de ninguna manera eres la menor" en el plan de Dios.

Gracias, Padre, porque por pequeña que me sienta yo, me puedes usar.

MHM

3 DE ENERO

SACRIFICIOS INÚTILES

Y una voz del cielo decía: "Este es mi Hijo amado;
estoy muy complacido con él".
Mateo 3:17 (NVI)

En la aldea de Castrillo de Murcia, España, los moradores celebran la fiesta de Corpus Christi con un extraño ritual. Esta tradición, que data de 1620, se conoce como el salto del Colacho o el salto del diablo. En ella, se colocan bebés sobre un colchón delgado en el suelo ¡y alguien los salta! Creen que hacer esto limpia a los bebés del pecado original y les ayudará en sus vidas, protegiéndolos, incluso, de la enfermedad.

Tristemente, esta tradición no funciona. Los bebés crecen y empiezan a hacer sus primeras travesuras en cuanto pueden. Se necesitó a un niño perfecto, un hijo perfecto, para expiar los pecados de todo el mundo, y este fue Jesús. Cuando fue bautizado, Dios mismo dijo que se complacía en Él, y así mostró cuán amado era por su Padre.

Jesús fue un hijo obediente, "obediente hasta la muerte y muerte de cruz" (Fil. 2:8, RVR60), y su sacrificio fue suficiente para pagar por nuestro pecado. Somos salvos por fe y por su sangre inocente. ¡Qué maravilla saber que tenemos un Salvador que complació a su Padre y que hoy nos rescata del pecado original!

¿Queremos proteger a los niños a nuestro alrededor? ¿Queremos ayudar a los niños en nuestra vida? No es necesario saltarlos en un colchón, sino presentarles a Jesús, el Hijo de Dios, quien desea limpiarlos, ayudarlos y protegerlos para siempre. ¿Cuándo fue la última vez que compartiste estas buenas noticias con un niño? Busca una oportunidad hoy.

Gracias, Dios, porque tu sacrificio fue suficiente para salvarme.

MG

4 DE ENERO

CIENTO POR CIENTO HUMANO

*Luego el Espíritu llevó a Jesús al desierto para que el diablo
lo sometiera a tentación.*
Mateo 4:1 (NVI)

"¿Por qué no puedo dejar de pecar? Por favor, ¡ayuda!". En este grito de alguien luchando desesperadamente contra sí mismo vi reflejado mi propio corazón. ¿Cuántas veces hemos querido dejar algún pecado y no podemos? ¿Por qué seguimos mintiendo y hablando mal de otros?

Muchos piensan que Jesús venció las tentaciones porque era Dios, tomando esto como excusa para no abandonar su pecado. Ciertamente Jesús es cien por ciento Dios y se despojó de sus atributos divinos en su condición humana. Sin embargo, si el Señor Jesús hubiera usado su divinidad para vencer las tentaciones, nos estaría exigiendo una obediencia imposible.

En su vida terrenal, el Señor fue tentado; sus enemigos querían que desobedeciera y deshonrara a Dios. De hecho, el diablo no fue el único tentador; también lo fueron sus amigos más cercanos como Pedro, o los gobernantes que le presionaron a no decir la verdad y le mataron por su obediencia. ¿Adivinas cuál fue su arma contra la tentación? La total dependencia de su Padre Celestial, que se mostró en su oración durante horas antes del amanecer y en la Escritura que había acumulado en su corazón desde pequeño.

¿Contra qué pecado luchas? ¿La envidia, los celos, la mentira o el orgullo? Busca pasajes en la Escritura que hablen específicamente sobre esos pecados y memorízalos. La próxima vez que seas tentada, pide ayuda a Dios y saca tu espada, es decir, las palabras de Dios que has guardado en tu corazón, y ataca al enemigo.

Lléname de tu Espíritu y de tu Palabra para no pecar contra ti, Señor.

YF

5 DE ENERO

NECESIDAD

Dios bendice a los que son pobres en espíritu y se dan cuenta de la necesidad que tienen de él, porque el reino de los cielos les pertenece.
Mateo 5:3 (NTV)

"No necesito ayuda. No tengo un problema". Quizás has escuchado estas palabras con pesar en el corazón pues provienen de alguien que claramente tiene una adicción y niega que esto es un obstáculo en su vida. Los expertos nos dicen que solo hasta que muchos de ellos "tocan fondo" comienzan a reconocer su condición.

En el ámbito espiritual sucede lo mismo. Como seres humanos solemos creer que podemos solucionar nuestros problemas por medio de nuestra astucia, inteligencia y esfuerzo. Pero llega el momento en que "tocamos fondo" y la única manera de salir del pozo es mirando hacia arriba. En otras palabras: reconocemos nuestra pobreza espiritual.

Cuando Jesús predicó uno de sus sermones más importantes comenzó con el versículo del día de hoy. Usó la palabra "pobre" que describe a un mendigo o a alguien totalmente destituido que solo puede cubrir sus necesidades por ruegos y la misericordia de otros. ¿Hemos llegado a este punto de total dependencia? Escucha la buena noticia: ¡somos dichosas cuando estamos conscientes de que estamos desahuciadas!

A todas nos llega ese momento de sabernos incapaces de enmendar o dirigir nuestras vidas. ¿Lo has experimentado? Si ya caminas con Dios, es necesario que recuerdes constantemente que lo necesitas; mantén una actitud de pobreza espiritual siempre. Si hoy te das cuenta de que no puedes más, la bendición de Dios está contigo. Confiesa delante de Dios tu incapacidad y recibe su ayuda. A los indigentes espirituales nos pertenece el reino de Dios. ¡Somos bienaventuradas!

Señor, hoy reconozco mi necesidad de ti. Venga tu reino a mi vida.

KO

6 DE ENERO

OJO POR OJO

No resistas a la persona mala. Si alguien te da una bofetada
en la mejilla derecha, ofrécele también la otra mejilla.
Mateo 5:39 (NTV)

En Rancho Nuevo, un pueblo indígena de México, un grupo de cristianos fue "excluido"; ya no se los consideraba miembros de la comunidad y sufrieron ataques de sus vecinos. Cierto día, un chico cristiano de trece años llamado Rodrigo, fue golpeado en un ojo por una piedra que tiró otro joven. Su retina se dañó gravemente y se requirió de una cirugía especializada para salvar su vista.

Si Rodrigo hubiera vivido en los tiempos antiguos, quizá habría pensado en este pasaje: "Han oído la ley que dice que el castigo debe ser acorde a la gravedad del daño: "Ojo por ojo, y diente por diente"" (v. 38, NTV). El otro chico debía dar uno de sus ojos en intercambio por el que Rodrigo perdió.

Sin embargo, Jesús siguió hablando y dio otro enfoque a esa ley. Declaró: "Pero yo digo: no resistas a la persona mala" (v. 39, NTV). Después nos recuerda que debemos amar a nuestro prójimo y añade: "Pero yo digo: ¡ama a tus enemigos!" (v. 44, NTV). ¿Cómo habrán reaccionado los que oían a Jesús ese día en la colina? ¿Cómo recibimos nosotras estas palabras?

En vez de buscar la venganza, Rodrigo procuró la amistad de su adversario. No solo perdonó a su compañero, sino que mostró el amor de Cristo hacia él y ofreció darle clases de guitarra. En menos de un año, el muchacho agresor era parte de la iglesia. A su corta edad, Rodrigo nos ofrece un gran ejemplo de obediencia a las enseñanzas de nuestro Maestro. ¿Lo imitamos?

Señor, necesito de ti para vencer al odio y al menosprecio con amor.

MHM

7 DE ENERO

SOMOS FAMILIA

Vosotros, pues, orad de esta manera: "Padre nuestro que estás
en los cielos, santificado sea tu nombre".

Mateo 6:9 (LBLA)

¿Recuerdas lo que significa *ohana*? En la película de caricaturas, Lilo le explica a Stitch que "ohana" significa familia, "y la familia no te abandona ni te olvida". Sin duda es un pensamiento hermoso. La familia fue idea de Dios.

Cuando Jesús enseñó a orar a sus discípulos, inició su oración diciendo: "Padre nuestro". Podría haber dicho "Padre mío", pero no lo hizo. Él se identificó como uno de nosotros y quiso enfatizar que pertenecemos a una familia en la que todos somos hermanos y Dios es nuestro Padre. ¿No es maravilloso?

Aun si llegamos a perder a nuestros padres terrenales, no somos huérfanos ni estamos desamparados. Si nuestras familias imperfectas nos rechazan, nuestro Padre Dios nunca nos abandona ni nos olvida. Su amor es inefable y nos ha comunicado que podemos recurrir a Él en oración cuando lo necesitemos. En otras palabras, la oración no es solo un medio para hablar con Dios, sino un vínculo que nos une como familia. La oración nos recuerda la fidelidad de Dios y nos invita a participar en ella como una comunidad.

Lilo describe a su familia así: "Nuestra familia es chiquita, y está un poco rota, pero nosotras podemos cuidarte y ayudarte a ser bueno". Las hijas de Dios podríamos decir algo similar pues la familia de la fe es pequeña y no es perfecta, pero tristemente no podemos hacer a nadie bueno. De eso se encarga nuestro Padre, quien no solo nos adopta por medio del sacrificio de Cristo, sino a quien podemos ir siempre en oración.

Gracias por ser mi Padre.

MG

8 DE ENERO

¡EL AUTÉNTICO TESORO!

Porque donde esté vuestro tesoro,
allí estará también vuestro corazón.

Mateo 6:21 (RVR60)

¿Sabes qué es la Bolsa de Valores? Es como un gran mercado en donde se venden o compran partes de una empresa llamadas acciones o títulos de propiedades. Los corredores de bolsa son los representantes de personas o de empresas, contratados por su habilidad para comprar o vender en el momento justo y obtener ganancias para sus representados.

Pero invertir en la bolsa de valores es riesgoso: tomar una mala decisión es perderlo todo. Mucha gente se ha empobrecido de la noche a la mañana invirtiendo en ella. Algunos, no pudiendo soportar vivir sin el dinero, se han suicidado. Su corazón estaba puesto en un tesoro efímero y sin valor real.

El Señor Jesús estaba enseñando a sus discípulos a distinguir entre los tesoros que se echan a perder o pueden ser robados, de los verdaderos tesoros: los que podemos esconder en un lugar más seguro, el cielo. ¿Qué puede ser un auténtico tesoro, más valioso que el dinero o el oro o los diamantes? Mi corazón me dice que lo grite: ¡Jesús mismo es ese tesoro!

Teniéndolo a Él, lo tenemos todo: amor, salvación, seguridad, promesas, cuidado y provisión. ¿Qué más podemos desear? Este tesoro es eterno y nadie te lo puede robar. Dice una canción: "¡Cristo es mi tesoro, la razón de mi existencia! Él será mi razón, hasta morir". Confíale al Señor tu seguridad, tu amor, tu supervivencia, ¡toda tu vida! No vas a equivocarte. Nada vale más que Él y nunca serás defraudada.

Señor Jesús, quiero que seas mi tesoro y que mi corazón
esté ahí donde Tú estás.

YF

9 DE ENERO

COMO UN GIRASOL

*Así es, de la misma manera que puedes identificar un árbol
por su fruto, puedes identificar a la gente por sus acciones.*
Mateo 7:20 (NTV)

A mi hija le encantan los girasoles, la alegría del verano. No solo
le gusta cómo rotan mirando al sol, sino que admira su tamaño,
que va de entre dos y tres metros, y sus pétalos de color amarillo. Pero ¿sabías que no solo sirven como adorno? Son más que
flores bonitas. Cuando se secan y parecen morir, nos regalan sus
semillas como alimento, su aceite como combustible y sus raíces
para limpiar la tierra de metales.

Quizá por eso Jesús terminó su sermón en el monte recordándonos que no es bueno juzgar a los demás. Las apariencias engañan
fácilmente pues, aunque muchos lucen los pétalos del supuesto
éxito, no producen frutos, es decir, no benefician a los demás.
¿Cómo entonces saber quién es quién?

Así como identificas un manzano por sus manzanas y una higuera por sus higos, identificamos a la gente por sus acciones. Y hay
básicamente dos acciones que importan, y que Jesús explica en la
última parte de su discurso. Están los que escuchan su enseñanza
y la siguen, y los que oyen sus instrucciones, pero no obedecen.

Cuando escuchamos y no obedecemos, somos como árboles malos, sin fruto y utilidad. En otras palabras, somos espinas que
jamás producirán uvas. Sin embargo, la obediencia producirá la
evidencia de que seguimos a Dios y bendecirá a otros. Cuando
la gente nos "pruebe" verá en nosotras el resultado del amor, la
paciencia, la bondad y mucho más. Por lo tanto, el día de hoy, seamos girasoles que sigamos a nuestro Sol de justicia en obediencia.

Señor, quiero obedecer tus mandatos y dar así fruto.

KO

10 DE ENERO

UN TOQUE QUE TRANSFORMA

Jesús extendió la mano y lo tocó.

Mateo 8:3 (NTV)

Mi hija y un grupo de amigos decidieron ofrecer una cena navideña a personas en condición de calle. Los amigos querían hacer más que darles comida en platos desechables, así que consiguieron sillas, mesas y platos para servirles en un parque de la ciudad. Un pequeño coro llevó música. Les dieron atención especial, platicando con ellos personalmente, haciendo contacto visual y tocándolos.

Algunos de los invitados no tenían donde bañarse y olían mal. Por lo menos uno sufría de algún problema mental, pero todos estuvieron sorprendidos y agradecidos ya que no los habían tratado como "intocables" sino como seres humanos con valor.

Así trataba Jesús a la gente. En la historia de hoy, un leproso se postró y dijo sencillamente: "Si quieres, puedes limpiarme". El hombre cuya enfermedad significaba distanciamiento y contaminación, horror por su apariencia y temor al contagio, se atrevió a acercarse, y mostró fe y humildad. Jesús, por su parte, extendió sus dedos y los posó sobre ese "intocable" para sanarlo. ¡Cuánta gratitud debió experimentar ese hombre por el toque amoroso de Jesús que comunicaba ternura y a la vez poder!

Hoy en día existen grupos de personas rechazadas por los demás. Son "intocables" por considerarse sucios, extraños o de aspecto desagradable. ¿Cómo se considera a los indígenas y a los indigentes, a los chicos de las tribus urbanas y a los discapacitados en tu comunidad? ¿Con cuáles de estas personas u otros similares tienes contacto? Que ese "toque" refleje el amor de Cristo y vaya acompañado de sanidad interior.

Señor, permite que bendiga a otros con un toque o una palabra de amor.

MHM

11 DE ENERO

TEN FE

—¿Por qué tienen miedo? —preguntó Jesús—.
¡Tienen tan poca fe! Entonces se levantó y reprendió al viento
y a las olas y, de repente, hubo una gran calma.

Mateo 8:26 (NTV)

Nunca he experimentado una tormenta en alta mar, pero sí un sismo pues en México suceden con cierta frecuencia. En mi país se registra una media de dos sismos al año con una magnitud superior a 7 en la escala de Richter. Lo peor es cuando la sacudida te despierta en la noche. ¡El temor se apodera de uno!

Cuando Jesús dormía en una barca se desató una tormenta en el mar de Galilea. La palabra griega que se usó para describir la tempestad es *seismos* de donde proviene la palabra sismo. También encontramos el adjetivo griego *megás* para referirse a las olas, lo que sugiere una sacudida agrandada un millón de veces. ¡Tal fue la magnitud de aquella tormenta!

Las tormentas y los sismos de la vida nos llegan inesperadamente. Tremendas olas de problemas pueden llenarnos de temor y tambalear nuestro espíritu. Los temblores financieros y emocionales nos sacuden. Sin embargo, nunca olvides que Jesús viaja contigo en la barca. Quizá pienses que duerme, pero Él está atento a tu clamor y despertará enseguida para reprender las olas.

Así que, en medio de las sacudidas acude al Señor como lo hicieron los discípulos. En el momento oportuno, el Maestro aplacará la tormenta y la bonanza llegará. Antes de dormir, encomienda al Señor tu camino y confía en su cuidado. Tu sueño será placentero y podrás descansar en Él, quien controla todo tipo de sismos y tormentas.

Jesús, confío en ti, dame tu paz.

MG

12 DE ENERO

IMPACTANDO NUESTRO MUNDO

Y sucedió que le trajeron un paralítico, tendido sobre una cama;
y al ver Jesús la fe de ellos, dijo al paralítico:
Ten ánimo, hijo; tus pecados te son perdonados.
Mateo 9:2 (RVR60)

Un alumno le preguntó a la antropóloga Margaret Mead cuál era el primer signo de una civilización, pensando que la experta haría mención de algún invento primitivo. Pero la respuesta radiaba en el fémur de un hombre que se había roto y que había sanado.

En un ambiente salvaje, si alguien se rompe una pierna, muere. No tiene suficiente tiempo para que su pierna rota pueda sanar, así que no puede escapar del peligro ni alimentarse. Un fémur roto que ha sanado muestra que alguien tuvo suficiente compasión para curar al perjudicado, resguardarlo y alimentarlo hasta recuperar la salud. "Ayudar a alguien más en las dificultades, es en donde empieza la civilización", concluyó Margaret Mead.

En esta historia ¿qué movió a Jesús a ayudar a este hombre enfermo? ¡La fe de sus amigos! La acción de estos hombres impactó al Señor y no sólo sanó al paralítico, sino que perdonó sus pecados. Además, la actitud compasiva de esos hombres, tuvo un efecto positivo en los testigos del evento de manera que muchos glorificaron a Dios.

¿Cuántos pueden decir que han recibido tu ayuda? ¿A cuántos has llevado a los pies del Maestro? La ayuda que podamos dar a otros, aunque pensemos que nadie la aprecia, deja una huella en el entorno que nos rodea. El Señor Jesús dice que, si hemos recibido de gracia, demos de gracia. Ayudar a alguien más en las dificultades no solo es una muestra de civilización, sino de la vida cristiana.

Ayúdame, Señor, a impactar el mundo que me rodea con lo que
Tú me has dado.

13 DE ENERO

¿CREES QUE PUEDO?

Y llegando a la casa, vinieron a él los ciegos; y Jesús les dijo:
¿Creéis que puedo hacer esto? Ellos le dijeron: Sí, Señor.
Mateo 9:28 (RVR60)

En cierta ocasión, mi hijo de diez años escaló un árbol del que después no se podía bajar. Me coloqué debajo de la rama y le dije que saltara. Yo lo recibiría en brazos y amortiguaría la caída. Él me contempló con titubeo. Supongo que en ese momento hubiera preferido que fuera su papá, y no yo, quien estaba ahí. "¿Crees que puedo hacerlo?", le pregunté. Él asintió levemente. "¡Entonces salta!".

Supongo que así se sintió Jesús cuando pasando por cierta región, dos ciegos gritaron: "¡Ten misericordia de nosotros, Hijo de David!". Cuando finalmente los ciegos se acercaron a Jesús, les hizo una pregunta intrigante: "¿Creen que puedo darles la vista?".

Ciertamente Jesús no estaba dudando de su poder. No infería que había una ligera posibilidad de fracaso. Simplemente necesitaba que ellos creyeran en Él para que Él pudiera tocar sus ojos y abrirlos, como finalmente sucedió. Debido a su fe, ellos recibieron sanidad.

Regresando a la historia de mi hijo, yo sabía que podía atraparlo con facilidad. Podía medir la distancia y confiaba en mis fuerzas. Él era quien debía aceptarlo y actuar sin evidencia aparente de éxito en el momento. A final de cuentas, creyó, dio un brinco y estuvo a salvo. Ahora que, Jesús es mucho más grande, pero nos tiene que preguntar: "¿Crees que puedo hacerlo?" Cuando suceda, recordemos que no está mostrando inseguridad o vacilación. Solo quiere que nosotras confiemos y demos ese salto de fe para ver cuán grandes cosas es capaz de hacer.

Señor, creo que puedes salvarme, ayudarme y consolarme.
Que se haga conforme a mi fe.

KO

14 DE ENERO

SEAMOS COMO SERPIENTES

Sean astutos como serpientes y sencillos como palomas.
Mateo 10:16 (NVI)

¿Ser como serpientes? Sin duda los discípulos se sorprendieron de esa enseñanza de Jesús, así como lo hacemos el día de hoy. Sin embargo, las serpientes son criaturas con muchas cualidades. Son flexibles en extremo y rápidas para atacar. Son excelentes cazadoras y su aspecto, generalmente manchado, les sirve de camuflaje.

Generalmente asociamos a las serpientes con el jardín de Edén, donde Satanás aparece en forma de dicho reptil y engaña a la mujer. Las asociamos con cosas negativas porque algunas son venenosas y otras, como la boa, se sirven de la constricción para matar a sus presas.

Sin embargo, analicemos que Jesús da estas instrucciones en el contexto de enviar a sus discípulos en un viaje misionero. La palabra griega que se usa en este versículo es *phronimoi*, que significa sabios, prudentes o astutos. Como serpientes, los doce debían pasar desapercibidos al entrar en un nuevo territorio, sobre todo porque el Señor les mandó que no llevaran equipaje. Debían discernir el momento de introducirse en un lugar y el momento de actuar o hablar. La situación requería de inteligencia.

¿Somos prudentes en nuestra forma de actuar? La astucia nos permite discernir a las personas y los tiempos. Los que no aman a Dios aprovechan los momentos en que las personas están sensibles para hacer daño. Nosotras, en cambio, estemos atentas a las oportunidades de ayudar a las personas para compartir una palabra de ánimo, edificarlas, fortificarlas o sembrar semillas de fe. Aprendamos a reconocer cuándo actuar y cómo hacerlo.

Padre, dame palabras sabias y llenas de gracia para ser representante de tu reino.

MHM

15 DE ENERO

¿Cuánto vale tu cabello?

Pues aun vuestros cabellos están todos contados.
Así que, no temáis; más valéis vosotros que muchos pajarillos.
Mateo 10: 30,31 (RVR1960)

Homer "Gill" Gilleland, barbero de Elvis Presley durante más de dos décadas, guardó en un frasco varios mechones de cabello del famoso cantante. En una subasta, el cabello se vendió por más de ciento quince mil dólares. ¿Vale tanto el cabello de una persona solo porque fue famosa?

Dios no sólo valora tus cabellos, aunque sabe con exactitud cuántos tienes. Jesús dijo que vales aún más que muchas preciadas aves porque fuimos comprados por un precio. Se pagó con la vida de Jesucristo, el unigénito hijo de Dios y este invaluable sacrificio involucró perfecto amor, mucho dolor y el derramamiento de su preciosa sangre inocente.

¿Por qué razón dice Jesús estas palabras? Para que no tengamos temor. El temor tiene muchos "familiares" como la inseguridad, el miedo y la ansiedad. La inseguridad puede originar en nosotras sentimientos de inferioridad. El miedo nos paraliza y puede angustiarnos. La ansiedad y el estrés nos roban la paz. Todos estos sentimientos se confabulan para quitarnos el gozo de sentirnos amadas y valoradas. Por esa razón, Jesús nos recuerda que somos valiosas.

A nadie realmente le importa si perdiste hoy en la ducha diez o quince cabellos. Sin embargo, Dios lleva la cuenta de cada uno de ellos porque Él es así, un Dios que ama con amor inmenso y eterno. Por lo tanto, no tengas miedo. Él te valora, cuida y siempre estará contigo. Hemos sido compradas en la subasta cósmica más importante de todos los tiempos por la preciosa sangre de Jesús.

Gracias por el precio que pagaste por mí.

MG

16 DE ENERO

PREPARANDO EL CAMINO

Juan es aquel de quien dice la Escritura: "Yo envío
mi mensajero delante de ti, para que te prepare el camino".
Mateo 11:10 (DHH)

En la Pascua, con una casa muy limpia y para celebrar que un día Dios los sacó de Egipto, los judíos preparan una cena con seis elementos en su mesa. Las hierbas amargas recuerdan la amarga esclavitud, un huevo cocido describe la dureza del corazón del faraón, un pedazo de carne asada simboliza el sacrificio del cordero, una mezcla de manzanas con miel y nueces representa el barro con el que construían ladrillos, un poco de perejil sumergido en agua salada es símbolo de las lágrimas de sus antepasados, y el pan sin levadura muestra la necesidad de santidad.

Pero, algo intriga: una silla vacía entre los comensales. ¿Sabías que está preparada para Elías que, según la tradición, llegará en una Pascua anunciando la llegada del Mesías? En la mayoría de las casas, tristemente, se queda vacía.

Sin embargo, el pasaje de hoy nos recuerda que Elías ya vino, a través de Juan el bautista. El mismo Jesús dijo que Juan era su mensajero, el Elías que prepararía su camino. Tristemente, nadie le preparó una silla. De hecho, lo rechazaron, lo calumniaron, lo encarcelaron y lo decapitaron.

Ahora nosotras somos mensajeras de las buenas noticias para el mundo acerca de la salvación por medio de Jesús. Nuestra labor es preparar el camino para que otras personas escuchen de Cristo. Dudo que se nos prepare una silla especial para compartir en distintas mesas, pero no por eso dejemos de anunciar al Salvador. Sea que nos reciban o que nos rechacen, ¡hablemos de Él!

Quiero hablar de ti con los que me rodean, Señor.

YF

17 DE ENERO

¿A LA BASURA?

No acabará de romper la caña quebrada ni apagará la mecha
que apenas arde, hasta que haga triunfar la justicia.
Mateo 12:20 (NVI)

Muchas de nosotras vivimos bajo el lema: "Si ya no sirve, lo tiro". Sin embargo, algunos artistas creen lo contrario. Ruby Silvious, por ejemplo, rescata bolsas de té y las pinta. Villu Jaanisoo, por su parte, junta llantas usadas, una acción que nos invita a reciclar, y produce las formas fascinantes de un elefante, un gorila y unas palmeras.

Estos artistas nos ilustran la lección de hoy. El profeta Isaías describió al Siervo escogido años antes de que Mateo identificara que todas las características allí mencionadas concordaban con la persona de Jesús. Una de estas nos dice que el Siervo de Dios no aplastaría a la caña más débil, ni apagaría una vela titilante. ¿Qué aprendemos de estos dos elementos?

En tiempos bíblicos las cañas cerca de los ríos se usaban para elaborar flautas. Si se rompían, se tiraban al río por inservibles. Por otro lado, si las mechas de las lámparas de aceite echaban más humo que iluminación, se limpiaban o cambiaban. Para ambas ilustraciones, la Biblia nos dice que Dios no actúa así. Él no descarta a personas rotas ni poco confiables.

Quizá tú y yo nos hemos sentido aplastadas o inservibles. Pero el lema de Jesús no es: "Si ya no sirvo, lo tiro". ¡Todo lo contrario! Él rescata nuestras vidas para hacer obras de arte como las de Ruby y las de Villu. Él, por así decirlo, nos toma de la basura y nos da un nuevo propósito.

Señor Jesús, gracias porque Tú haces el milagro de cambiarme
en alguien bella y útil.

KO

18 DE ENERO

NIÑOS Y BORRACHOS

De la abundancia del corazón habla la boca.
Mateo 12:34b (NVI)

¿Será cierto que los niños y los borrachos siempre dicen la verdad? Así lo indica un proverbio popular que muchos aceptamos como cierto quizá porque al ir creciendo aprendemos a disfrazar nuestras verdaderas intenciones con palabras adulantes o mentiras.

Jesús detectó este mismo mal en los fariseos que se creían muy justos pero hablaban con el veneno de las víboras, así que concluyó: "De la abundancia del corazón habla la boca" (v. 34, NVI). En otras palabras, lo que realmente se anida en nuestro ser más íntimo, se revela en nuestro hablar tarde o temprano.

Quizá podamos ocultar nuestros pensamientos reales por un tiempo, pero en cualquier momento dejamos caer la guardia y el "verdadero yo" asoma su cabeza. "El que es bueno, de la bondad que atesora en el corazón saca el bien, pero el que es malo, de su maldad saca el mal" (v. 35, NVI). Es preocupante saber que seremos juzgadas no solo por nuestras acciones sino por "toda palabra ociosa" (v. 36 NVI). ¡Es tan fácil pecar con la lengua!

¿Cuál es la solución? Evaluar qué abunda en nuestros corazones. ¿Rebosa de chismes de Facebook, malas palabras de TikTok o mentiras de Twitter? Depositemos en la cuenta del corazón las cosas eternas que valen la pena. Que nuestro "capital" esté formado para la obra salvadora de Cristo y cada nuevo pago o depósito provenga de todo lo bueno, todo lo agradable y todo lo justo. Solo así, de nuestra boca saldrán cosas buenas.

Señor, tú conoces mis pensamientos y mis palabras.
Perdóname si te he ofendido.

MHM

19 DE ENERO

UNA BUENA COSECHA

Las semillas que cayeron en la buena tierra representan
a los que de verdad oyen y entienden la palabra de Dios,
¡y producen una cosecha treinta, sesenta y hasta cien veces más
numerosa de lo que se había sembrado!
Mateo 13:23 (NTV)

Luis Palau nació en Argentina en 1934. Su padre era hijo de inmigrantes españoles y su madre era de origen escocés y francés. Creyó en Jesucristo después de que el consejero de un campamento de verano lo guiara. A los dieciocho años escuchó por radio a Billy Graham. El impacto fue tal que decidió dedicarse al evangelismo entre los hispanos.

Inició predicando en las esquinas y se convirtió en uno de los líderes evangélicos más prolíficos de su generación. La Asociación Luis Palau calcula que predicó a 30 millones de personas en 75 países. ¿Pero es Luis Palau el sembrador de esta parábola?

Jesús no nos explica quién es el sembrador en esta historia, pero nos aclara que la semilla es el mensaje de la Palabra de Dios. Lo que Jesús nos mostró son los terrenos o más bien los corazones en que este mensaje cae. Todos escuchan el mensaje, pero algunos no lo entienden; otros lo reciben, pero luego caen; unos más desplazan el mensaje por las preocupaciones de esta vida. Finalmente, algunos oyen y entienden la Palabra y dan fruto.

Este fue el caso de Luis Palau. Él oyó la Palabra de Dios y se aferró a ella, luego con paciencia produjo una cosecha enorme al hacer aquello a lo que Dios lo llamó. Que nuestros corazones oigan y crean, y que el Santo Espíritu de Dios nos fertilice, nos abone y nos ayude a producir para su gloria.

Padre, usa mi vida.

MG

20 DE ENERO

UNA PERLA INCOMPARABLE

También el reino de los cielos es semejante a un mercader
que busca buenas perlas, que habiendo hallado una perla preciosa,
fue y vendió todo lo que tenía, y la compró.
Mateo 13:45, 46 (RVR60)

Las mujeres amamos las perlas. Recuerdo que hace tiempo llegó a mis manos un collar muy lindo con perlas suspendidas en un hilo transparente. Y, aunque sé que no eran de valor, me encantaba mi collar. Cuando tuve que despedirme de una pareja de misioneros, quería darle a la esposa algo con lo que me recordara. Me pasó por la mente darle ese collar, pero ¡lo quería tanto! Luché contra ese pensamiento, pero, por fin, obediente a lo que pensé era la voz de Dios, se lo di.

Un comprador anónimo pagó 36 millones de dólares por un pendiente perteneciente a la reina María Antonieta. La alhaja tiene una perla en forma de pera que mide veintiséis por dieciocho milímetros. El valor histórico de la pieza, mas la belleza y perfección que tiene, hacen que esta perla sea demasiado especial. ¿Cuánto dinero tendría el que la compró? ¿Habrá gastado toda su fortuna en ella?

Seguramente, el mercader de la parábola era un buen conocedor de perlas pues no bien la encontró, supo que debía invertir en ella todo lo que tenía. De igual manera, los que hemos creído en Jesús hemos dado todo lo que tenemos por Él. Conocer a Jesús es finalmente encontrar la perla que andábamos buscando.

¿Te ha cautivado la belleza, la perfección y el valor tan sublime de Cristo? ¿Has decidido que nada más en este mundo vale lo que Él? ¿Le has hecho tu gran amor? No dudes en dejar todo y obtener la perla de más grande precio que hay en esta vida.

Amado Señor, con gusto te entrego todo lo que tengo por tu presencia
en mi vida.

YF

21 DE ENERO

¡VEN!

Y él dijo: Ven. Y descendiendo Pedro de la barca, andaba
sobre las aguas para ir a Jesús.

Mateo 14:29 (RVR60)

"Yo solo me embarqué, ¿adónde llegaré? Si el barco naufragara, me hundiría, ¿en qué agua?". José María Hinojosa escribió este poema que compara la vida con un barco. Y aunque muchos andamos sin rumbo fijo y otros con miedo a zozobrar, lo cierto es que, en el mar de la vida, muchas veces nos toparemos con los vientos recios de los problemas.

Pero Jesús aparece, como en esta historia, andando sobre las aguas. Esto nos recuerda que Jesús es más fuerte que el mundo, que las dificultades y que la vida misma. Tristemente, no todos lo reconoceremos. Incluso los más allegados podemos, en momentos de dificultad, confundirlo con un fantasma.

Por eso, cuando el oleaje nos nuble el pensamiento, Jesús dice: "¡No tengas miedo! Ánimo. ¡Soy yo!". Y quizá como Pedro, lo pondremos a prueba. "Si eres tú, manda que vaya a ti sobre las aguas". Jesús entonces nos invitará con un sencillo: "Ven". ¿Iremos? ¿O despegaremos la vista de su persona y aturdidas por las olas tendremos que estirar la mano para que Él nos salve?

No andamos en el océano de la vida por casualidad. No nos embarcamos por error ni carecemos de un destino. Si somos de Cristo, tenemos un Capitán. Por eso, en medio de las tempestades, veamos a Jesús y digamos como el poeta: "Yo solo me embarqué, nadie sabe porqué, ¡pero yo sí lo sé!". Lo hice por amor a Jesús, para seguir a Jesús y para llegar con Jesús, a puerto seguro.

Señor, confío en que contigo puedo andar sobre las aguas.

KO

22 DE ENERO

LO QUE REALMENTE IMPORTA

¿No entendéis que todo lo que entra en la boca
va al estómago y luego se elimina?
Mateo 15:17 (LBLA)

Hoy en día conocemos muchos tipos de dietas. Por ejemplo, tenemos conocidos vegetarianos, veganos y otros que siguen una dieta keto o sin gluten. Algunos no consumen carne durante la Cuaresma. Otros, por razones religiosas, no comen cerdo o mariscos jamás.

Las razones alrededor de los distintos regímenes dietéticos pueden ir desde convicciones religiosas hasta por sobreponerse de una enfermedad. Y, aunque normalmente no nos molesta la forma de comer de los demás, sí es desagradable cuando se jactan de ser superiores por sus prácticas alimenticias.

En el Antiguo Testamento, se prohibía que los judíos consumieran ciertos alimentos, pero en este pasaje los líderes religiosos juzgaron a los discípulos por no lavarse las manos antes de comer. Más que higiene, se referían a un ritual ceremonioso o conocido como la "tradición de los ancianos" (v. 2, LBLA). Entonces Jesús les recuerda que lo que realmente contamina es lo que sale de la boca y no lo que entra por ella. Lo que consumimos finalmente se elimina o, literalmente, se va a la letrina.

En la actualidad también tendemos a hacer juicios basados en hechos externos que a fin de cuentas no son claramente pecaminosos. Dios es el que ve nuestro ser más íntimo, donde realmente se anida el pecado: "Lo que sale de la boca proviene del corazón, y eso es lo que contamina al hombre" (v. 18, LBLA). Recordemos que lo que realmente importa es la condición de nuestro corazón.

Dios, líbrame de juzgar a los demás por detalles superficiales.

MHM

23 DE ENERO

AMOR QUE CUIDA

Y Jesús, llamando a sus discípulos, dijo: Tengo compasión
de la gente, porque ya hace tres días que están conmigo,
y no tienen qué comer; y enviarlos en ayunas no quiero,
no sea que desmayen en el camino.
Mateo 15:32 (RVR60)

Cuando las fuerzas rusas iniciaron la invasión a Ucrania antes del amanecer del 24 de febrero del 2022, miles de mujeres y niños huyeron buscando refugio en Polonia. Las comunidades polacas se dispusieron a ayudar a los refugiados de forma compasiva y ejemplar tratando de dar algún alivio al corazón de los refugiados. Las organizaciones de ayuda también se movilizaron con prontitud.

Millones de ojos siguieron por medio de las redes sociales y las noticias la huida de un pueblo que lo perdió todo de la noche a la mañana. Tristemente, meses después nuestros ojos abandonaron la tragedia para mirar otras imágenes, otros lugares de dolor y otros refugiados. ¿Qué habrán sentido los ucranianos que aún seguían en peligro?

Sin embargo, hay unos ojos que no los han olvidado. Son los mismos ojos que muchos años atrás contemplaron una multitud hambrienta y tuvo empatía por aquellas personas. La Biblia nos cuenta que Jesús no quería que esa gente desfalleciera en el camino, así que los alimentó para mostrar su compasión. ¿Por qué lo hizo? Porque Él es así.

Los ojos de Jesús no han cambiado, aun cuando los seres humanos pronto se olviden de una tragedia para seguir otra. ¿Qué provoca en ti saber que el Dios al que amas, sigues y sirves está constantemente sintiendo compasión por los que sufren y tienen hambre? Seamos las manos de los discípulos que reparten los panes y los peces en obediencia al Maestro, el compasivo y misericordioso de ojos dulces y atentos.

Jesús, ayúdame a ayudar.

MG

24 DE ENERO

LA LEVADURA

¿Cómo no se dan cuenta ustedes de que yo no estaba hablando del pan? Cuídense de la levadura de los fariseos y de los saduceos.

Mateo 16:11 (DHH)

Tengo una receta para hacer pan que me gusta mucho. El pan queda sabroso y esponjoso. ¿La clave? Entre la harina, el huevo y la vainilla, lleva levadura también. La levadura es un hongo que se alimenta de azúcar, convirtiéndola en alcohol y dióxido de carbono, que hacen que la masa se esponje.

Jesús dijo que un poco de levadura leuda toda la masa, y es verdad. Si activas tu levadura con humedad y calor, estos hongos fermentan cualquier masa. El Señor comparó la levadura con una enseñanza errónea. En esa época, los fariseos y los saduceos enseñaban tradiciones y reglamentos humanos más que la ley divina que se resume en amar a Dios y al prójimo. ¿Y por qué tenían seguidores?

Porque es más fácil para el ser humano seguir una enseñanza errónea que la verdad de la Palabra de Dios. ¿No te has dado cuenta que los lugares en donde se enseñan herejías crecen mucho? Muy pocos hacen lo que hacían los discípulos de Berea, que investigaban las Escrituras para ver si lo que Pablo decía era cierto.

Tenemos que estar alerta para descubrir las mentiras vestidas de verdades de quienes quieren engañarnos. ¿Cuántas veces has leído la Biblia completa de tapa a tapa? ¿Cuántos versículos has memorizado? ¿Qué tipo de estudio serio de las Escrituras practicas? Sólo teniendo un conocimiento profundo de nuestra Biblia, podremos distinguir a los engañadores que quieren "leudarnos" con sus enseñanzas.

Ayúdame, Señor, a conocer Tu verdad y a descubrir la mentira con Tu Palabra.

YF

25 DE ENERO

GLORIA

Mientras él aún hablaba, una nube de luz los cubrió;
y he aquí una voz desde la nube, que decía: Este es mi Hijo amado,
en quien tengo complacencia; a él oíd.
Mateo 17:5 (RVR60)

A sus ochenta años Moisés subió una montaña y su vida cambió para siempre. Después de ver un arbusto arder y hablar con Dios, bajó como un hombre decidido a liberar a su pueblo. Tiempo después volvió a subir la montaña y le pidió a Dios: "Déjame ver tu gloria".

Dios hizo pasar toda su bondad delante de él, pero Moisés no pudo ver su rostro, solo su espalda. Al bajar de la montaña, usó un velo porque su rostro resplandecía porque había hablado con el Señor. Finalmente, Moisés murió, pero Dios se acordó de su petición y permitió que cierto día, Moisés apareciera en un monte alto y viera su gloria.

Vio a Jesús transfigurado, con el rostro tan brillante como el sol y su ropa tan blanca como la lana. Moisés pudo ver lo que tanto había anhelado. ¿Se fijó en los tres apóstoles, mudos de espanto a la distancia? ¿Qué pensó cuando el Padre declaró que Jesús era su Hijo muy amado quien le daba más gozo?

Cada día podemos subir a la montaña de la presencia de Dios por medio de la oración y la meditación de su Palabra. Podemos estar ahí delante de Él, disfrutando su gloria, una que a veces nos infundirá la más profunda alegría o la más devota reverencia. Lo cierto es que después de estar con Jesús, jamás volveremos igual que como subimos. No podemos ver la gloria de Dios sin experimentar un cambio. ¿Es así en tu vida?

Señor, déjame ver tu gloria.

KO

26 DE ENERO

SER COMO NIÑOS

Así que el que se vuelva tan humilde como este pequeño
es el más importante en el reino del cielo.

Mateo 18:4 (NTV)

Habíamos sufrido un robo considerable y estábamos desconsolados. Mi nieto más pequeño se me acercó y dijo que quería ayudar. Abrió la manita y me ofreció cinco moneditas; sentí que con eso dolía un poco menos la pérdida y a la vez se me derretía el corazón por su generosidad. Dio todo lo que tenía. Quizás no comprendía lo poco que representaba su pequeña cooperación, pero con sencillez y humildad donó lo que podía.

Los discípulos, como muchas personas, anhelaban ser importantes y le preguntaron a su Maestro: "¿Quién es el más importante en el reino del cielo?" (v. 1, NTV). Para su sorpresa, Jesús puso a un niño en medio de ellos como ejemplo. Debían volverse como niños para poder entrar al cielo.

"El que se vuelva tan humilde como este pequeño es el más importante en el reino del cielo" (v. 4, NTV). El niño no busca poder ni riqueza; su amor para los demás suele hacerle dar de manera abundante aun cuando tiene poco. Al ser más humilde que un adulto, es más fácil que deje entrar al Rey en su corazón.

¿Cuál es nuestra actitud ante Dios? ¿Nos acercamos a Él demandando que nos conceda nuestras peticiones, como hijos consentidos? ¿Lo buscamos solo cuando lo necesitamos? ¿Queremos que nos dé riqueza y popularidad? O quizás nos importa destacar por nuestro conocimiento de la Biblia o por nuestros talentos. Todo esto está lejos de lo que pide Dios para que entremos a su reino: humildad como la de un niño.

Hazme más humilde, Señor, para que sea apta para tu reino.

MHM

27 DE ENERO

EL PODER DE ORAR JUNTOS

También les digo lo siguiente: si dos de ustedes se ponen
de acuerdo aquí en la tierra con respecto a cualquier cosa
que pidan, mi Padre que está en el cielo la hará.
Mateo 18:19 (NTV)

La ley de la física llamada sinergia proviene del griego *synergo* que literalmente quiere decir "trabajando en conjunto". Hay sinergia positiva cuando el resultado del trabajo es mayor al que se hubiera tenido de manera individual. Hay un mejor resultado cuando se unen los esfuerzos. Esto es particularmente cierto cuando oramos.

¿Ya leíste el versículo clave de hoy? ¡Cuán explosiva es la declaración de Jesús! Nos muestra el potencial que Dios nos ha dado al poner en nuestras manos el recurso de la oración. La unidad hace la fuerza; orar con perseverancia en comunión y unanimidad mueve el corazón de Dios.

A lo largo de mi vida he podido ver muchas de mis oraciones contestadas. Oraba con una amiga unos minutos cada viernes y Dios no solo contestó sino que fortaleció nuestra amistad. He orado con mi esposo por innumerables temas durante treinta años y no solamente hemos sido ricamente bendecidos, también ha hecho que Dios sea parte de nuestra relación.

Una frase dice: "Comenzar juntos es el principio, permanecer juntos es progreso, trabajar juntos es éxito". Yo añadiría: "Y orar juntos es ¡poderoso!". Seguramente puedes aprovechar mejor esta promesa. ¿Con quién podrías ponerte de acuerdo para orar por "esa" petición especial de tu corazón?

Dios, sé que siempre nos escuchas y nos respondes.

MG

LA ADULACIÓN

Él le dijo: ¿Por qué me llamas bueno? Ninguno hay bueno
sino uno: Dios. Mas si quieres entrar en la vida,
guarda los mandamientos.
Mateo 19:17 (RVR60)

Karina es una amiga con la que bromeo mucho. Cada vez que nos llamamos, hablamos en tono irónico como se hablan las mujeres que no se llevan bien entre sí. También nos adulamos cuando queremos un favor, aunque la otra ya sabe que es un juego. Yo puedo decirle: "Hermosa y querida amiga del alma, Karinita. Tan bella y tan amable como siempre". Y su respuesta es: "¿Qué me vas a pedir?".

Se oye gracioso, pero muchos halagan para obtener un privilegio o favor, pues así les será más fácil obtenerlo. El joven de la historia de este capítulo, se acercó al Señor Jesús adulándolo, es decir, tratando de halagarlo para que el Señor lo reconociera delante de todos como alguien que cumplía cabalmente la ley.

La adulación es una alabanza no sincera, así que la respuesta del Señor fue muy sabia. Jesús le recordó que solo Dios es totalmente bueno, por lo tanto, el joven debía identificarlo como Dios. ¿Y qué hizo este joven? Se fue triste porque tenía muchas posesiones. No estuvo dispuesto a dejar todo para seguir a Jesús.

Muchas veces somos como el joven rico. Al orar, adulamos al Señor para obtener algo de Él. Debemos tener cuidado con nuestra oración. Si le decimos lo que Él es para nosotras, con la sinceridad de nuestro corazón, eso no es adulación, eso se llama alabanza, adoración y ese tiempo es tan especial que el Señor lo debe disfrutar. Acudamos a nuestro Dios, el único bueno, y hablemos verdad.

Señor, que mi corazón siempre se acerque a ti con humildad
y alabanza sincera.

YF

29 DE ENERO

EL GOZO DE TRABAJAR PARA ÉL

Pero él le contestó a uno de ellos: "Amigo, no estoy cometiendo
ninguna injusticia contigo. ¿Acaso no aceptaste trabajar
por esa paga?".

Mateo 20:13 (NVI)

Mi mamá lleva más de veinte años escribiendo pequeños estudios bíblicos para grupos de mujeres. Estudia durante meses, luego redacta las preguntas e imprime unos sencillos panfletos que reparte a las iglesias que desean usarlos. ¿Por qué no los firma con su nombre? ¿Por qué no trata de venderlos a editoriales grandes? Porque aprendió a temprana edad la lección de la parábola de los obreros de la viña.

En ella, el dueño acordó con los trabajadores del primer turno a pagarles un denario. Siguió contratando a más grupos durante el día y al finalizar la jornada, a todos pagó lo mismo. Los que comenzaron más temprano se quejaron: "Usted les pagó a ellos lo mismo que a nosotros, que trabajamos todo el día aguantando el calor" (v. 12, TLA). ¿Qué molestaba a estos siervos? ¿El clima o la injusticia?

Los que hemos creído en Jesús hemos sido contratados para trabajar en su viña. Quizá pensamos que el cielo es la paga, pero ¿no será que el premio es el privilegio de trabajar en la viña de Dios? Podemos disfrutar del "cielo", el fruto de nuestro trabajo, desde este momento en que nos gozamos por ser parte de la extensión del reino de Cristo.

Si pensamos que la paga es ser visto, aplaudido o reconocido, o que por "aguantar más calor" merecemos algún tipo de recompensa adicional, nos quejaremos como esos obreros. Pero mi mamá me ha enseñado una gran lección: debemos trabajar para Dios por el simple gozo de hacerlo para Él. ¿Aprendemos juntas?

Señor, gracias por darme la oportunidad de trabajar para ti.
Mi recompensa es servirte.

KO

30 DE ENERO

DE LA BOCA DE LOS QUE MAMAN

*Pero cuando los principales sacerdotes y los escribas vieron las
maravillas que había hecho, y a los muchachos que gritaban en el
templo y que decían: ¡Hosanna al Hijo de David!, se indignaron.*

Mateo 21:15 (LBLA)

Era una locura, asistir a un retiro espiritual con un bebé de meses al que amamantaba. Sin duda me distraería mucho. Había que levantarse muy temprano para llegar al tiempo devocional. Sin embargo, durante la alabanza mi hijito ¡también elevó sus balbuceos a Dios!

Cuando Jesús echó a los mercaderes del templo, se acercaron ciegos y cojos para que Él los sanara. Los niños que estaban presentes gritaron alabanzas al "Hijo de David", un nombre que claramente se refería al Mesías. Los líderes religiosos vieron las maravillas que había hecho, y a los muchachos que gritaban en el templo.

Sin embargo, en vez de maravillarse, ¡se indignaron! Pero el Señor les recordó la profecía bíblica: "De la boca de los pequeños y de los niños de pecho te has preparado alabanza" (v. 15, LBLA). Si los adultos que tenían autoridad carecían de ojos para ver al Prometido de Dios en su presencia, el Espíritu de Dios podía revelárselo aun a los más pequeños e inocentes.

El evangelio es para todos. Sin embargo, su sencillez hace que algunos lo rechacen. En nuestros días también hay quienes le ponen barreras intelectuales, filosóficas y aun religiosas. Solo Dios puede derribar esas barreras, y en algunos casos nos puede usar a ti y a mí. A la vez, no olvidemos el gran corazón que ha dado Dios a los niños. En esa etapa cuando son más sensibles a las cosas de Dios, aprovechemos cada oportunidad para enseñarles sobre Jesús.

*Gracias, Señor, por la sencillez de los niños.
Permíteme influir en ellos para bien.*

MHM

31 DE ENERO

¿SÍ O NO?

Entonces el padre le dijo al otro hijo: "Ve tú", y él le dijo:
"Sí, señor, iré"; pero no fue.
Mateo 21:30 (NTV)

Toda mamá desea hijos obedientes, pero podríamos pasar horas contando historias sobre las veces que nuestros hijos nos han engañado para no hacer lo que les pedimos. Pero ¿qué piensas de lo siguiente? Un padre pidió a sus dos hijos ir a trabajar. Uno dijo que no iría, pero cambió de idea y fue. El otro dijo que obedecería, pero se quedó en casa. ¿Cuál de los dos obedeció al padre?

Podríamos concluir erróneamente que esta parábola habla de la obediencia como una condición para agradar a Dios, pero nada de lo que hagamos nos dará más puntos para ir al cielo. La salvación que Dios nos ofrece es completa y total. ¡Ya no debemos nada! ¿Entonces? ¿A qué obediencia se refiere esta historia?

Jesús explicó que esta parábola simbolizaba a los cobradores de impuestos y a las prostitutas, con vidas de un constante desobedecer, pero que a final de cuentas le dijeron "sí" a Dios. Por otro lado, estaban los fariseos que hablaban bonito, pero no hacían lo que Dios les había enseñado a través de Juan el bautista. ¡No quisieron arrepentirse de sus pecados!

No importa lo que decimos a otros o si hablamos bonito. Lo que al final del día cuenta es qué le hemos dicho a Dios: ¿sí o no? ¿Lo seguiremos? ¿Le confiaremos nuestra vida? ¿Aceptaremos que somos desobedientes y necesitamos su perdón? ¿Quién obedece al Padre? El que cree y se arrepiente de sus pecados. ¿Le has dicho "sí" a Dios?

Señor, te digo "sí".

MG

1RO DE FEBRERO

LA FIESTA DE BODAS

El reino de los cielos es semejante a un rey que hizo
fiesta de bodas a su hijo.
Mateo 22:2 (RVR60)

La responsabilidad de una boda en tiempos bíblicos recaía en el padre. No solo tenía que buscar una mujer idónea para su hijo y negociar con el padre de la chica el monto de la dote, sino que también era el responsable del banquete de bodas y de invitar a todos los que serían convidados. Por cierto, la fiesta duraba siete días.

¿Imaginas los preparativos para albergar y alimentar invitados durante siete días? ¿Cuántos animales se sacrificarían? El lavamiento ritual tenía lugar cada vez que comían. Los músicos contratados amenizaban los banquetes y los invitados bailaban participando de la alegría de los contrayentes. Sin duda, se necesitaba una buena organización y mucho personal al servicio de todos.

Ahora puedes entender porqué el padre de esta historia se molestó cuando nadie quiso asistir a la boda de su hijo. No sólo menospreciaban sus preparativos, sino a su propio hijo. El Señor nos dice que así es el reino de los cielos: el Padre buscó una esposa para su Hijo amado y pagó un precio infinito por ella. El banquete de bodas está en proceso de elaborarse y se han enviado ya las invitaciones.

¿Ya aceptaste ser parte de esta hermosa fiesta? Recuerda que tenemos que asistir con el ropaje indicado, no uno confeccionado por nuestras buenas obras o insistencia, sino por la sangre de Cristo, el Hijo de Dios que murió en nuestro lugar. En definitiva, esta será la mejor boda de todas. Solo recordemos la advertencia final: "Muchos son llamados, y pocos escogidos" (v. 14, RVR60).

Señor, ¡quiero ser digna de estar en la boda de tu Hijo!

YF

2 DE FEBRERO

EL ELEFANTE EN LA HABITACIÓN

Entonces respondiendo Jesús, les dijo: Erráis,
ignorando las Escrituras y el poder de Dios.
Mateo 22:29 (RVR60)

Iván Krylov escribió una fábula titulada *El hombre inquisitivo* en el que un hombre visita un museo y se pasa ahí tres horas mirando todos los detalles: las mariposas y las aves, los corales y las esmeraldas. Finalmente, su amigo le pregunta: "Y por supuesto viste el elefante. ¿Qué te pareció?". El hombre, avergonzado, dice: "¿Estás seguro de que había un elefante? Pues no le digas a nadie, pero ¡no me di cuenta!".

Los saduceos en la lectura de hoy pasaron por alto lo más obvio. Queriendo atrapar a Jesús y negar la doctrina de la resurrección, interpretaron los detalles para tejer toda una serie de suposiciones sobre el matrimonio. Cuando Jesús terminó de escucharlos, les dijo: "El error de ustedes es que no conocen las Escrituras y no conocen el poder de Dios" (v. 29, NTV).

Lo importante en esta historia no es cómo será la vida en el cielo o quién se casará con quién, sino que nuestro Padre es un Dios de los que están vivos, no de los muertos.

Tengamos cuidado de no imitar a los saduceos. Es muy fácil buscar en la Biblia algo que encaje con nuestras ideas y buscar amoldarlo. Sin embargo, ¡podemos caer en el error! Para saber bien qué opina Dios sobre algo, leamos con atención y ¡veamos el elefante en la habitación! Escudriñemos las Escrituras de manera integral y analicemos el panorama completo. El poder y el carácter de Dios son imposibles de pasar por alto.

Señor, abre mis ojos para conocer tu Palabra y tu poder
y no caer en el error.

KO

3 DE FEBRERO

RELIGIÓN SIN RELACIÓN

Todo lo hacen para que la gente los vea.
Mateo 23:5 (NVI)

Unos amigos misioneros estuvieron en un país lejano donde los impactó la religiosidad de las personas. Oran varias veces al día, memorizan su libro sagrado, hacen peregrinajes y ayunos, dan limosnas de forma puntual y cuidan en extremo la modestia. Sin embargo, frecuentemente practican el engaño y la mentira. Dan poca libertad a las mujeres y, a final de cuentas, gran parte de su aparente justicia consiste en actos exteriores y no en el amor hacia Dios y sus semejantes.

Algo así pasaba con los líderes judíos en tiempos de Jesús. Diezmaban hasta las pequeñas hierbas que cultivaban. Para presumir, usaban filacterias grandes, unas cajitas con porciones de las Escrituras que usaban en la frente y en los brazos.

En muchos sentidos procuraban llamar la atención por la práctica exterior de su religión, pero Jesús observó: "Todo lo hacen para que la gente los vea" (v. 5, NVI). Aunque guardaban la ley en muchas áreas, Él puntualizó: "Han descuidado los asuntos más importantes de la ley, tales como la justicia, la misericordia y la fidelidad" (v. 23, NVI).

Nosotros podemos caer en el mismo error. Aunque asistamos frecuentemente a la iglesia, oremos por los alimentos y sepamos muchos versículos bíblicos de memoria, si no tenemos una relación personal con Jesús, nos falta lo esencial. Una comunión personal en Cristo requiere mucho más que actos religiosos, exige fe, pues sin ella no podemos agradar a Dios. ¡Permite que el Señor te transforme desde adentro!

Amado Señor, quiero que tu presencia en mi vida sea real.

MHM

4 DE FEBRERO

NO ME ESCONDERÉ

Cuando yo, el Hijo del hombre, venga, no me esconderé.
Todos me verán, pues mi venida será como un relámpago
que ilumina todo el cielo.
Mateo 24:27 (TLA)

El relámpago del Catatumbo es una tormenta eléctrica silenciosa de más de treinta mil relámpagos que puede observarse casi todas las noches del año en Maracaibo, Venezuela. La etnia Wari lo define como la concentración de millones de cocuyos y luciérnagas que se reúnen cada noche para dar tributo al creador.

Como resulta tan fascinante la manera en que un relámpago ilumina el oscuro cielo sobre el río Catatumbo, los habitantes en este lugar se sienten orgullosos de este fenómeno. Como quisieron que todo el mundo lo supiera, el rayo es parte de la bandera del municipio de Catatumbo y también de la bandera del estado Zulia.

En el pasaje de hoy, Jesús habla de la venida del Hijo del Hombre. Jesús, la luz del mundo, quien ha alumbrado nuestros corazones dándonos vida, iluminará los cielos como un relámpago en su segunda venida. Así como no podemos predecir cuándo va a caer un rayo, su regreso será sorpresivo. De la misma forma en que esta luz espectacular no se puede esconder, Jesucristo regresará a la vista del mundo entero en toda su gloria y esplendor.

A diferencia del relámpago del Catatumbo, su regreso no será silencioso, pues el sonido de trompetas anunciará Su majestad. Que su venida sea la bandera que queremos mostrar a todo el mundo, el gozo que nos alienta y la esperanza que nos llena. Imagina aquel día en que todo ojo verá su luz resplandeciente y toda rodilla se doblará ante el Rey.

Oh, Jesús, que tu luz resplandezca y prevalezca sobre la oscuridad
en la que muchos viven.

MG

5 DE FEBRERO

BUENOS SERVIDORES

Dichoso el criado a quien su amo, cuando llega,
lo encuentra cumpliendo con su deber.
Mateo 24:46 (DHH)

La reina de Inglaterra celebró sus 96 años de edad este 2022. Siendo una de las mujeres más ricas del mundo, tiene a su servicio mil doscientos sirvientes y algunos hacen tareas extravagantes. Por ejemplo, una asistente especial con la misma talla de calzado, usa sus zapatos hasta moldearlos.

Además de eso, la reina nunca corta la carne de su plato. El protocolo real lo prohíbe así que tiene un sirviente destinado sólo para eso. Incluso dos personas hacen que los 350 relojes que tiene el palacio de Buckingham estén sincronizados en la hora correcta. Seguramente la elección de estos sirvientes es crucial y no se toma a la ligera. Contratan gente que está a la altura de la situación. ¿Y si fallan en sus tareas? Pierden su empleo y pagan una multa.

En nuestra lectura de hoy, el Señor Jesús está hablando de su próximo regreso y nos advierte que está cerca. Luego dice que un sirviente fiel y sensato es aquel a quien el amo puede darle una responsabilidad de dirigir a los demás sirvientes y alimentarlos. Pero ¿qué pasaría si el sirviente más bien golpea a los otros y se emborracha? En lugar de recibir una recompensa, se le asigna un lugar con los hipócritas.

De entre muchas personas, hemos sido elegidas para ser sirvientes del Rey de reyes. Él también nos ha encomendado una tarea, ya sea la de dirigir a otros o alimentarlos, así que cumplamos con ella con fidelidad y prudencia. Tenemos el privilegio de trabajar para el Señor, ¡hagámoslo con humildad y disposición!

Señor, quiero ser obediente y estar preparada para recibirte
a tu regreso.

YF

6 DE FEBRERO

¿Y EL ACEITE?

Las insensatas llevaron sus lámparas,
pero no se abastecieron de aceite.
Mateo 25:3 (NVI)

A mis hijos les gusta jugar con nuestros celulares antiguos que ya no sirven. Uno de ellos es un iPhone muy bonito que luce casi como nuevo. En varias ocasiones nuestras visitas se han sorprendido al ver que mi hija trae en la mano un celular tan sofisticado, hasta que notan que no tiene batería ni chip. Es, en pocas palabras, un teléfono totalmente inútil.

Diez jóvenes solteras fueron invitadas a una boda. Su labor era recibir al novio, y como ya caía la noche, necesitaban sus lámparas que en aquellos tiempos funcionaban con aceite. Sin embargo, cinco de ellas no llevaban vasijas de aceite para rellenarlas. Para cuando el novio llegó, se les había acabado el combustible.

Aunque las insensatas quisieron tomar aceite de las prudentes que iban bien abastecidas, estas últimas no pudieron compartir o implicaría desastre para ambas. Así que sugirieron que fueran por más a la tienda y así lo hicieron. Tristemente, cuando regresaron, la puerta estaba cerrada.

Quizá como el celular con el que juega mi hija, tenemos por fuera todo lo que se necesita para que otros nos identifiquen como cristianas o incluso para que nosotras mismas creamos ser parte de la familia de Dios. Pero si no contamos con el combustible de nuestras vidas, el Espíritu Santo, nos estamos engañando. ¿Cómo saber si este es nuestro caso? Pensemos si dentro de nosotras arde la llama del amor de Dios, el perdón de Jesús y la presencia del Espíritu Santo.

Padre, di a mi corazón si me estoy engañando y no te pertenezco en
realidad. Si es el caso, invito a tu Espíritu a morar en mí.

KO

7 DE FEBRERO

FUI FORASTERO

Porque tuve hambre, y me disteis de comer; tuve sed,
y me disteis de beber; fui forastero, y me recogisteis.
Mateo 25:35 (RVR60)

Escuché de varios grupos cristianos que ayudan a los familiares de pacientes en los hospitales públicos, pero no vi esta obra en acción hasta que mi esposo estuvo internado. Mucha gente llega de lugares distantes y algunos carecen de hospedaje; tienen poco dinero y no quieren alejarse mucho por estar pendientes de sus enfermos. Agradecen de gran manera que les regalen algún pan dulce con café o chocolate. En otras ocasiones les dan literatura cristiana u ofrecen orar por ellos.

En este pasaje Jesús habla del juicio de las naciones y subraya la importancia de la misericordia. Cuando les dice a los "benditos [del] Padre" (v. 34, RVR60) que los premiará por su bondad para con Él, ellos le cuestionan porque no lo hicieron directamente para Él.

Jesús responde: "En cuanto lo hicisteis a uno de estos mis hermanos más pequeños, a mí lo hicisteis" (v. 40, RVR 1995). Ahora bien, sabemos por muchos versículos de la Biblia que las buenas obras no nos ganan la salvación, pero vemos aquí que practicar la misericordia es una muestra de la fe verdadera y que le agrada a Dios.

En nuestro diario caminar tenemos oportunidades de ayudar a diferentes tipos de personas. Una persona que se quedó sin trabajo viene a la puerta y nos ofrece las galletas que vende. Conocemos a un enfermo que no tiene lo necesario para sus medicamentos. Estamos estacionados en el semáforo y un forastero pide algo. Abramos los ojos y nuestros corazones a las necesidades físicas y espirituales de los que nos rodean.

Señor, enséñame a obrar con compasión.

MHM

8 DE FEBRERO

AMOR EXTRAVAGANTE

Vino a él una mujer, con un vaso de alabastro de perfume
de gran precio, y lo derramó sobre la cabeza de él,
estando sentado a la mesa.
Mateo 26:7 (RVR60)

Algunos actos de amor no se olvidan. Recuerdo los exquisitos arreglos florales con rosas blancas, gladiolas y velas de la iglesia a la que asistíamos cuando era niña. Se acostumbraba ofrecerlos a Dios como gratitud por cumpleaños o alguna bendición especial recibida. El aroma me transportaba al cielo. Algunas decoraciones lucían espectaculares y ostentosas, pero nadie pensaba que fuera un derroche.

A los discípulos sí les pareció un desperdicio que María derramara un finísimo perfume de nardo puro sobre Jesús. Ella lo hizo como un gesto extravagante de adoración a su Maestro. El valor del perfume equivalía al salario de casi un año de trabajo; probablemente era una de sus posesiones más valiosas. ¡Una auténtica ofrenda de olor fragante!

Hay cosas que Dios no nos pide, pero se agrada cuando se las damos. Él mira nuestro corazón y reconoce cuando ponemos a sus pies algo que para nosotros es valioso o representa un costo. Podemos expresarle nuestro amor profundo de maneras diversas y creativas como María. Jesús se agradó tanto que quiso que esta mujer fuera recordada por lo que hizo.

Seguramente Dios valora la generosa cantidad de tiempo que ocupas para servirlo, o, aquella carpeta con los bordados más delicados y suntuosos que has hecho a mano para decorar el lugar de reunión o la libreta con cartas y versos de adoración; todas son obras de amor extravagante. ¿Qué podemos darle a quien por nosotros lo dio todo? Para empezar, si no lo has hecho, dale tu corazón.

"Que mi vida sea para ti como un perfume a tus pies".

MG

9 DE FEBRERO

¡TRAICIONADO!

"¿Cuánto me dan, y yo les entrego a Jesús?", les propuso.
Decidieron pagarle treinta monedas de plata.
Mateo 26:15 (NVI)

"Somos judíos. Mencionar el nombre de Jesús es bastante inconveniente. El considerarlo el Mesías es algo que sencillamente no hacemos. Para cualquiera de nosotros el creer que Jesús es el Mesías equivale a traicionar a nuestro pueblo, unirnos al enemigo y profanar la memoria de todos nuestros antepasados durante los últimos dos mil años". Estas palabras las pronunció Stan Telchin cuando su hija Judy le llamó para decirle que consideraba a Jesús el Mesías de Israel.

Qué difícil es hablar de la traición. Casi no hablamos de Judas Iscariote. ¿Qué pasaba por su mente y su corazón cuando andaba con Jesús? ¿Por qué lo vendió por unas monedas? No lo sabemos, pero entre la traición de Judy y la de Judas hay similitudes y diferencias.

Los dos eran judíos. Los dos traicionaron a las personas que los amaban. Pero Judy había escogido reconocer a Jesús como el Mesías y Judas había elegido rechazarlo. La historia de la traición de Judy terminó felizmente porque ella fue la influencia para que sus padres estudiaran las Escrituras hebreas y llegaran al conocimiento del Mesías de Israel. La historia de Judas terminó de la forma más terrible: Judas se suicidó.

Quizá esto nos ayude a reevaluar nuestra relación con Dios. ¿Somos como Judas? ¿Quién es Jesús para nosotras? ¿Es realmente nuestro Señor y Salvador o solo un Maestro bueno al que seguimos porque nos conviene? Analicemos bien cuál es nuestra lealtad hacia el Cristo, el Hijo de Dios.

Mi Señor y Dios, que mi corazón sea recto delante de ti y que nunca
llegue a traicionarte.

YF

10 DE FEBRERO

SUMISIÓN TOTAL

*Yendo un poco adelante, se postró sobre su rostro, orando
y diciendo: Padre mío, si es posible, pase de mí esta copa;
pero no sea como yo quiero, sino como tú.*
Mateo 26:39 (RVR60)

El antiguo himno de George Matheson nos habla de una paradoja: "Cautívame, Señor, y libre en ti seré; anhelo ser un vencedor, rindiéndome a tus pies". Podemos imaginarnos un poderoso guerrero, tipo Capitán América, que decidido sujeta su arma dispuesto a vencer al enemigo. Pero la imagen del canto nos muestra un guerrero débil e inseguro.

¿Y qué hace? Se entrega al Señor antes de pelear; se inclina y postra sobre el suelo en señal de rendición a uno que es Superior. A esto se le llama sumisión. Como dijo Richard Foster: "Es la habilidad de soltar la carga de tener que salirnos con la nuestra".

Todas queremos controlar nuestro entorno y nuestras circunstancias. Queremos hacer lo que consideramos mejor y lograr que se cumplan nuestros objetivos. Pero en el pasaje de hoy leemos el ejemplo supremo de sumisión. Jesús, Dios mismo, sentía el dolor y la tristeza por la muerte que se aproximaba, pero en lugar de usar de su poder y luchar en sus fuerzas, se doblegó ante su Padre con estas palabras: "Quiero que se haga tu voluntad, no la mía" (NTV).

¿Queremos una vida de victoria? Rindámonos ante Dios. Dejemos las riendas de control a un lado y despojémonos del peso de hacer nuestra voluntad. Como termina el himno: "Cautívame, Señor, que en ti mi voluntad tendrá un bautismo de vigor, firmeza y santidad". Una vez que en el Getsemaní decidimos someternos a Él, podremos ser vencedoras.

Señor, quiero doblegarme a ti. Tu voluntad, no la mía.

KO

11 DE FEBRERO

SE HARÁ JUSTICIA

Buscaban alguna prueba falsa contra Jesús para entregarlo
a la muerte.
Mateo 26:59 (RVR 1995)

A Ricardo Ucán, indígena maya de Yucatán, se le detuvo y condenó a veintidós años de cárcel. Sin embargo, se le liberó diez años después ya que se concluyó que el juicio había tenido muchas irregularidades. Entre ellas, Ucán no contó con un intérprete, pese hablar poco español, y tampoco se prestó atención a su versión de los hechos. Amnistía Internacional intercedió por este indígena maya.

Tristemente, no hubo nadie que intercediera por el Hijo de Dios, quien padeció la más grande injusticia. En su propio juicio, vemos que los líderes religiosos "buscaban alguna prueba falsa" en su contra (v. 59). En este pasaje vemos cómo encontraron testigos falsos cuyos testimonios no concordaban.

Tampoco se permitía que los miembros del concilio golpearan a Jesús, ni que hubiera un juicio de noche. Jesús carecía de un abogado defensor y le insistió Caifás que se culpara a sí mismo, algo prohibido. Tampoco se aceptaba que todo el Sanedrín declarara unánimemente que una persona era culpable, ya que esto sugería que existía alguna colusión.

¿Por qué el Señor soportó tantas injusticias? ¿Por qué estuvo dispuesto a experimentar el juicio más injusto y falso de la historia? ¿Por qué no se defendió? Porque pensaba en nosotras. Si Él no moría, nosotras no nos salvábamos. Él probó la amargura de la corrupción para que nosotras hoy tengamos vida eterna.

Jesús, gracias por morir por mí.

MHM

12 DE FEBRERO

EL PRÍNCIPE DE LOS TRAIDORES

Entonces Judas, el que le había entregado, viendo que era
condenado, devolvió arrepentido las treinta piezas de plata
a los principales sacerdotes y a los ancianos.
Mateo 27:3 (RVR60)

"Siempre el traidor es el vencido y el leal es el que vence", dice el poeta español Pedro Calderón de la Barca. En la historia de hoy vemos esta frase hacerse realidad pues Judas fue vencido por treinta piezas de plata. Pero Jesús mostró su lealtad cuando Judas se acercó para entregarle con un beso y Jesús le llamó "amigo".

¿Qué vio Jesús en Judas para llamarle de esa manera? ¿Pudo Judas en esos momentos sentir ese amor irresistible? Tal vez ese detalle detonó sus remordimientos. "Yo he pecado entregando sangre inocente", dijo al devolver arrepentido aquellas treinta piezas de plata. Luego salió de ahí y se ahorcó.

Nosotras no podemos comprender las dimensiones del amor de Cristo por un traidor, pero Él sí puede entender lo que nosotras sentimos cuando alguien nos traiciona. Nos dice que en todas estas cosas somos más que vencedoras por medio de Él. Nuestra lucha, en realidad, no es contra los hombres; es el enemigo de nuestras almas quien está detrás cual león rugiente buscando devorarnos.

Cuando alguien nos traiciona podemos sentirnos vencidas y acabadas. Nuestra autoestima puede estar tan dañada que hasta ideas suicidas pueden atormentar nuestra mente como le ocurrió a Judas. No podemos volver a confiar en un traidor, pero en Cristo es posible imitar la actitud de perdón que Él tuvo en los momentos más difíciles de su vida. Sigamos la instrucción de Romanos 12:21 que dice: "No seas vencido de lo malo, sino vence con el bien el mal".

Señor, ayúdame a perdonar como Tú me has perdonado.

MG

13 DE FEBRERO

EN MI LUGAR

Reunidos, pues, ellos, les dijo Pilato: ¿A quién queréis que os suelte:
a Barrabás, o a Jesús, llamado el Cristo?
Mateo 27:17 (RVR60)

Recuerdo una obra de teatro llamada *En mi lugar*, que cuenta una supuesta conversión de Barrabás, en donde él reconoce que el Señor Jesús fue crucificado en su lugar, se arrepiente de su maldad y se hace creyente. Aunque la obra fue escrita como una novela de ficción histórica, ¡cómo me gustaría que fuera verdad!

Desconocemos detalles de su vida. Su nombre hebreo quiere decir "hijo del Padre". Mateo nos dice que era un preso famoso, seguramente porque era el líder de una banda rebelde contra la dominación romana y la gente lo conocía bien. Los otros evangelistas nos dicen que era un agitador y un bandido que en una revuelta había cometido un homicidio. Esto lo hacía un buen candidato para la crucifixión.

Pilato, queriendo liberar a Jesús sin echarse de enemigos a los sacerdotes, les propuso que eligieran entre un malhechor y el Señor Jesús. Nunca pensó que escogerían a Barrabás. Es casi imposible que Barrabás supiera lo que costó su libertad. Me encantaría llegar al cielo y verlo ahí, adorando al que le salvó. Esto indicaría que Cristo le salvó dos veces: de la cruz y de la muerte eterna.

Lo que sí sabemos con seguridad es que Barrabás nos representó a todas pues se le liberó para que otro muriera en su lugar. Nosotras recibimos la libertad también cuando Jesús murió por nuestros pecados. Recibió el castigo que nosotras merecíamos. ¡Qué agradecido debe estar nuestro corazón por ese acto de amor y cuánta adoración debe fluir de nuestra alma!

Gracias, Señor, por tomar mi lugar en la cruz.

YF

14 DE FEBRERO

ESPEJOS ROTOS

Entonces crucificaron con él a dos ladrones,
uno a la derecha, y otro a la izquierda.
Mateo 27:38 (RVR60)

No nos gustan los espejos rotos. No solo distorsionan nuestra imagen, sino que en nuestra cultura conllevan la idea de mala suerte. Sin embargo, Wolfgang Seehaus creó una cruz de más de 80 esquirlas de espejo sobre madera. ¿Sabes cómo lo tituló? "Estoy quebrantado en lo más profundo, sostenido por la cruz".

Hace más de dos mil años alguien fue menospreciado y experimentó el quebranto. Jesús de Nazaret, siendo inocente, fue condenado. Algunos soldados le pusieron un manto escarlata, una corona de espinas y le dieron una caña de junco como si fuera un cetro. Se burlaron de él y lo golpearon, luego lo condujeron fuera de la ciudad.

Los soldados entonces lo clavaron en una cruz en medio de dos malhechores y sortearon su ropa. Hicieron guardia, probablemente con indiferencia, no sabiendo que moría crucificado el Salvador del mundo. Podemos imaginar esa cruz compuesta no de ochenta, sino millones de espejos rotos, vidas heridas por el pecado que todos hemos cometido y a Jesús cargando, perdonando y salvando cada una de esas almas.

Hoy se celebra el día del amor y de la amistad, pero quizá nos sentimos como espejos rotos, pues nuestra imagen se ha distorsionado por el pecado. La buena noticia es que Jesús murió para regresar nuestra imagen a su estado original. Tal vez, como el artista Seehaus, estamos rotas en lo más profundo, pero la cruz nos sostiene. La obra de Jesús nos restaura, nos restablece y nos devuelve lo que hemos perdido: la reconciliación con Dios.

Jesús, gracias porque no hay amor más grande que el que mostraste
por mí en la cruz.

KO

15 DE FEBRERO

CUANDO SE SACUDE NUESTRO MUNDO

La tierra tembló, las rocas se partieron en dos,
y las tumbas se abrieron.
Mateo 27:51-52 (NTV)

La región de México donde vivo es zona de terremotos. Ante un temblor, los corazones se llenan de temor y de inseguridad. Pueden seguir las réplicas. La ansiedad predomina y las personas temen la pérdida de sus hogares o de sus seres queridos.

Hace unos años tembló el mismo Viernes Santo. Acurrucada en el piso mientras clamaba a Dios al esperar que pasaran esos momentos de agitación, recordé que fue también un viernes cuando Jesucristo fue crucificado y la tierra se sacudió.

Temblaron los cimientos del mundo y los de la religión legalista. Se abrieron tumbas y resucitaron muertos "justos", algo inconcebible. ¡También se eclipsó el sol! Seguramente el pavor tomó control de muchos al sentir que podría ser el fin del mundo. Toda la tierra de Judea fue sacudida por estos acontecimientos inimaginables; todos en un mismo momento impactante. No era un terremoto normal, así como el eclipse no fue natural, pues la oscuridad duró tres horas largas. Temblaron los soldados y exclamaron "¡Este hombre era verdaderamente el Hijo de Dios!" (v. 54, NTV).

La vida en sí nos da todo tipo de sacudidas de las cuales es difícil recuperarnos. Parece imposible imaginar una existencia "normal" después de tales incidentes. Pero recuerda que también es una fuerte sacudida la que nos recuerda que el Señor ya venció la muerte y agitó el mundo con su poder y su amor. Así que, extiende tu mano al Señor y confía que Él está en control.

Señor, confío en ti en esos momentos difíciles y declaro que eres verdaderamente el Hijo de Dios.

MHM

16 DE FEBRERO

ENCUENTRO MATUTINO

En eso Jesús les salió al encuentro y las saludó.
Ellas se le acercaron, le abrazaron los pies y lo adoraron.

Mateo 28:9 (NVI)

La tribu Maorí en Nueva Zelanda acostumbra saludarse acercando el rostro a la otra persona. Luego se apoyan frente a frente y se tocan las puntas de ambas narices. Al saludarse, las personas respiran al unísono, tomando e intercambiando el aire que, al compartirlo, se convierte en un vínculo de unión.

Las mujeres de este capítulo acudieron a la tumba de Jesús muy temprano sin esperar un saludo. ¡Su Maestro había muerto! Así que, ¿puedes imaginar lo que sintieron cuando escucharon la voz de Jesús? Él les dio la bienvenida con un: "Salve", el saludo acostumbrado. El mejor regalo al corazón de estas mujeres aquel día consistió en escuchar su voz muy temprano aquella mañana y reaccionaron de inmediato al abrazar sus pies y adorarle.

Podemos aprender mucho de ellas. En primer lugar, no se quedaron perezosamente en su cama hasta que amaneciera sino que pensaron en Jesús. Segundo, Él nos sigue saludando cada mañana. Yo lo escucho en el canto de las aves, lo veo en el resplandor del sol y lo siento en medio de los árboles y las flores en mi caminata matutina.

Jesucristo nos habla claramente y nos saluda con palabras de amor, de aceptación y de fortaleza. Cada mañana, como estas mujeres, podemos arrodillarnos a sus pies, adorar y decirle cuánto le amamos y deseamos estar con Él. Jesús está ahí esperando, listo para salir a tu encuentro y darte los buenos días.

Señor, no quiero empezar el día sin saludarte y escuchar tu voz.

MG

17 DE FEBRERO

EL MEJOR MINISTERIO

*Todos éstos perseveraban unánimes en oración y ruego, con
las mujeres, y con María la madre de Jesús, y con sus hermanos.*

Hechos 1:14 (RVR60)

Una de las experiencias más difíciles de superar para una madre
es la muerte de un hijo. La pérdida debido a una enfermedad duele profundamente, ¡y cuánto más cuando la persona tan amada es
privada de la vida por un asesinato, la guerra o un accidente! Algunos padres dedican mucho tiempo y energía a buscar justicia,
encontrar al culpable y luchar por su castigo.

María, la madre de Jesús, presenció el proceso de la crucifixión
de su adorado hijo. Su primogénito, su oasis y Maestro a la vez,
murió ante sus ojos. Quizá Dios la eligió porque sabía que sería
fuerte para enfrentar tales momentos. Ante su sufrimiento no
buscó venganza, ni siquiera la justicia. Encontró una manera de
poder continuar con su vida.

Leemos en Hechos que ella permaneció al lado de los apóstoles,
sus otros hijos y otras mujeres. Oraban juntos y esperaban las
promesas de Jesús. Él les comisionó predicar el evangelio a todo
el mundo, y en oración recibieron al Espíritu Santo, escogieron
al sucesor de Judas y empezó lo que hoy conocemos como la iglesia universal.

Aprendamos de ella a canalizar nuestro sufrimiento en la oración perseverante y la comunión con los hermanos y hermanas.
Ella no buscó destacar en el liderazgo, pero su fortaleza llevó a
la consolidación de aquel grupo al que hoy pertenecemos. Somos herederas de su ministerio, que con la ayuda y bendición de
Dios sigue creciendo hasta el día de hoy.

Dios, Tú eres mi refugio y fortaleza.

MG

18 DE FEBRERO

¿QUIÉN ES EL ESPÍRITU SANTO?

*Y fueron llenos todos del Espíritu Santo, y comenzaron
a hablar en otras lenguas, según el Espíritu les daba que hablasen.*
Hechos 2:4 (RVR60)

Lisa Meitner debió haber recibido el Premio Nobel de Química
por su descubrimiento de la fisión nuclear, pues explicó por primera vez que el átomo de uranio se divide cuando es bombar-
deado por neutrones. Pero el premio se le concedió a Otto Hahn
con quien ella mantenía correspondencia. Sin embargo, aunque
no haya recibido el honor merecido, su trabajo ha influido gran-
demente en la ciencia.

Lo mismo podríamos decir del Espíritu Santo. En ciertas deno-
minaciones es el menos mencionado de la Trinidad. En nuestra
vida diaria poco lo tomamos en cuenta, si es que lo recordamos.
Sin embargo, la tercera persona de la Trinidad realiza una parte
vital en nuestra salvación y vida cristiana.

El Espíritu Santo nos convence de pecado, nos revela la verdad
del Evangelio, nos sella y nos guía. De hecho, el Espíritu Santo
se mueve y respira en nosotros; es la parte más íntima de nuestra
vida porque es Dios "en" nosotros. ¡No tomemos este regalo a la
ligera!

El Espíritu Santo llegó con poder en el Pentecostés. Irrumpió
en las vidas de los apóstoles con viento y fuego. Sacudió a los
discípulos hasta la médula y les dio el valor que necesitaban para
seguir adelante. Su poder sigue vigente hoy. Su presencia debe
inundar nuestras comunidades de fe y nuestros corazones. Hoy
se reconoce que Lisa Meitner debió recibir el Premio Nobel, pero
ya es demasiado tarde. Sin embargo, no es demasiado tarde para
conocer más del Espíritu Santo y darle el lugar que merece.

*Espíritu Santo, quiero conocer más sobre ti y someter mi vida
a tu labor.*

KO

19 DE FEBRERO

SER COMUNIDAD

Tenían en común todas las cosas.
Hechos 2:34 (RVR60)

Por muchos años pertenecí a un grupo pequeño de mujeres que no pertenecían a una sola iglesia, pero estudiábamos la Biblia, orábamos y cantábamos alabanzas. Llegamos a ser realmente una familia, y no solo porque compartíamos el cafecito y los alimentos. Si alguien tenía alguna necesidad económica, recogíamos una ofrenda. Si una de nosotras estaba embarazada, otras le prestaban ropa. Si alguna familia sufría una crisis, llevábamos comida casera por varios días.

De alguna manera reflejábamos un poco a la iglesia primitiva descrita en Hechos. No solo perseveraban en la doctrina de los apóstoles y en las oraciones, sino que también convivían los unos con los otros: "Comían juntos con alegría y sencillez de corazón" (v. 46, RVR60). También vendían propiedades para ayudar a los necesitados.

Con este hermoso ambiente, no es sorprendente que a diario crecía la iglesia, que según entendemos consistía en pequeños grupos en casas. Hoy en día, en parte porque algunas congregaciones son muy grandes y pocos se conocen bien, hemos perdido ese sentir de comunidad. Otro factor es el estilo de vida en que andamos apresurados y no siempre nos quedamos a platicar con otros para conocer sus necesidades.

Tal vez somos "cristianos de domingo" y no consideramos que los hermanos en la fe sean parte de nuestra familia, y que hace falta estar en contacto lo más que se pueda. ¿En ocasiones te sientes sola? ¿Será porque has olvidado que perteneces a una familia muy grande? ¡Procuremos ser más como esos primeros cristianos!

Padre, ayúdame a actuar como parte de tu familia, realmente interesada en mis hermanos.

MHM

20 DE FEBRERO

TU AUTOR

Y disteis muerte al Autor de la vida, al que Dios resucitó de entre los muertos, de lo cual nosotros somos testigos.
Hechos 3:15 (LBLA)

Todas las historias tienen un principio y un autor. Todos los inventos nacieron en la mente de alguien. Algunas, como las de ciencia ficción, nos parecen imposibles. Cuando yo veía la serie de televisión *Guerra de estrellas* no creía que alguien pudiera comunicarse con una persona en algún lugar lejano a través de una pantalla. Era ciencia ficción.

Pero concebir, inventar y crear la vida es inigualable. Jesús ha existido desde el principio, pues como dijo Pedro, es el Autor de la vida. En Él y para Él fueron creadas todas las cosas. Todo lo bello que hay en el mundo y en ti, fue creado por medio de Jesús. El autor de la historia humana la escribió por amor y la firmó con tinta de sangre.

Tú existías en la mente de Cristo desde hace mucho tiempo. Desde antes de la fundación del mundo Dios ya te conocía por tu nombre. Te puso en la familia que necesitabas para ser la persona que eres hoy. Aun cuando ha preparado buenas obras para ti, te ha dado libre albedrío.

Algunos eligieron matarle y escogieron a Barrabás. Pero Él venció a la muerte; tenía un final diferente para esa historia. Como el Autor de la vida, ya ha decidido los tiempos de este mundo. Pero te ha dejado a ti formar parte de su historia, la que escribes con cada decisión que tomas. ¿Cómo va tu historia? ¿Qué parte ha sido tu favorita? Creo que la mía será la del cielo y las calles de oro y un mar de cristal.

Jesús, gracias por haber pensado en mí desde hace tanto tiempo.

MG

21 DE FEBRERO

EN EL NOMBRE DE DIOS

Sepan, pues, todos ustedes y todo el pueblo de Israel
que este hombre está aquí delante de ustedes, sano gracias
al nombre de Jesucristo de Nazaret, crucificado por ustedes,
pero resucitado por Dios.
Hechos 4:10 (NVI)

Desde la persecución sufrida contra los primeros creyentes, la destrucción de pueblos enteros por los cruzados, la persecución durante la Reforma, y los horrores de la Inquisición, nos asombra que estos eventos fueron hechos en nombre de Dios.

Obviamente, ninguno de estos actos era avalado por Dios ni realmente llevados a cabo en su nombre. Felizmente, en la Biblia tenemos registros del bien hecho verdaderamente "en el nombre del Señor" como en el relato de hoy. Un hombre tiene la oportunidad de comenzar una nueva vida. De estar imposibilitado para moverse, de causar lástima y esperar a que alguien quiera ayudarlo, se encuentra ahora saltando y alabando al Dios de sus padres por el cambio de vida que ha experimentado en nombre de Jesucristo de Nazaret.

Podemos añadir más historias, como las de miles de misioneros que han predicado el Evangelio en partes remotas del planeta. Se ha traducido e impreso la Biblia en muchos idiomas dando la esperanza de vida eterna; se ha visitado y orado por enfermos y han sanado; se ha mostrado amor a los pobres y afligidos. ¡Tanto bien hecho en el nombre de Jesús!

¿Qué podemos hacer nosotras? Criar a nuestros hijos como hombres y mujeres piadosos, amar a nuestros maridos, o limpiar la casa de nuestra vecina embarazada, o llevar un platito de sopa a nuestro vecino enfermo. ¿Cómo sabemos que estamos haciéndolo en el nombre de Jesús? Porque queremos que la gloria sea para Él.

Señor Jesús, ayúdame a bendecir a otros en tu nombre.

YF

DIOS SOBERANO Y CREADOR

*Y ellos, habiéndolo oído, alzaron unánimes la voz a Dios,
y dijeron: Soberano Señor, tú eres el Dios que hiciste el cielo
y la tierra, el mar y todo lo que en ellos hay.*
Hechos 4:24 (RVR60)

¿Sabías que hay más estrellas en el universo que granos de arena en todas las playas del mundo? ¿Sabías que la Tierra puede caber 1.3 millones de veces en el sol? ¿Sabías que si desenredaras todo el ADN de tu cuerpo ocuparía 54 billones de kilómetros, es decir, irías a Plutón y de regreso seis veces?

Cuando pensamos en la complejidad del universo y su perfección nos asombramos. Aún más, cuando reconocemos que Dios creó todo, nos debemos sentir reconfortados. Por esa razón, los discípulos, después de que Juan y Pedro fueron interrogados y amenazados, oraron a Dios pidiendo valor para predicar la Palabra.

Pero observa cómo comenzaron su oración. ¿A quién se dirigieron? Al Señor Soberano, el Creador de todo lo que hay. Ellos sabían que no estaban acudiendo a un dios limitado por una estatua, ni concebido en la mente de un hombre. Podían pedir milagros y señales porque accedían al trono del Todopoderoso.

Cuando estemos en momentos difíciles y las pruebas nos desanimen, recordemos quién es nuestro Dios. Si creó más estrellas de las que podemos contar, ¿no podrá multiplicar nuestras fuerzas? Si formó el sol que permite que haya vida en el planeta, ¿no podrá dar vida eterna a un pecador? Si se tomó el tiempo de crear nuestro complejo ADN, ¿no podrá desenredar hoy nuestros problemas? Acudamos hoy a Dios en oración recordando que es más grande de lo que podemos imaginar.

*Soberano Señor, Creador de todo, dame hoy denuedo para hacer
tu voluntad.*

KO

23 DE FEBRERO

SENTIMIENTOS ENCONTRADOS

Nadie entre el pueblo se atrevía a juntarse con ellos,
aunque los elogiaban.
Hechos 5:13 (NVI)

Una compañera del trabajo me buscó para preguntarme si yo asistía a la iglesia que estaba cerca de su casa. "A veces escucho las alabanzas cuando paso por ahí. ¡Qué hermosa música! Pero no me atrevo a entrar". Le aclaré que no había por qué temer y a la vez le recomendé que se comunicara con otra compañera que pertenecía a esa congregación. Algún tiempo después, me emocioné mucho al saber que había ido y ¡entregó su vida a Cristo!

Al principio, los seguidores de Jesús atraían a muchos judíos por su gozo, por su comunidad unida y porque entre ellos muchos sanaban de enfermedades y de opresión demoniaca ¡Muchos se convirtieron!

Sin embargo, también leemos que "nadie entre el pueblo se atrevía a juntarse con ellos, aunque los elogiaban" (v. 13, NVI). Muchos no comprendían cómo seguían a un Mesías crucificado, muy distinto al que habían imaginado. Tampoco se atrevían a ser blanco de la ira de los sacerdotes; se arriesgaban al seguir el Camino.

Es común que las personas admiren a los cristianos por su honestidad, por la paz que se refleja en su rostro o por el amor que practican entre ellos. Al mismo tiempo, suelen temer reunirse con ellos por diferentes razones. Para algunos es el "qué dirán" o el posible rechazo de sus familiares y amigos. Otros desconfían porque imaginan que tendrán que dejar hábitos y costumbres. Dios nos puede usar para vencer sus temores. ¡Extiende tu mano e invítalos!

Señor, abre mis ojos y mi corazón a los que estás preparando para que
te conozcan.

MHM

24 DE FEBRERO

LUCHANDO CONTRA DIOS

…pero, si es de Dios, no podrán destruirlos, y ustedes
se encontrarán luchando contra Dios.
Hechos 5:39 (NVI)

Juan Montiel Villegas, guardaespaldas del presidente mexicano Plutarco Elías Calles, era conocido como hombre violento, que enseñaba el ateísmo y desafiaba a Dios. Alguien le compartió el mensaje de la Biblia y aceptó a Jesucristo como su Señor y Salvador. Se hizo predicador de la Palabra llevando a muchos al arrepentimiento. Aunque ya tenía enemigos, el número de ellos se acrecentó por su nueva fe.

En cierta ocasión, en el poblado donde residía, le prepararon una emboscada, pero los creyentes lo esperaron fuera del poblado para alertarlo. Pensando en proteger a su familia, don Juan emigró hacia la ciudad de Puebla y valientemente siguió anunciando el evangelio. La persecución no se hizo esperar y en cada casa donde llegaba a vivir, al saber que era evangélico, lo amenazaban de muerte para que abandonara el lugar.

Como fruto de su servicio al Señor, se formaron congregaciones en Actipan de Morelos, Cuapiaxtla, la sierra de Veracruz y Puebla, que siguen creciendo hasta hoy. Don Juan experimentó mucha hostilidad y es un ejemplo de lo que la iglesia cristiana ha sufrido durante los últimos veinte siglos.

Los perseguidores de la iglesia han deseado su fracaso y extinción, y han hecho caso omiso del consejo del sabio Gamaliel: se han encontrado luchando contra Dios, pero sin éxito. ¡No han podido destruir a la verdadera cristiandad! Hablemos de Él sin ningún temor. ¡Qué el Señor ponga en nuestro ser el deseo de servirle, aunque nos menosprecien!

Señor Jesús, que mi servicio a ti sea sin temor.

YF

25 DE FEBRERO

CARITA DE ÁNGEL

Y al fijar la mirada en él, todos los que estaban sentados
en el concilio vieron su rostro como el rostro de un ángel.
Hechos 6:15 (LBLA)

En el Museo de Bellas Artes de Asturias se encuentra el cuadro *San Esteban* de Luis de Morales. A diferencia de otras obras en las que se representa al apóstol siendo apedreado, en este óleo el autor pintó únicamente el rostro mirando al cielo. ¿Por qué? Porque la Biblia lo describió como un varón lleno de fe y del Espíritu Santo, lleno de gracia y de poder, y su rostro parecía como el de un ángel.

Cuando yo era niña, veía el rostro de mi mamá como el de un ángel. ¡La veía tan hermosa! Y además siempre sonreía, jugaba conmigo y me acariciaba, haciéndome sentir amada. No podía creer que alguien como ella fuera mamá de alguien como yo.

Hoy me pregunto si cuando eran pequeñas mis hijas me veían como un ángel. Te confieso que algunas veces mi esposo me ha dicho que quite la cara de enojada. Esto ocurre cuando en vez de que el Espíritu Santo nos llene de gracia, la ira o la falta de fe se apoderan de nuestro ser. Esteban pudo haberse dejado dominar por la ira pues injustamente le acusaban y quisieron apedrearlo, pero eligió el perdón y lució como un ser angélico.

Que el fruto del Espíritu nos controle y nuestros rostros reflejen la gracia, el amor y una sonrisa. ¿Qué podrías incorporar a tu vida para tener el poder sobrenatural de Esteban? ¿Cómo puedes hoy iluminar la vida de otros? ¿Podríamos ser un ángel por este día?

Señor, lléname de ti, dame amor, poder y dominio propio.

MG

26 DE FEBRERO

LA HISTORIA COMPLETA

*Y él dijo: Escuchadme, hermanos y padres. El Dios de gloria
apareció a nuestro padre Abraham cuando estaba
en Mesopotamia, antes que habitara en Harán.*
Hechos 7:2 (LBLA)

"Pero, no entiendo, ¿qué tiene que hacer este personaje en la historia?". Mi pregunta iba dirigida a mi hijo mientras contemplábamos una serie de Star Wars. Lo mismo pudo haber sucedido con algo de Marvel o DC Comics. Si no conoces la saga completa, muchas cosas no tienen sentido. Después de la larga y detallada explicación de mi hijo tuve que aceptar la lógica de lo que sucedía en la pantalla.

A Esteban lo estaban acusando de hablar contra Moisés, Dios, el templo, la ley y las costumbres mosaicas. Cuando el sumo sacerdote le pregunta: "¿Es esto así?", Esteban pronuncia el sermón más grande registrado en el libro de los Hechos. ¿Y qué hace? Explicar la historia completa. Quizá pudo haber rechazado el ataque con algunos puntos aleatorios sobre lo que dijo y no dijo, pero Esteban necesitaba que sus oyentes comprendieran el panorama completo.

A través de ello, mostró el plan soberano de Dios para Israel y su abundante gracia. Señaló también la terquedad del pueblo que ha rechazado su relación con Dios vez tras vez. ¿Para qué? Para mostrar que, en la gran historia de Dios, "todo tiene sentido". Ningún personaje sobra o falta. Ningún momento histórico fue más o menos relevante. Y el pináculo de todo fue la venida del Salvador.

Como a Esteban, muchos querrán ofendernos o exigir una razón para nuestra fe. Busquemos el tiempo adecuado para sentarnos sin prisa y exponer el plan entero de Dios.

Señor, gracias porque la historia solo comprueba tu plan de amor por la humanidad.

KO

27 DE FEBRERO

PRETEXTOS

Y yo les respondí: ¿Quién tiene oro?... Y me lo dieron,
y lo eché en el fuego, y salió este becerro.

Hechos 7:24 (NVI)

Se cuenta de un niño pequeño que tomó algo de sus padres sin permiso. Cuando ellos encontraron el objeto debajo de la alfombra, le preguntaron quién lo había colocado allí. No había otro hermanito a quien culpar, así que contestó: "¡Dios!". Sabía que Dios es invisible y está en todas partes, así que su lógica infantil encontró ese pretexto.

Desde el jardín de Edén, los hombres aprendieron a culpar a otros por su pecado. En el pasaje de hoy, Esteban les recuerda a los judíos cuando Moisés tardó en el monte Sinaí donde Dios le dio los diez mandamientos, y los israelitas se desesperaron. Exigieron un dios visible como los de Egipto.

Entonces le encargaron a Aarón que les hiciera un ídolo; él recogió sus alhajas de oro e "hizo de ello un becerro de fundición" (v. 4, NVI). Sin embargo, cuando Moisés bajó, se escandalizó de la idolatría de su pueblo y exclamó a Aarón: "¿Qué te ha hecho este pueblo, que has traído sobre él tan gran pecado?" (Éxodo 32:21, RV60). Sin embargo, Aarón quiso esquivar su culpa al decir: "salió este becerro", como si fuera por casualidad.

¿Seremos nosotras parecidas a los israelitas o a Aarón? Primero exigimos que algo se haga como nosotras queremos y cuando sale mal, ¡decimos que otros nos hicieron hacerlo! Aprendamos a ser responsables de nuestros hechos, incluso cuando las consecuencias sean negativas. Recordemos que la paz espiritual solo surge cuando hay confesión y arrepentimiento verdaderos.

Señor, examina mi corazón y muéstrame si he caído en este error.

MHM

28 DE FEBRERO

¿DIOS TIENE PRECIO?

Al ver Simón que mediante la imposición de las manos
de los apóstoles se daba el Espíritu Santo, les ofreció dinero.
Hechos 8:18 (NVI)

El otro día vi un letrero que decía: "He hecho cosas horribles por dinero... como levantarme temprano para ir a trabajar". Con una sonrisa, todos pensamos que es cierto. No nos gusta despertar temprano para ir a trabajar, pero tenemos que hacerlo porque necesitamos el dinero.

Otro dicho popular dice: "Todo el mundo tiene su precio", tratando de explicar que cualquier persona puede traicionar o hacer cosas indebidas por dinero. Y Simón pensaba lo mismo. Creía que los apóstoles tenían un precio y les ofreció dinero. La Biblia no nos dice cuánto les ofreció.

¿Será que reunió todo lo que tenía para comprarles el "don" del Espíritu Santo a quienes les impusiera las manos? Seguramente pensó que eso aumentaría sus trucos de magia. No sabemos qué pasó con Simón el mago, ni si su conversión a Cristo fue real. Parece que sus hechos lo delataron. Sin embargo, en incontables ocasiones se ha querido comprar los dones de Dios con dinero.

En la historia de la iglesia se encuentra la venta de indulgencias, por ejemplo. A este pecado tan grave se le ha llamado "simonía" en referencia a Simón. Es parecido a lo que hacen algunos líderes religiosos cuando piden que demos nuestro dinero para asegurar nuestra salvación. ¿Alguna vez has pensado que al dar dinero estás comprando el favor de Dios? Recuerda que Él es el dueño del universo y no necesita nada de nosotros. Él no tiene un precio.

Señor, que mi corazón comprenda que aún mi dinero es tuyo.

YF

29 DE FEBRERO

ATENCIÓN DE CINCO ESTRELLAS

*En aquel tiempo, como el número de los creyentes iba aumentando,
los de habla griega comenzaron a quejarse de los de habla hebrea,
diciendo que las viudas griegas no eran bien atendidas en
la distribución diaria de ayuda.*
Hechos 6:1 (DHH)

En la Biblia, se consideraba a una mujer *almanah* o viuda, cuando
su esposo había fallecido y ella no tenía ningún hijo adulto, ni
un cuñado o yerno que pudiera mantenerla o que se uniera a ella
según la costumbre del levirato. El levirato en la ley hebrea obli-
gaba a un hombre a casarse con la viuda de su hermano fallecido
cuando no había descendencia masculina.

Dios instruyó en su Palabra acerca del cuidado y la consideración
que merecen las viudas, los huérfanos y los enfermos. En la iglesia primitiva, se murmuraba acerca de la discriminación y falta
de atención hacia las viudas griegas a la hora de la distribución
diaria de los alimentos. La iglesia crecía con rapidez y de manera
pronta, los discípulos se reorganizaron para atender la situación.

Ellas entonces recibieron lo que necesitaban de parte de personas finamente escogidas. Se eligieron varones de buen testimonio, llenos del Espíritu Santo y de sabiduría. Para esta labor
se oró por ellos y se les impusieron las manos.

El mensaje implícito resalta: ellas merecían ser atendidas de la
mejor manera. ¿Y hoy? ¿Cómo atendemos a las viudas, los huérfanos y los extranjeros? ¿Elegimos a los mejores o buscamos el
poco esfuerzo? ¿Comprendemos la responsabilidad y el privilegio de servir? Que nuestras comunidades de fe brinden atención
de cinco estrellas.

*Dios, capacítame para servir con amor y atender a las viudas
con esmero.*

MG

1RO DE MARZO

COMPARTIR LA PALABRA

Entonces Felipe, comenzando con ese mismo pasaje de la
Escritura, le anunció las buenas nuevas acerca de Jesús.

Hechos 8:35 (NVI)

Trabajando en Israel para una organización cristiana, ayudando a nuevos inmigrantes judíos a establecerse, tuve que atender a una mujer francesa. Busqué en vano quién hablara francés, pero ella, viendo la situación, me dijo que hablaba inglés, y comenzamos nuestra plática.

Al saber que yo era mexicana, decidió hablar español y me dijo: "Ustedes, los cristianos, piensan que el Mesías ya vino y que va a regresar, y nosotros los judíos pensamos que el Mesías viene por primera vez. Pero ¿qué tal si es el mismo Mesías?". Con un corazón lleno de emoción, respondí: "¡Lo es!". Ella me pidió pruebas, así que por una hora le compartí los versículos bíblicos del Antiguo Testamento que hablan de Jesús y ella los apuntó. Prometió estudiarlos concienzudamente en su casa.

¿Imaginan el gozo de mi corazón? Por supuesto, uno de los pasajes que le compartí fue Isaías 53, el mismo que el eunuco leía en su carro. Felipe seguramente también se emocionó cuando se topó con este hombre etíope, sediento de saber de quién hablaba la Escritura que iba leyendo. Felipe comenzó con esta porción de la Escritura y le habló de las buenas noticias de Jesús.

¡Qué maravilla encontrar a alguien que quiere conocer a la persona que más amamos! Pero ya sea que quieran saber o no, tenemos que hablar de Él. Como le dijo Pablo a Timoteo: "Predica la palabra de Dios. Mantente preparado, sea o no el tiempo oportuno" (2 Timoteo 4:2, NTV). Propongámonos hoy hablar de Jesucristo a quienes lo necesitan.

Señor, impregna mi corazón de valor, emoción y gozo al hablar
de tu Palabra.

2 DE MARZO

HERMANO SAULO

Entonces Ananías respondió: Señor, he oído de muchos acerca
de este hombre, cuántos males ha hecho a tus santos en Jerusalén.

Hechos 9:13 (RVR60)

Si alguien me preguntara: "¿Crees que Jesús puede salvar a cualquier persona?" diría que sí. Sin embargo, si luego me dieran el nombre de un famoso narcotraficante y una diva sensual del top 10, y me contaran que tuvieron un encuentro con Dios y debo ir y animarlos en su fe, quizá titubearía.

Ananías era un creyente que vivía en la ciudad de Damasco. En una visión, Dios le dijo que acudiera a la calle Derecha, a la casa de Judas, para sanar a un tal Saulo de Tarso de la vista. ¿Cuál fue su reacción? "¡Pero Señor!". Le contó a Dios todo lo que había oído de la persecución a los creyentes de parte de este hombre, como si el Señor no lo supiera.

Dios, sin embargo, continuó con la orden: "Ve". ¿Y qué hizo Ananías? Fue. Probablemente entre estas dos palabras hubo una lucha interna en el corazón del hombre. Quizá dio vueltas en la cama toda esa noche y llegó ojeroso y tembloroso a la casa de Judas. Observamos, sin embargo, que Dios trabajó en su corazón pues saludó al antes perseguidor de esta manera: "Hermano Saulo".

¿Puede Dios rescatar a los que, a nuestros ojos, están más que hundidos en sus pecados y errores? ¡Sí puede! Al tío alcohólico, al padrastro violento, al vecino chismoso, al cónyuge golpeador, al sobrino drogadicto. Dios tiene el poder para salvar, y quizá a nosotras solo nos manda "ir" y recibir a estas personas en la familia y llamarlas "hermanos". ¿Lo hacemos?

Señor, ayúdame a recibir a mis nuevos hermanos con alegría.

KO

3 DE MARZO

VIDAS TRANSFORMADAS

Y todos los que lo escuchaban estaban asombrados...

Hechos 9:21 (LBLA)

En noviembre de 1982, James Quentin Stevens, de dieciocho años, entró a una escuela secundaria de Virginia, con la intención de matar a otros y luego suicidarse. Desde la noche anterior había oído voces que le decían que tenía que hacerlo. Milagrosamente, solo apuntó hacia arriba de las personas y no hirió a nadie. Cuando metió el cañón del rifle en su boca, una chica cayó al piso llorando y le rogó que no lo hiciera. El brillo de su cruz dorada le impactó y dice: "Me convertí de la oscuridad a la luz".

En la cárcel tuvo un encuentro más cercano con Cristo y, aunque su sentencia se había reducido a veinte años, en menos de cinco años decidieron liberarlo. Ahora dice: "Mi propósito es amar a la gente". Muchos se sorprenden de que ahora es una persona "normal".

El apóstol Pablo también sufrió una conversión impactante: de un hombre violento a un predicador del evangelio. Cuando predicó en Damasco, se asombraron porque sabían que había querido destruir a los cristianos. En Jerusalén, "todos le temían, no creyendo que era discípulo" (v. 26, LBLA). Tal transformación no era posible humanamente hablando, pero Dios hizo que ese matón se convirtiera en una fuerza motriz para la expansión del Evangelio.

No es necesario que tengamos una metamorfosis tan dramática cuando Cristo toca nuestras vidas, pero siempre hay cambios que de alguna manera sorprenden a quienes nos conocen. Reflexionemos sobre todo lo que Él ha hecho en nuestro corazón y estemos dispuestos a compartir esa historia con otros.

Padre, enséñame a revelar a otros lo que has hecho en mí.

MHM

4 DE MARZO

MOVIMIENTOS

Cornelio y todos los de su casa amaban y adoraban a Dios.
Además, Cornelio ayudaba mucho a los judíos pobres,
y siempre oraba a Dios.
Hechos 10:2 (TLA)

Cuando jugamos a las "damas chinas" en familia, disfruto mucho diseñar la jugada para alguna canica en especial. Cada persona planea mentalmente el recorrido y los movimientos que va a ir realizando para lograr llevar cada una de sus piezas a la meta.

En el caso de Cornelio, Dios movió las piezas para que este hombre fuera salvo. Cuando Dios le dice a Pedro que vaya con los tres hombres que lo buscaban en ese momento, Dios ya había arreglado los detalles de antemano. Primero, habló con Cornelio para que enviara a estos hombres en busca de Pedro. Segundo, le dio a Pedro una visión para que bajara sus defensas y los acompañara.

Este centurión romano era un hombre ejemplar, amaba a Dios, lo adoraba, era generoso y oraba siempre. Todo ello no lo hizo salvo pero ayudó para que él hallara gracia ante el Padre, que, amoroso, intervino en su favor. ¿Crees que sólo lo hizo en el caso de Cornelio? Al ver hacia atrás, veo cómo lo hizo conmigo también y seguramente también contigo.

La conversión de Cornelio resultó crucial para mostrar a los judíos que la salvación era también para los gentiles, que Dios no hace acepción de personas. También nos enseña que Dios no deja en desamparo a una persona íntegra. El mueve lo que tenga que mover para mostrar su amor en favor de ella y cumplir el plan que ha diseñado para cumplir su propósito. Él actúa. Podemos descansar en Él cuando le hemos dado el control de nuestra vida.

Señor, gracias porque me predestinaste y cumplirás tu propósito en mí.

MG

5 DE MARZO

NACIONES, TRIBUS, PUEBLOS Y LENGUAS

Pedro entonces comenzó a hablar, y dijo: —Ahora entiendo
que de veras Dios no hace diferencia entre una persona y otra.
Hechos 10:34 (DHH)

Cuando estudié en el Seminario Bíblico Río Grande, en Texas, invitaron a nuestro grupo musical a una iglesia de habla inglesa. Los himnos congregacionales que conocíamos los cantábamos en español al unísono con aquellos que cantaban en inglés. Después de la reunión, una señora se nos acercó y expresó su emoción al pensar que en el cielo estaremos cantando en todas las lenguas de la tierra.

Sin embargo, para que esto ocurriera, tuvo que haber un cambio de mentalidad en los primeros cristianos, mayormente judíos. De alguna manera, ellos habían malinterpretado las Escrituras y pensaban que solo ellos, como nación, recibirían al Mesías y disfrutarían de sus promesas. Por eso, Pedro luchó tanto con la idea de compartir el Evangelio a los gentiles.

Pedro, un judío sumamente religioso, tenía que aprender una nueva lección. Concluyó: "Ahora entiendo que de veras Dios no hace diferencia entre una persona y otra, sino que en cualquier nación acepta a los que lo reverencian y hacen lo bueno" (v. 34 y 35, DHH). Lo que aprendió resultó tan profundo que expuso el Evangelio a Cornelio como si lo estuviera dando a un judío. Y el milagro ocurrió: los gentiles recibieron el Espíritu Santo.

Alegrémonos de que Dios nos dio a los "no judíos" la misma noticia de salvación. En el cielo habrá una gran multitud, de todas las naciones y tribus y pueblos y lenguas cantando al Salvador. ¿Y qué cantaremos? Lo que dice el himno: "Mi tema allá en la gloria será la antigua historia de Cristo y de su amor".

Muchas gracias, Señor, por hacerme parte de tu pueblo.

YF

6 DE MARZO

ESTEREOTIPOS Y PREJUICIOS

Pero la voz del cielo habló de nuevo: "No llames a algo impuro
si Dios lo ha hecho limpio".
Hechos 11:9 (NTV)

Un estereotipo es una creencia que tenemos sobre individuos en base al grupo social al que pertenecen; por ejemplo, todos los coreanos son buenos en Matemáticas. Un prejuicio es una actitud negativa o sentimiento hacia algún individuo basado solamente en el grupo social al que pertenecen; por eso, si un coreano me hirió, ahora siento una actitud negativa contra todos. Cuando actuamos basados en prejuicios y estereotipos discriminamos; por lo tanto, ahora evito todo contacto con coreanos. Por cierto, ¡amo a los coreanos!

Pedro entendía esto bien. Para los judíos, los romanos eran hombres paganos que cometían toda clase de inmoralidades. Pedro mismo probablemente tenía prejuicios contra ellos pues los soldados romanos lo habían encarcelado y mataron a su Señor. Por lo tanto, Pedro los había discriminado: no compartía con ellos el Evangelio.

Dios usó una visión para hacer que Pedro cambiara y rompió sus moldes. Cornelio no era como todos los paganos; era devoto y temeroso de Dios. Pedro tuvo que dejar a un lado sus prejuicios y aprender a apreciar a Cornelio y a su familia, celebrando con ellos la fe. Finalmente, Pedro entendió que: ¡el Evangelio era para todos!

Analiza si tienes un estereotipo o prejuicio contra un grupo social. Quizá Dios nos está pidiendo que nos acerquemos, precisamente a ese grupo, para compartir su Palabra. Ya no hace falta una visión con animales impuros para obedecer una orden clara. "Dios… ha dado [a todos] el privilegio de arrepentirse de sus pecados y de recibir vida eterna" (v. 18, NTV).

Señor, quita de mi corazón estereotipos, prejuicios y discriminación.

KO

7 DE MARZO

SIERVOS ÚTILES

Y mató a espada a Jacobo, hermano de Juan.
Hechos 12:2 (RVR60)

Después de traducir la Biblia al español, Casiodoro de Reina, Cipriano de Valera y otros dieciséis monjes estaban en exilio y la Inquisición española los había sentenciado a muerte como herejes. ¿Cómo podrían introducir la Biblia en España? Un siervo de Casiodoro de Reina se ofreció. "Yo iré", dijo. "Nadie se dará cuenta".

Se llamaba Juanillo, era jorobado y no llamaba mucho la atención por su apariencia humilde. Sin embargo, este hombre insignificante logró introducir por contrabando cien Biblias a los protestantes de España. Dios usó a este varón imperfecto, pero valiente.

Normalmente la gente recuerda a Pedro y a Juan, apóstoles de Jesús, pero dejamos a un lado a Jacobo. Aunque estuvo presente en los momentos climáticos de la vida del Señor, su salida de la historia sucede a los inicios de la iglesia y quizá por eso ha quedado en el olvido. Su muerte trágica también nos recuerda que el comienzo de la iglesia costó. ¿Pero qué podemos aprender de Julianillo y de Santiago?

Curiosamente, Jacobo quiso ser el mayor entre los discípulos, pero aprendió que en el reino de Dios las cosas son al revés. La mayoría de nosotras no se destaca por ser famosa o sobresaliente. Tal vez pocas nos consideramos capaces de llevar a cabo una misión que impacte a cientos o miles. Aun así, como "siervas del Rey", podemos ser usadas por Él de formas sorprendentes, ya sea llevando Biblias y repartiendo la Palabra de Dios, o aprendiendo que el que quiere ser grande, debe servir a los demás.

Padre, soy tuya. Aun cuando me sienta débil e insignificante, creo que me puedes usar.

MHM

8 DE MARZO

UNA MIRADA PODEROSA

Saulo, también conocido como Pablo, fue lleno del Espíritu Santo
y miró al hechicero a los ojos.
Hechos 13:9 (NTV)

Gracias a su visor de rubí de cuarzo, Cíclope, uno de los X-Men más famosos, puede regular la intensidad de sus rayos oculares. A pesar de que absorbe la energía del sol y la utiliza, sus rayos no son láseres caloríficos, sino energía de impacto. Con su mirada no puede quemar a alguien, pero sí romperle los huesos.

En la vida real, el apóstol Pablo hizo algo similar: fijó sus ojos en Elimas, un mago que trataba de disuadir a los demás de escuchar el mensaje que Pablo y Bernabé traían, y le dijo que quedaría ciego. El fascinante relato nos dice que inmediatamente cayeron sobre él oscuridad y tinieblas. ¿Acaso no suena a ciencia ficción? Pero la fuente del poder de Pablo provenía del Espíritu Santo actuando a través de él.

Notemos que en los primeros versículos del capítulo de hoy se menciona que los profetas y maestros en Antioquía de Siria ayunaron y oraron. En respuesta, el Espíritu apartó a Bernabé y a Saulo, o Pablo, para ir a Chipre donde, al ver cómo Pablo cegaba al hechicero, el gobernador se convirtió, asombrado de la enseñanza acerca del Señor.

¡Cuántas veces nos ha limitado el pensamiento de "no puedo"! ¿Crees que hemos subestimado el poder del Espíritu Santo que mora dentro de nosotras? Nuestras vidas mejoran cuando somos diligentes en la oración y el ayuno. Que nuestro pensamiento sea: "Todo lo puedo en Cristo que me fortalece" (Filipenses 4:13, RVR60). Recurramos a la Fuente inagotable y en Él haremos proezas.

Oh, Dios, Tú fortaleces al cansado y das fuerzas al débil.
Sé Tú mi fuerza.

MG

9 DE MARZO

SEGUNDAS OPORTUNIDADES

*Pablo y sus compañeros se embarcaron en Pafos y viajaron
a Perge, en la región de Panfilia; pero Juan los dejó
y volvió a Jerusalén.*

Hechos 13:13 (DHH)

Juan, a quien también se le llamaba Marcos, era hijo de María —quizá alguna seguidora del Señor Jesús— y también sobrino de Bernabé, del linaje de los levitas. Deducimos que su familia era adinerada y reconocida no solo entre los judíos, sino también entre los creyentes. Su casa se usaba como lugar de reunión.

Este joven acompañaba a dos grandes misioneros como ayudante. ¿Lo movió el deseo de vivir una aventura para ir con Pablo y Bernabé? No lo sabemos. Pero, llegando a Perge, se desanimó y se regresó a Jerusalén. ¿Le desilusionó la vida de un misionero o echó de menos las comodidades de su casa? ¿Le exigieron mucho Pablo y Bernabé o simplemente se cansó?

El tío Bernabé, queriendo darle otra oportunidad, lo invitó al segundo viaje con Pablo. Sin embargo, Pablo no estuvo de acuerdo. La discusión se acaloró y ninguno de los dos cedió, así que, Pablo y Bernabé se separaron. ¿Quién tuvo razón? Parece que el Señor estuvo de acuerdo con ambos. Pablo llevó a Silas y visitaron muchas iglesias y nuevas ciudades donde compartieron el evangelio.

Por su parte, Bernabé se encargó de preparar a Juan Marcos de manera que Pedro, y el mismo Pablo, lo elogiaron después. ¿Qué hubiera pasado si Juan Marcos, después de su primer error, decide claudicar y no aceptar la guía de Dios por medio de su tío? Si has tenido un fracaso en tu vida espiritual, Dios nos da segundas oportunidades. ¡Aprovechémoslas!

Amado Señor, te confieso mi fracaso. ¡Dame otra oportunidad!

YF

10 DE MARZO

ALGUNOS CREYERON, OTROS NO

Hermanos, ¡escuchen! Estamos aquí para proclamar que, por medio de este hombre Jesús, ustedes tienen el perdón de sus pecados.

Hechos 13:38 (NTV)

Imagina a un grupo de judíos del primer siglo que vive en una de las ciudades más activas de Asia Menor. Sus negocios van bien. No sufren persecución por su fe, hasta el momento, y sus familias crecen. De pronto, irrumpen unos judíos provenientes de Judea con un mensaje perturbador.

Después de repasar la historia de su pueblo: Moisés y Egipto, Josué y Canaán, David y el reino, llegan a un tal Jesús, a quien comparan con el Mesías, el Ungido esperado. Les cuentan que este Jesús murió ejecutado, a pesar de que no encontraron razón legal para hacerlo, ¡y que además resucitó!

Terminan anunciando que el sacrificio de este hombre puede quitar los pecados de quienes creen en Él y hacerlos justos, algo que no logró la ley de Moisés. Y cierran con una advertencia. Deben tener cuidado para no dejarse engañar pues Dios "está haciendo algo en sus días, algo que no creerían aun si alguien les dijera" (v. 41, NTV). ¿El resultado? Algunos creyeron y otros no.

Hoy el mensaje sigue siendo el mismo. No ha cambiado en dos mil años. Es sencillo, concreto y tajante. La pregunta es: ¿lo creemos? Dios sigue haciendo algo en nuestros días que sobrepasa todo nuestro entendimiento. Algunos creerán y otros no. Sin embargo, esto no cambia el hecho de que sea verdad. Que como los de Antioquía "todos los que fueron elegidos para vida eterna se [conviertan] en creyentes" (v. 50, NTV).

Señor, abre los corazones de los que amo y aún no creen tu mensaje.

KO

11 DE MARZO

GUIRNALDAS Y CORONAS

Así que el sacerdote del templo y la multitud llevaron toros
y coronas de flores a las puertas de la ciudad, y se prepararon
para ofrecerles sacrificios a los apóstoles.
Hechos 14:13 (NTV)

Cuando asistí a una boda en un pueblo indígena de la sierra de Puebla, México, me fascinó cuando nos colocaron collares de flores en el cuello a mi esposo y a mí. Los novios llevaban muchos más. Aprendí que se acostumbra mostrar gratitud, alegría y honor de esta manera colorida en ocasiones especiales.

Los griegos de la antigüedad tenían la costumbre de ponerles coronas de diferentes plantas a los vencedores en guerras o en deportes. También se colocaban en las imágenes de ancestros o de divinidades.

En este pasaje vemos cómo los habitantes de Listra, al ver que Dios sanó a un hombre lisiado por medio de Pablo, decidieron que Pablo y Bernabé ¡eran dioses! Llevaron coronas, tal vez para sus "nuevos dioses", y toros para sacrificarlos ante ellos. Los misioneros, horrorizados, rehusaron la idolatría y gritaron: "¡Nosotros somos simples seres humanos, tal como ustedes!" (v. 15, NTV). Como resultado, la multitud los apedreó y los dejó por muertos.

No debemos confundir el recibir flores como una muestra de respeto a una forma de adorar una deidad. Si bien probablemente nadie nos confunda con "diosas", existe la expresión "echar flores" cuando se halaga a los demás. No está mal que nos hagan cumplidos si los aceptamos humildemente, pero en ocasiones se nos pueden subir a la cabeza. Como Pablo y Bernabé, procuremos no gloriarnos o envanecernos. Recordemos que todo talento que tengamos ¡viene del Señor!

Gracias porque todo lo bueno que existe en mi ser proviene de ti; quiero
reconocerlo públicamente también.

MHM

12 DE MARZO

COMPARTIENDO LA GRACIA

Nosotros creemos que todos somos salvos de la misma manera,
por la gracia no merecida que proviene del Señor Jesús.
Hechos 15:11 (NTV)

Frente a la apacible laguna, se escucha el viento suave y los pájaros que han hecho de estos hermosos jardines, su hogar. Poco a poco la paz se va adueñando del alma y el espíritu busca encontrarse con Dios. Este lugar hace honor a su nombre: Oasis de Agua Viva, un campamento cristiano en Valsequillo, Puebla, en México. Hace cincuenta años, dos parejas de misioneros soñaron con crear este lugar. Hoy, sigue ofreciendo setenta campamentos anuales para saciar la sed espiritual de los asistentes.

Muchos años atrás, cuando se compartió el evangelio a los gentiles, a los hermanos en Fenicia y Samaria les dio mucho gozo el saber lo que Dios estaba haciendo. Sin embargo, algunos fariseos no podían entender que no necesitaban guardar ninguna ley para ganar la salvación, pero Pedro declaró con firmeza que todos somos salvos por la gracia de Dios en un concilio y ¡se empezó a predicar a todos por igual!

Desde entonces, muchos hemos escuchado el mensaje de salvación de labios de un misionero, alguien que creyó que la gracia de Dios es para todos y decidió compartir esa gracia con los demás. Para mí, todos los que se apropian de la misión de Dios con amor y compromiso ¡son héroes!

La clase social, nacionalidad o color no influyen cuando se habla de la gracia de Dios. Todos, absolutamente todos, podemos disfrutarla. Que el gozo inunde nuestro corazón al ver la manera en la que Dios usa a todas las personas que hacen labor evangelista y nos unamos a su labor.

No merezco tu amor ni tu gracia, Señor, ayúdame a compartirlos.

MG

13 DE MARZO

LA CARGA PESADA DE LA LEY

Pues ha parecido bien al Espíritu Santo y a nosotros
no imponer sobre ustedes ninguna carga aparte
de estas cosas necesarias.
Hechos 15:28 (DHH)

Todas las culturas exigen alguna demostración para indicar pertenencia. Entre el pueblo judío, los chicos varones, desde pequeños, memorizan partes del Antiguo Testamento y cumpliendo los trece años, las recitan en una ceremonia llamada Bar Mitzvá. En Kenia, la tribu bukusú acepta como adulto al joven que, al bañarlo con tripas de vaca, es circuncidado sin mostrar la más mínima evidencia de dolor.

Los primeros cristianos gentiles se vieron obligados a demostrar que pertenecían a la familia de Dios circuncidándose y cumpliendo la ley. Creyentes celosos del judaísmo les instruyeron erróneamente, pues los líderes de la iglesia no autorizaron esta práctica. Así que, los líderes vieron la necesidad de llegar a un acuerdo. Si el Señor había salvado a personas que no tenían la ley y les concedió su Espíritu Santo, ¿cuál era la razón para exigirles guardar la ley?

Junto con el Espíritu Santo, consideraron que los creyentes debían seguir solo algunas cosas necesarias: abstenerse de lo sacrificado a ídolos, de comer sangre o animal ahogado y de fornicación, así que enviaron una carta con las instrucciones. El consuelo de estas palabras alegró a los creyentes gentiles.

No tenemos que hacer ritos para pertenecer a la familia de Dios, ni guardar la ley. No tenemos que cortarnos el cuerpo para que las cicatrices se parezcan a la piel de un cocodrilo, como hacen en la tribu Kaningara en Papua Nueva Guinea. El Señor Jesús solo pide nuestra fe. Esto debe llenar de consuelo, alegría y gratitud nuestros corazones.

Gracias, Señor, por librarme de la carga pesada de la ley.

YF

14 DE MARZO

BUSCANDO LA VOLUNTAD DE DIOS

Cuando tuvo la visión, enseguida procuramos ir a Macedonia,
persuadidos de que Dios nos había llamado
para anunciarles el Evangelio.
Hechos 16:10 (LBLA)

En el 2016 la vida de mi familia cambió drásticamente. Por un tema de seguridad, tuvimos que dejar la ciudad donde vivíamos. Entonces Dios nos recordó que, al casarnos, mi esposo y yo habíamos prometido servir en las misiones. Luego se abrió la puerta de ir a Medio Oriente para trabajar y tomamos el reto.

Algunas personas cercanas no parecían muy convencidas de que la voluntad de Dios para nosotros fuera algo tan drástico. Pero, de algún modo, mi esposo y yo estábamos convencidos de que Dios nos estaba guiando a confiar en Él y movernos geográficamente por medio de esa puerta abierta.

En el pasaje de hoy, dos veces el Espíritu impidió que Pablo y su equipo predicaran en cierto lugar o no les permitió viajar a cierta zona geográfica. Hasta que Pablo tuvo una visión dieron por cierto que Dios les estaba llamando a ir a Macedonia. ¿Pero qué pasa si no recibimos una visión? ¿Cómo saber cuál es la voluntad de Dios?

Hoy mi familia nuevamente enfrenta una decisión importante sobre el futuro. ¿Cómo saber qué elegir? Confiamos que, de algún modo, en el momento que Dios decida, nos mostrará algo que nos llevará a la conclusión de cuál es su voluntad. ¿Una visión? ¿Una convicción? ¿El consejo de amigos? No lo sabemos pues nunca usa la misma forma. Solo estamos seguros de que cuando buscamos hacer la voluntad del Padre, Él la muestra y la imprime en nuestros corazones por medio de su paz. ¿Lo has experimentado?

Señor, ayúdame a buscar siempre hacer tu voluntad.

KO

15 DE MARZO

PASEN A MI CASA

Y cuando fue bautizada... nos rogó diciendo: Si habéis juzgado
que yo sea fiel al Señor, entrad en mi casa, y posad.
Hechos 16:15 (RVR60)

Cuando me casé, nunca imaginé cuántas visitas llegarían a mi casa, sobre todo porque mi esposo tenía un corazón muy hospitalario. A lo largo de los años, un niño discapacitado, varios estudiantes extranjeros, un viejito indigente, amigos indígenas de la sierra, misioneros que visitaban la ciudad y otros estuvieron bajo nuestro techo. Otros llegaron para compartir alguna comida casera.

Me costaba trabajo ser hospitalaria puesto que era propensa a apenarme por la sencillez de mi hogar, las reparaciones que necesitaba o las limitaciones económicas en cuanto a los alimentos que podía ofrecer. En vez de responder con corazón abierto, pensaba más en mí misma y en mi deseo de quedar bien con los demás. Pero poco a poco, Dios me fue enseñando que lo más importante es compartir con alegría y dar de lo que podamos ofrecer.

En el caso de Lidia, el Señor abrió el corazón de ella para que estuviese atenta a lo que Pablo decía. Tan pronto como aceptó las buenas nuevas y fue bautizada, quería abrir no solo su corazón sino también su casa. Fue el resultado natural de ese amor que Dios le había mostrado por medio de ellos. Insistió en que descansaran en su casa, y ellos con gusto aceptaron.

Pedro nos recomienda practicar la hospitalidad "sin quejarse" (1 Pedro 4:9, NVI). Podemos abrir nuestras casas, aunque seamos de pocos o muchos recursos, pues lo hacemos para Dios. Cristo en nosotras muestra el amor al prójimo a través de ser hospitalarias.

Gracias, Señor, porque con tu ayuda puedo bendecir a muchos
al compartir mi hogar.

MHM

16 DE MARZO

ELIGIERON CANTAR

Pero a medianoche, orando Pablo y Silas, cantaban himnos
a Dios; y los presos los oían.
Hechos 16:25 (RVR60)

Cada persona reacciona diferente ante una situación de peligro inminente. Se han realizado estudios sobre conductas ante las alarmas, la evacuación de un edificio y los incendios. Del 10 a 25% de las personas permanecen unidas y en relativa calma; 75% manifiesta conductas desordenadas y desconcierto, y de un 10 a un 25% muestran confusión, ansiedad, gritos histéricos y pánico.

Una frase dice: "Las pruebas por las que atravesamos no son tan importantes como las reacciones que tenemos ante ellas". En la lectura de hoy podemos observar que cuando el carcelero vio que las puertas estaban abiertas supuso que los presos se habían escapado y en lo primero que pensó fue en suicidarse. Podemos notar también que incluso después de muchos azotes, Pablo y Silas ¡estuvieron orando y cantando hasta la medianoche!

Sea cual sea la situación que tengamos que enfrentar, podemos elegir nuestra reacción. Como al carcelero, podemos entristecernos o asustarnos incluso por situaciones imaginarias que ni siquiera han sucedido. Afortunadamente, él cambió su actitud. Se postró y creyó en el Señor Jesucristo. Fue salvo y se regocijó con toda su casa.

A veces tenemos que padecer circunstancias muy dolorosas e incómodas como las que vivieron Pablo y Silas. Podemos decidir reaccionar como ellos: orar, adorar y tener empatía por los demás. No se centraron en sus heridas o en las cadenas, ni siquiera en huir de allí, sino en alabar a Dios. Sus ojos estaban puestos en Jesús y en sus promesas. ¿Cómo queremos responder a la adversidad?

Señor, en tiempos difíciles, creo en ti y me enfoco en tus promesas.

MG

17 DE MARZO

EXAMINANDO LA PALABRA CON AVIDEZ

Estos eran de sentimientos más nobles que los de Tesalónica,
de modo que recibieron el mensaje con toda avidez
y todos los días examinaban las Escrituras para ver
si era verdad lo que se les anunciaba.
Hechos 17:11 (NVI)

Hace poco tiempo que Lucy conoce a Dios, pero se encargó de animar a otras chicas para un estudio bíblico. Durante semanas, habló personalmente con otras jovencitas y nos rogó que le pusiéramos fecha a los estudios. Cuando acordamos la fecha, Lucy dijo que llegarían al estudio sólo cinco chicas. Preparamos diez juegos del manual y nos sorprendimos cuando aparecieron once jóvenes.

Pablo tuvo que huir de Tesalónica puesto que lo querían matar. Viajó de noche hacia Berea y seguramente llegó exhausto y descorazonado. Entonces, se topó con un grupo de judíos de mentalidad más abierta. No solo escucharon el mensaje con entusiasmo, sino que examinaron las Escrituras judías para ver si lo que Pablo decía concordaba.

Desde entonces, estos judíos, que después creyeron en Jesús, se han convertido en un modelo de inspiración para muchos a través de las épocas. Ellos nos han enseñado la importancia de oír, pero también de escudriñar con Biblia en mano si lo que otros enseñan va conforme a lo que Dios ha dicho desde el principio.

Todos quisiéramos más creyentes como Lucy, que tienen hambre de conocer más de Dios y de estudiar de su Palabra, y animan a otros a reunirse para aprender. ¿Somos parte actualmente de un grupo que se reúne para estudiar la Biblia a fondo? ¿Buscamos a otras personas para realizar estos estudios cada semana? Imitemos a los de Berea. ¡Y a Lucy!

Señor, pon en mí el deseo de examinar tu Palabra con avidez
y de compartirla.

18 DE MARZO

No tan lejos, pero al fin lejos

Pues en él vivimos, nos movemos y existimos. Como dijeron
algunos de sus propios poetas: "Nosotros somos su descendencia".
Proverbios 17:28 (NTV)

Epiménides de Cnosos, un poeta griego y posible chamán de religiones de Asia Central, y el poeta Arato, nacido en Cilicia, escribieron unos poemas didácticos sobre temas astronómicos y meteorológicos. Si bien hoy son para nosotras casi desconocidos, influyeron en la cultura del primer siglo ampliamente, sobre todo en Atenas y Esparta.

Pablo, de hecho, menciona frases de ambos en su sermón predicado en Atenas. Se ha debatido mucho el por qué lo hizo y cómo aprendió estas frases, pero ciertamente todos nosotras conocemos estribillos de las canciones populares o frases de películas que ni siquiera hemos visto. Son parte del diario vivir.

La audiencia de Pablo era totalmente griega en ese momento, así que citar del Antiguo Testamento hubiera sido demasiado extraño para ellos. Por lo tanto, Pablo, tal vez queriendo mostrarles que sus propios profetas no estaban tan lejos de la lógica de Dios, usó de sus poemas. Pero, al mismo tiempo les hizo ver que, al fin y al cabo, la filosofía griega no era la verdad de Dios. ¡Había una gran diferencia! Y quizá por eso muchos se rieron con desprecio.

¿Has oído una canción, leído un libro o visto una película que parece estar muy cerca de las buenas noticias de salvación? Quizá podamos usarlos para iniciar una conversación con alguien que está interesado en la fe o podemos conectarlos para mostrar el camino a la verdad, pero nunca olvidemos presentar el plan de Dios completo porque, aunque no parezcan tan lejos, las ideas humanas no son el evangelio.

Espíritu Santo, ayúdame a siempre presentar el evangelio con claridad.

KO

19 DE MARZO

SU PRESENCIA: MÁS GRANDE QUE EL TEMOR

¡No tengas miedo! ¡Habla con libertad!...Pues yo estoy contigo,
y nadie te atacará ni te hará daño.
Hechos 18:9-10 (NTV)

Los misioneros Larry y Doris Puckett llegaron a la sierra totonaca de Veracruz en los años cincuenta. La zona resultaba inalcanzable por el transporte normal y los caminos para mulas largos y sinuosos. Poco después de su arribo, un hombre del pueblo, conocido por matón, los amenazó de muerte.

Los Puckett dudaban si debían quedarse, pero no quisieron ser dominados por el temor sino por la fe y no huyeron. Tres días después, el hombre se suicidó. Permanecieron allí y levantaron una gran obra para Cristo en esa zona indígena. ¿Qué hubiera pasado si ante la primera amenaza salen corriendo?

En numerosas ocasiones, Pablo sufrió rechazo y amenazas después de predicar a Cristo en las sinagogas. En Corinto, los judíos se opusieron y lo insultaron. Quizás el apóstol se preguntó si debía escapar, pero al final no lo hizo. Valía la pena quedarse por una sola persona que decidiera seguir a Cristo. En este caso, Crispo y su familia aceptaron al Señor. Pero la señal definitiva llegó mediante una visión de Dios donde le indicó que no tuviera miedo. Pablo se quedó ahí año y medio.

Quizás hemos tenido temor de compartir nuestra fe por temor al rechazo. Algunas personas se pueden burlar o mostrarse agresivos. Dios puede darnos valor y confianza para hablar palabras de verdad y salvación. Lo cierto es que, al igual que a Pablo, Dios nos dice hoy: "¡Habla con libertad! ¡No te quedes callado!... Porque mucha gente de esta ciudad me pertenece" (v. 10, NTV).

Padre, gracias por ayudarme a vencer el temor.

MHM

20 DE MARZO

TE CONOZCO

Pero respondiendo el espíritu malo, dijo: A Jesús conozco,
y sé quién es Pablo; pero vosotros, ¿quiénes sois?
Hechos 19:15 (RVR60)

Durante un viaje por Europa, el pastor y evangelista René Zapata iba entrando a cierto recinto cuando se topó con un hombre de presencia extraña, que con mirada como de endemoniado y una voz cavernosa le dijo: "A ti yo te conozco". El pastor entendió por qué.

Aunque a veces lo olvidamos, el mundo espiritual es real y activo. Para tener influencia en las batallas espirituales se necesita tener autoridad espiritual. ¿Cómo se obtiene? En la historia de hoy, el espíritu malo dijo no conocer a los hijos de Esceva, quizá porque solo eran charlatanes. Saltó sobre ellos y los dominó, así que ellos tuvieron que salir huyendo desnudos y heridos. Sin embargo, a Pablo sí lo conocían.

Pablo hablaba con denuedo del reino y Dios hacía milagros extraordinarios por medio de él. No solo se reunía con los creyentes, sino que practicaba la oración y el ayuno y servía de tiempo completo. El mensaje del evangelio que transmitió tuvo tal impacto que los que antes practicaban magia en la ciudad de Éfeso quemaron sus libros en respuesta.

Y el enemigo, ¿nos conocerá? Más que tener miedo, recordemos que Dios protege a los suyos, como lo hizo todo el tiempo que Pablo vivió. Dios nos guarda y nos cela y no dejará que los espíritus malos nos toquen. Tristemente, los que no son suyos no tienen la misma protección. Por lo tanto, hablemos con todos de las buenas noticias para que, como los de Éfeso, dejen las tinieblas y vengan a la luz.

Señor, gracias por rescatarme de las tinieblas.

MG

21 DE MARZO

LA DIOSA DE ÉFESO

El secretario de la ciudad, cuando pudo calmar a la gente, dijo:
"Ciudadanos de Éfeso, todo el mundo sabe que esta ciudad
está encargada de cuidar el templo de la gran diosa Artemisa
y de la imagen de ella que cayó del cielo".
Hechos 19:35 (DHH)

¿Qué sucedería si en Las Vegas todos los casinos se cerraran? ¿Seguiría la gente visitando la ciudad o se volvería una ciudad fantasma? Visitar Éfeso hoy permite un viaje al pasado griego y romano repleto de ruinas. No existe un solo edificio de pie. El templo de la diosa Artemisa no ofrece salvo columnas derribadas, de las que solo quedan pedazos.

En un tiempo, sin embargo, los romanos esparcieron la adoración a Artemisa por todo el Imperio. En su magnífico templo, considerado una de las siete maravillas antiguas, se la veneraba. Entonces, por el tiempo en que Pablo viajaba, se generó un grave problema en la ciudad. Los plateros empezaron a perder clientes y la influencia del templo aminoró. Se armó un gran alboroto.

El alcalde tranquilizó los ánimos y les dijo a los del disturbio que no perdieran la calma. Si en verdad la imagen de Artemisa les había caído del cielo, se podría defender sola. El culto a esta diosa no acabaría, a menos que fuera mentira. Tristemente, el alcalde tuvo razón. Hoy nadie recuerda a Artemisa, salvo como una lección de historia.

Actualmente se han construido otros templos para los dioses falsos del dinero, la fama y el placer. Los edificios modernos más suntuosos los forman los casinos, los estadios deportivos y los centros comerciales. Me pregunto cuánto durarán. ¿Cuánto falta para que la gente reconozca que no son dioses reales sino producto de la mente humana y que no traen paz?

Señor, libra a mi ciudad de seguir a dioses falsos.

YF

22 DE MARZO

Trabajando en equipo

Lo acompañaron Sópater hijo de Pirro, de Berea; Aristarco
y Segundo, de Tesalónica; Gayo, de Derbe; Timoteo;
y por último Tíquico y Trófimo, de la provincia de Asia.
Hechos 20:4 (NVI)

A mis sobrinos les gusta mucho la Fórmula 1. Si bien los pilotos ganadores son los nombres que recordamos, lo cierto es que esta competencia se gana en equipo. No es solo el piloto del auto quien recibe la copa, sino el copiloto, los mecánicos, los estrategas, los ingenieros, los jefes técnicos y más. Todos tienen una parte en la victoria.

Muchas veces nos imaginamos a Pablo trabajando solo, yendo de un lado a otro predicando y levantando iglesias. Pero desde el principio, y sobre todo durante su estancia en Éfeso, Pablo comenzó a conformar un equipo de hermanos en Cristo que provenían de diferentes ciudades y contextos, estratos sociales y nacionalidades, a quienes capacitó para extender las misiones y dirigir iglesias.

Más tarde veremos esos nombres surgiendo en diferentes momentos. Unos llevando cartas, otros liderando congregaciones, otros acompañando a Pablo en sus viajes o prisiones. Y esto solo nos recuerda que la misión de Dios se hace en equipo. En todos los momentos de la historia bíblica vemos gente trabajando en conjunto, ya sea para construir el tabernáculo o librar guerras y batallas.

¿Trabajamos en equipo? No permitamos que el orgullo nos impida participar de los propósitos de Dios. Necesitamos a los demás para compartir el Evangelio, para dar clases, para predicar su Palabra en un púlpito, para discipular a nuevos creyentes y para hacer nuestra labor diaria para la gloria de Dios. ¿Trabajamos juntas?

Señor, muéstrame cómo participar en tu equipo.

KO

23 DE MARZO

NO TODO EL MONTE ES ORÉGANO

*Ustedes saben que no he vacilado en predicarles todo
lo que les fuera de provecho.*

Hechos 20:20 (NVI)

¿Conoces el orégano? Es una planta aromática usada como condimento, pero también como remedio. De sus ventajas surgió un dicho: "No todo el monte es orégano", un refrán curioso. Significa que en un negocio no hay solamente utilidades, sino que también existen contratiempos y dificultades.

Todo es todo, lo que nos gusta y lo que no. Aun las dificultades nos pulen, nos obligan a crecer y superarnos. ¡Es tan fácil enfocarnos solo en lo fácil y lo agradable! Pero no es realista. Ver solo una parte de cualquier conjunto ofrece un cuadro incompleto.

Al despedirse de los hermanos de Éfeso, donde había pasado tres años discipulando a los nuevos creyentes, Pablo les recuerda: "No he vacilado en predicarles todo lo que les fuera de provecho" (v. 20, NVI). El uso del verbo "vacilar" o ser indeciso nos indica que algunas de las enseñanzas no eran fáciles de entender o aceptar. Sin embargo, Pablo procuró comunicar a los efesios lo más importante y provechoso, que sin duda incluía mandamientos difíciles para ellos, pues quería que fueran cristianos fuertes y completos, preparados para cualquier situación que pudieran enfrentar.

¿Nos cuesta obedecer algunas enseñanzas del Señor? ¿Preferimos no enseñarlas si nos toca dar un estudio bíblico? ¿Solo hablamos de lo agradable del evangelio sin reconocer que incluye aspectos difíciles? El arrepentirse y el pedir perdón están entre esos mandamientos menos atractivos. Estudiemos la Biblia y reconozcamos que todo es todo.

*Espíritu Santo, ilumina mi entendimiento para comprender
y aprovechar toda la palabra de Dios.*

MHM

24 DE MARZO

REGALOS CELESTIALES

Tenía cuatro hijas solteras, que habían recibido el don de profecía.
Hechos 21:9 (NTV)

¿Te gustan los cuentos de hadas? Los hermanos Grimm crecieron en los bosques de Europa, así que "la ruta de las Hadas" es un recorrido por estos mágicos lugares. Cuando mi hija Alisson cumplió quince años visitamos el Castillo de Sababurg en el antiguo bosque Reingard cerca de Kassel. Esta construcción es conocida como el "castillo de la Bella Durmiente".

Mientras contemplaba los paredones del castillo me imaginé a mí misma con un hermoso vestido ampón en medio del gran salón. En mi mente podía sentir el ambiente festivo del nacimiento de la princesa Aurora donde las hadas le obsequiaron dones. Se le otorgó virtud, belleza, riqueza y todo lo que alguien pudiera desear. Gracias a estos regalos creció hermosa, modesta, sabia y amada por cada persona que conocía.

Me encanta esa parte del cuento porque me hace recordar que Dios nos ha dado dones. Las hijas de Felipe, el evangelista, ejercían sus dones plenamente. Cada persona, de acuerdo a su propósito, ha sido dotada con cualidades y talentos que la hacen única y la capacitan para servir a Dios. Cuando una persona es consciente de sus dones, los desarrolla e incluso los va perfeccionando. Se vuelve una persona plena y dichosa.

Con el paso del tiempo, es posible considerar el desarrollo de los dones como un trabajo o una carga, pero recordemos que la palabra don significa regalo. Así que celebra y cultiva con agradecimiento esas cualidades que Dios ha puesto en ti. Recuerda, Dios te ha dado diversas virtudes, belleza espiritual, sabiduría de lo alto y mucho más.

Señor, quiero ser útil en tu obra, pongo mis dones a tus pies.

MG

25 DE MARZO

TELÉFONO DESCOMPUESTO

Ahora bien, han oído decir que tú enseñas que se aparten
de Moisés todos los judíos que viven entre los gentiles.
Les recomiendas que no circunciden a sus hijos ni vivan
según nuestras costumbres.
Hechos 21:21 (NVI)

¿Quién no ha jugado el juego del "teléfono descompuesto"? Lo único que se necesita es que haya varios participantes en fila y que el primero diga al que está junto un mensaje al oído que transmitirá al siguiente participante y así sucesivamente. Si alguien no escuchó bien lo que se le dijo, no puede pedir que se lo repitan. Debe transmitir lo que oyó. El último que lo oye recibe un mensaje totalmente distorsionado.

Un tipo de juego de teléfono descompuesto maligno urdieron los atacantes de Pablo. Con tal de desprestigiarlo, le vinieron siguiendo desde Asia a Jerusalén y mintieron al decir que Pablo enseñaba a los judíos a apartarse de la ley de Moisés y que no circuncidaran a sus hijos. ¿Recuerdan esa carta que enviaron los líderes de Jerusalén en donde explicaban que esto era sólo para los gentiles? Pero querían vengarse de Pablo por envidia.

¡De cuántos pecados es madre la envidia! El ridiculizar, maldecir, desprestigiar, mentir, difamar, asesinar, criticar y muchas otras cosas más nacen de un corazón envidioso. Tristemente, no estamos libres de sentir envidia. Y tampoco somos libres de que otros la sientan hacia nosotras, ni de ser víctimas de los pecados que provoca.

Debemos estar alertas para reconocer la envidia en nuestras vidas y para llevarla ante el Padre celestial. Cuidemos no dejar que la envidia nos haga difamar a otros.

Ayúdame a reconocer la envidia en mi vida, Señor, y a llevarla a tus
pies para que la destruyas.

YF

26 DE MARZO

ELLOS SABEN

Yo le dije: "Señor, ellos saben que yo iba por todas las sinagogas
y llevaba a la cárcel a los que creían en ti, y que los golpeaba".
Hechos 22:19 (DHH)

Cuando Jimena creyó en Jesús, estaba segura de que todos a su alrededor querrían saber más de su fe. Los cambios en su vida —dejar las drogas, las pandillas, las muchas parejas— eran tan grandes que nadie sería indiferente a su nuevo amor. Pero no sucedió así. Algunos la vieron con sospecha, otros se encogieron de hombros y unos incluso la echaron de su círculo.

Quizá así se sintió el apóstol Pablo. Después de encontrarse con Jesús camino a Damasco y recibir la vista y ser bautizado, la emoción de su amor por Jesús lo llevó a Jerusalén al templo a orar. Una vez allí, el Señor le dijo que saliera rápidamente de Jerusalén porque nadie le haría caso.

Entonces Pablo le dijo al Señor: "Pero ellos saben". Estaba seguro que la gente en Jerusalén, al ver el drástico cambio en el antes cruel perseguidor, aceptaría su mensaje. Sin embargo, el Señor repitió: "Vete". Su misión sería con los gentiles. De hecho, hasta los capítulos finales de Hechos vemos que los líderes judíos no dejaron de perseguirlo.

No te desanimes si los que menos quieren escuchar del evangelio son de tu familia o tu círculo más cercano. "Ellos saben" quién eras antes y pueden ver los cambios en ti, así que Dios trabajará en sus corazones en su momento. Así que haz lo que Pablo, que nunca dejó de orar por su pueblo y los suyos, sabiendo que Dios escucha y contesta.

Señor, te pido por mis familiares más cercanos que no creen en ti.
Que la luz de tu evangelio brille en ellos.

KO

27 DE MARZO

¡ÁNIMO!

A la noche siguiente se le apareció el Señor y le dijo: Ten ánimo...
Hechos 23:11 (LBLA)

Se dice que, en su primera batalla, un joven marino casi se desmayó cuando vino una lluvia de balas del enemigo. Un oficial superior comprendió su terror, estrechó su mano y le dijo con cariño: "Valor, mi muchacho, estarás bien dentro de unos momentos; yo tuve la misma experiencia en mi primera batalla".

El joven llegó a ser un oficial reconocido, y con frecuencia dijo que las palabras expresadas por su superior fueron como si un ángel hubiera venido y puesto vida nueva en él. Desde ese momento se condujo con más valentía que los demás.

En este capítulo vemos cómo Pablo estuvo en peligro por una riña entre los fariseos y los saduceos sobre él. De hecho, el comandante romano "tuvo temor de que Pablo fuera despedazado por ellos" (v. 10, LBLA) y lo rescató. Sin duda los ánimos de Pablo se vieron decaídos. Pero se le apareció el Señor y le dio ánimo, asegurándole que iría a Roma a testificar. De los cuarenta judíos que juraron ayunar hasta que lo mataran, ¡no sabemos qué les pasó!

Nuestras emociones son susceptibles ante algún ataque, algún fracaso o alguna pérdida. En esos momentos nos cuesta avanzar con seguridad. Cuando recibimos palabras de ánimo, ya sea de la Palabra de Dios o de otra persona, tenemos fuerzas para seguir adelante. Tener ánimo es contar con energía y decisión para completar alguna acción. Es cobrar fuerza y valor. Estemos abiertas a recibir esas palabras que nos incentivan, y cuando sea posible ¡demos valor a los que nos rodean!

Así como me infundes ánimo, ayúdame a hacer lo mismo con los demás.

MHM

28 DE MARZO

Dos consejos

*Por eso siempre trato de obedecer a Dios y de estar en paz
con los demás; así que no tengo nada de qué preocuparme.*
Hechos 24:16 (TLA)

¿Celular para dormir? *Calm, Worry Watch, Meyo, Sleep Time* y
decenas de aplicaciones más se han desarrollado para ayudar a las
personas a tener paz mental, al menos para poder relajarse y
poder descansar. A raíz de la pandemia del COVID-19, se acre-
centaron los problemas de salud mental en la población mundial.
Vivir con ansiedad, temor, estrés y preocupaciones se ha convertido en un estándar.

El apóstol Pablo sirvió de manera intensa soportando incontables contratiempos y vicisitudes. Los judíos religiosos le prendie-
ron para juzgarlo, pero él vivía con esperanza y menciona cosas
muy específicas que él trataba de hacer siempre: obedecer a Dios
y estar en paz con los demás. Así que en medio de todas sus dificultades él podía decir: "¡No tengo nada de qué preocuparme!".

Mucho de lo que nos quita la paz tiene que ver con nuestra desobediencia y otra parte con el estado de nuestras relaciones inter-
personales. Una aplicación no es una solución para tener una verdadera y duradera paz interior. Se trata de calibrar todas nuestras
decisiones a la voluntad de Dios y trabajar constantemente en la
búsqueda de un temperamento controlado por el Espíritu Santo.

¿Eres una persona preocupona o estresada? ¿Te gustaría decir
como Pablo: "No tengo nada de qué preocuparme"? Necesitamos
otro tipo de "aplicaciones" como amor, gozo, paz, paciencia, benignidad, bondad, fe, mansedumbre y templanza. Herramientas
como la oración, la confesión y el perdón están a la mano de manera gratuita y disponibilidad permanente aun cuando tu celular
se quede sin batería.

Señor, dame tu paz cuando mi corazón se turba y tengo miedo.

MG

CORRUPCIÓN

Pero Festo, queriendo congraciarse con los judíos, respondiendo a Pablo dijo: ¿Quieres subir a Jerusalén, y allá ser juzgado de estas cosas delante de mí?
Hechos 25:9 (RVR60)

Corrupción. ¡Cuánto daño ha hecho a nuestro mundo! Ha sido el azote universal de todas las generaciones. Todos hemos sido víctimas de ella y solo acabará cuando el Señor regrese. Corrupción es una palabra ligada al mal uso de la autoridad de un funcionario que no tiene valores morales, pues usa el poder que tiene para beneficio propio y de sus allegados.

El apóstol Pablo fue víctima de la corrupción que imperaba en el Imperio romano. En el capítulo 24, el gobernador Félix quería recibir dinero de Pablo, pero como no lo obtuvo, lo dejó preso para causarles buena impresión a los judíos. A Félix lo reemplazó Festo y este también quiso quedar bien con los judíos que acusaban a Pablo y querían que saliera de Cesarea para matarlo en el camino a Jerusalén. Pablo se vio forzado a apelar al emperador. ¿Por qué razón Félix quería quedar bien con los judíos? ¿Habrá recibido algún soborno?

Si nos hemos visto envueltas en corrupción, pidamos ayuda al Señor. Seamos rectas como lo fue Pablo. En primer lugar, Festo no encontraba qué escribir al Emperador respecto al prisionero. No podía especificar los cargos contra él ¡pues eran falsos!

Sin embargo, no ofreció dinero para verse libre, sino que aguardó el lento proceso de la burocracia, consciente que Dios tenía el control. ¿Actuamos como él o buscamos hacer todo rápido, aunque esto implique sobornar a las autoridades? Analicemos nuestras vidas.

Padre, no me dejes caer en la corrupción. Que mi vida sea recta delante de ti.

YF

30 DE MARZO

CINCO INGREDIENTES

Por lo cual, oh rey Agripa, no fui rebelde a la visión celestial.
Hechos 26:19 (RVR60)

¿Qué puedes decirle a una persona que está desanimada y no cree que haya propósito en la vida? ¿Cómo puedes hablar a otros de tu fe en Jesús sin sonar como una teóloga o alguien haciendo propaganda? Todos tenemos una historia y tenemos que contarla.

Tu historia no es como la historia de Pablo, pero probablemente contiene estos cinco elementos que te pueden ayudar a siempre saber cómo ser testigo de lo que Dios ha hecho en ti. Primero, "viví fariseo". ¿Qué eras o en qué creías antes de conocer a Jesús? ¿Qué dogmas o reglas regían tu vida? Segundo, "vi una luz". ¿Qué te hizo comprender el Evangelio? ¿Qué entendiste para prestar atención a la Palabra de Dios?

Tercero, "oí una voz". ¿Qué pasaje del Evangelio habló a tu vida? ¿Qué palabras del Señor retaron tu entendimiento en esos momentos? Cuarto, "no fui rebelde a la visión celestial". ¿Dónde y cómo tomaste la decisión de creer en Jesús y seguirlo? Finalmente, "persevero hasta el día de hoy". ¿Cuál es la evidencia de la fidelidad y el cuidado de Dios en tu vida? ¿Qué te hace estar segura que tomaste la decisión correcta al creer en Jesús?

Estos cinco ingredientes pueden ayudarte a contar tu historia a los demás. Escríbela como un legado de fe para tus nietos. Compártela en la clínica o el partido de béisbol de tus hijos. Como Pablo, nuestra historia es nuestra prueba más real y poderosa de que hay salvación en Cristo Jesús.

Padre, dame el valor para compartir mi historia con muchos.

KO

31 DE MARZO

EVITEMOS EL NAUFRAGIO

Habría sido por cierto conveniente, oh varones, haberme oído...
Hechos 27:21b (RVR60)

En el cuento *Encender una hoguera*, del gran escritor de aventuras Jack London, el protagonista está en un sendero solitario del Yukón con temperaturas de menos sesenta grados. Se acuerda de un viejo experimentado que le había advertido que con ese frío ningún hombre debía viajar solo, pero decide sentirse superior a aquella persona que, según él, no era muy "hombre".

Después de un tiempo, cuando se ha caído por el hielo y sus pies se están congelando, sus manos entumecidas no logran prender un fuego. Al final, el forastero empieza a pensar que el viejo tenía razón. Jugar con la muerte de esa manera no es de hombres.

En el viaje de Pablo por el mar Mediterráneo, al acercarse la temporada en que era peligroso viajar, Dios le dio a entender que ya no debía avanzar la nave sino invernar en el puerto más cercano. Pablo alertó a los demás, pero prefirieron hacerle caso al capitán. El resultado fue que naufragaron. Cuando vieron venir este fin, el apóstol les dijo, en pocas palabras: "¿No se los dije?".

Nos gusta ser autosuficientes y no recibir consejos de los demás, aun cuando sean personas más experimentadas que nosotras. Esto ocurre en hechos prácticos pero también en decisiones morales. En esos momentos podemos pensar que la Biblia es anticuada y que ahora las cosas son diferentes. Pensemos dos veces. Dios nos ha dado consejos y mandamientos atemporales y eternos. A la vez nos da consejeros sabios a quienes vale la pena hacerles caso.

Dios, enséñame a ser sabia y cuidadosa en mis decisiones.

MHM

1ro de abril

¿Con qué me quedaré?

Y ya satisfechos, aligeraron la nave, echando el trigo al mar.
Hechos 27:38 (RVR60)

Se cuenta que después de conquistar una gran ciudad, Alejandro Magno se encontraba con sus generales que estaban repartiéndose el botín. Uno de ellos, al observar que Alejandro no se quedaba con nada le preguntó: "Y tú, ¿con qué te quedas?". Él respondió: "Me quedo con la esperanza". Al parecer, su motivación no se encontraba en las cosas materiales.

El deseo por poseer cosas y el apego a ellas puede hacer nuestra "nave" muy pesada. Así como el hambre es natural y al alimentarnos quedamos satisfechos, lo saludable sería contentarnos solo con lo que necesitamos. El barco en que viajaba Pablo estaba a punto de naufragar, así que una vez que comieron hasta quedar satisfechos, tiraron el trigo. Se deshicieron de ese peso que podría hundirlos.

Con el pasar de los años, nos vamos quedando con objetos como recuerdos, fotos o ropa. También pueden ser cosas intangibles como rencores y heridas; cosas que no hemos soltado y que vamos cargando. El problema es que tanto peso nos cansa y nos puede llegar a hundir. Nos pasa hasta con aquellas personas que nos resultan perjudiciales porque nos desgastan, nos jalan y nos dificultan salir a flote.

Cuando Jesús vivió en este mundo necesitó muy poco en lo material y eligió solamente a doce personas para compartir su misión. ¿Necesitas aligerar algo en tu vida? ¿Tal vez tengas ropa para donar, recuerdos que tirar o incluso personas tóxicas que entregar al Señor? Si tienes a Dios, tienes todo lo que necesitas. Aligera tu carga.

En ti, mi yugo es fácil y ligera mi carga.

MG

2 DE ABRIL

TEMPESTADES Y SERPIENTES

*Entonces, habiendo recogido Pablo algunas ramas secas, las echó
al fuego; y una víbora, huyendo del calor, se le prendió en la mano.*

Hechos 28:4 (NVI)

Operación Movilización es una organización misionera que ayuda a la iglesia a compartir su fe en el Señor Jesús. Dos de sus barcos visitan al menos veinte países al año con el mensaje de la Biblia. Viajábamos de Brasil hacia África en uno de esos barcos, el Logos II, y una noche nos envolvió una tempestad terrible.

Los libros del estante de nuestra cabina cayeron sobre mi cabeza y desperté. De pronto oímos al Capitán llamándonos a ayudar en la cocina pues la violenta sacudida hizo que las bolsas de harina se reventaran y los bidones de aceite se rompieran. Las olas crecían mucho más altas que nuestro barco y en medio de la noche, tuvimos que limpiar el desastre que había por todo el barco.

¡Qué terrible debió haber sido una tormenta en los tiempos de Pablo! Nuestro barco de hierro albergaba 240 personas, mientras que su barco de madera tenía 276. El relato dice que la nave se despedazó y pudieron salvarse agarrados de tablas. Además de esto, a Pablo le mordió una víbora. Los nativos de la isla sabiendo de su peligroso veneno, esperaban que se hinchara, convulsionara y muriera. Pero Dios no había terminado sus planes con Pablo. Todavía había trabajo por hacer.

Cuando estemos pasando por terribles tempestades, recordemos que no durarán para siempre. No debemos temer los peligros, ni siquiera los ataques del enemigo, pues el Señor controla las circunstancias. Tenemos una misión que cumplir: ¡compartir el evangelio!

*Señor, me siento en medio de una tempestad. ¡Ayúdame a salir de ella
con una fe mayor!*

YF

3 DE ABRIL

TE BUSCAN

Cuando lo encontraron, le dijeron: —Todos te están buscando.

Marcos 1:37 (NTV)

Cuando fui directora de secundaria en un colegio, había una frase que temía ante todas las demás: "Te buscan". Los padres deseaban compartir conmigo sus inquietudes o quejas, los maestros necesitaban ayuda o permisos, los alumnos venían a mí con sus problemas. En ocasiones regresaba a casa totalmente agotada, abrumada e incluso molesta.

Jesús experimentó algo similar, aunque a Él lo buscaron multitudes. Marcos nos cuenta que cuando empezó su ministerio, la noticia rápidamente se extendió en la región, de modo que, desde temprano, la gente comenzaba a llegar a la aldea en que posaba para que sanara a sus enfermos. Tal era la demanda que sus seguidores debían salir a los alrededores en su búsqueda. ¿Dónde estaba?

Jesús se levantaba antes del amanecer y se ubicaba en un lugar aislado para orar. Sabía que las demandas del día serían exigentes. Por ello, primero ocupaba un tiempo para apartarse y hablar con su Padre en los cielos. Seguramente, al igual que el salmista, exclamaba: "Dios, Dios mío eres tú; de madrugada te buscaré; mi alma tiene sed de ti, mi carne te anhela, en tierra seca y árida donde no hay aguas" (Salmos 63: 1, RVR60).

¿Quiénes "te buscan" durante el día? ¿Tus hijos? ¿Tus alumnos? ¿Clientes o colegas? ¿Tus padres de edad avanzada o tus amigos necesitados? Aprendamos de Jesús a despertar un poco antes, acudir a un lugar solitario y orar. Si Jesús necesitaba a su Padre, ¡cuánto más nosotras! Recordemos lo que Dios dijo: "Búsquenme y vivirán" (Amós 5:4, NVI).

Señor, de mañana te buscaré.

KO

4 DE ABRIL

¿YO, PECADORA?

Hijo mío, tus pecados quedan perdonados.
Marcos 2:5b (DHH)

Cuando una compañera de la universidad me compartió las buenas nuevas, enfatizó que quizá Dios me parecía muy lejano porque mis pecados me separaban de Él. No me consideraba "muy pecadora", ya que no había cometido ningún crimen grave, ni era adicta, pero ella me hizo ver que el pecado no solo consiste en una lista de acciones malas, sino en una actitud de rebelión contra Dios.

Tal vez, ante la vista de algunos observadores, el hombre paralítico de este pasaje no era "pecaminoso". Probablemente no había matado a nadie, ni andaba con prostitutas, ni pasaba los días en la taberna. Posiblemente muchos de sus pecados podían considerarse de actitud. ¿Pasaba los días inundado por sentimientos de autoconmiseración? En vez de amar y glorificar a Dios, ¿sentía resentimiento hacia Él por su condición?

No lo sabemos, pero Jesús conocía su corazón y antes de sanarlo físicamente, lo hizo espiritualmente al perdonarlo. Esto causó revuelo entre los religiosos porque solo Dios puede perdonar pecados y Jesús estaba haciendo precisamente eso. ¡Una prueba más de la deidad de Cristo! Nadie había visto el milagro de la salud combinado con la maravilla del perdón divino por los pecados.

Quizá tú y yo pensamos que no somos tan malas como otros. Incluso, si hemos conocido a Dios, podemos pensar que estamos libres de pecados "obvios". Gracias a Dios que Él nos ve como somos y nos ha perdonado por medio de Jesucristo. Analicemos nuestras actitudes y confesemos. ¿Lo alabamos este día por su sanidad interior?

Señor mío, examíname y hazme entender si algo en mí te ofende
y me está separando de tu bendición.

MHM

5 DE ABRIL

¡Tacléalo!

Porque Él había sanado a muchos, de manera que todos los que
tenían aflicciones, para tocar a Jesús, se echaban sobre Él.
Marcos 3:10 (NBLA)

En el fútbol americano, existe una jugada que se denomina "tackle". Taclear consiste en desequilibrar o derribar al jugador que corre con el balón, con la finalidad de quitárselo. Cuando mis compañeros de la secundaria jugaban, se terminaban echando como doce chicos encima de otro, formando algo parecido a una montaña humana. Confieso que eso era lo que nos parecía más divertido del juego.

En la porción de hoy, se nos narra que ¡las personas prácticamente "tacleaban" al Señor Jesús! Estaban enfermos, ansiosos y desesperados por tocar al Maestro. Sabían que Él podía ayudarlos en su aflicción y darles sanidad. ¿Por qué estaban tan seguros de que podía hacerlo? Porque ya habían visto que Jesús había sanado a muchos.

El ver cómo Dios obra en la vida de otras personas, fortalece nuestra fe. Cuando mi familia y yo resultamos positivos a COVID19, saber que Dios había sanado a otros, nos llenó de confianza en que también lo haría con nosotros, así que nos "echamos" sobre Jesús. Nos volcamos hacía Él en oración unos por otros y cuando nos sanó regresamos a servir con un fervor tan acrecentado que prácticamente ¡lo abordamos de gratitud!

Cuando tengas aflicciones no dudes en acercarte a Él. Ten la certeza de que puede cambiar tu situación. Puedes tener la confianza de volcar tus lágrimas, tus oraciones y tus necesidades sobre Él quien está dispuesto y cercano. Sumérgete en las ondas de su manto. Recibirás un toque de su amor.

Poderoso Jesús, Tú eres mi sanador.

MG

6 DE ABRIL

CUESTIÓN DE ESTRATEGIA

*Y estableció a doce, para que estuviesen con él,
y para enviarlos a predicar.*
Marcos 3:14 (RVR60)

El ajedrez es un juego que involucra concentración, cálculo y las mejores estrategias de los jugadores que lo practican. Se juega sobre un tablero dividido en sesenta y cuatro casillas. Cada participante, al comenzar el juego, dispone de dieciséis piezas: el rey, la reina, dos alfiles, dos torres, dos caballos y ocho peones.

Cada jugador mueve sus piezas de tal manera que acorralen al rey del oponente sin que pueda ser rescatado, produciéndose el "jaque mate" y terminando la partida. Un programa de ajedrez para computadora llamado AlphaZero jugó consigo mismo cinco millones de partidas durante cuatro horas y obtuvo, por sí mismo, el conocimiento de las partidas de ajedrez que los humanos han jugado durante 1400 años.

El Rey del universo comenzó jugando su partida de ajedrez con solamente doce piezas bien escogidas: Pedro, Andrés, Santiago, Juan, Felipe, Mateo, Jacobo, Tomás, Simón, Tadeo, Bartolomé y Judas. Con ellas, hizo jaque mate contra el enemigo. Movió sus piezas de manera asombrosa para diseminar su Palabra y derrotar al que tenía el control de ella.

Esos peones penetraron en terreno enemigo, dispuestos a morir. Después de ellos, muchos hemos tomado su lugar. No importa si somos una pieza débil como un peón, o una fuerte como la torre, la pregunta es: ¿qué tan dóciles y obedientes somos para que el Gran Maestro aplique sus estrategias y nos mueva a donde Él quiere para lograr sus planes y propósitos?

*Aquí estoy, Señor, lista para que me incluyas en tus estrategias
contra el enemigo.*

YF

7 DE ABRIL

UNA FAMILIA UNIDA

De la misma manera una familia dividida
por peleas se desintegrará.
Marcos 3:25 (NTV)

En Australia, unos científicos colocaron rastreadores GPS en urracas para aprender más de ellas. ¡Cuál fue su sorpresa cuando descubrieron que las urracas hicieron equipo y se ayudaron a quitarse los localizadores! Las urracas mostraron ser una familia unida e inteligente.

Pero la familia de Jesús tardó mucho tiempo en hacer equipo. Marcos nos cuenta que sus familiares, en cierta ocasión, intentaron llevárselo pues pensaban que estaba "fuera de sí". También los maestros de la ley religiosa, al ver que Jesús echaba demonios y ellos no podían, sugirieron que estaba poseído por Satanás. Así que Jesús aclaró la situación.

En primer lugar, se dirigió a los religiosos y usó la lógica. Si Jesús pertenecía al reino de Satanás, pero libraba una batalla contra el diablo al echar fuera demonios, tal guerra civil acabaría con ambos. En pocas palabras, Jesús no estaba poseído. Segundo, cuando sus familiares vinieron a verlo e insistían que hablara con ellos fuera de la casa, Jesús dijo: "Todo el que hace la voluntad de Dios es mi hermano y mi hermana y mi madre" (3:35, NTV). Sus familiares, al decir que "estaba loco" no se habían alineado con los propósitos de Dios.

Si creemos en Jesús como Salvador y buscamos agradarle, somos parte de su clan. Pero el enemigo, Satanás, sigue lidiando una guerra contra nosotros. Busca ponernos rastreadores y hacernos caer. Recordemos que somos una familia y podemos ayudarnos unos a otros. Quitemos los "localizadores" de los demás y mostremos que somos de la familia de Jesús.

Señor, gracias porque pertenezco a tu familia.

KO

8 DE ABRIL

PRODUCIENDO UNA COSECHA

Pero las otras semillas cayeron en buen terreno. Brotaron,
crecieron y produjeron una cosecha.

Marcos 4:8 (NVI)

En varias ocasiones han brotado en mi jardín plantas de tomate, de col, de limón y de papayo. ¡Y no las sembré yo! Se llaman plantas voluntarias, y en el caso mío nacen porque entierro desechos orgánicos en la tierra. Al abrir la tierra, se afloja, y los desechos fertilizan el suelo. Cuando se riega el jardín y también recibe la luz del sol, se reúnen los factores más importantes para que den fruto esas semillas.

Como los oyentes de Jesús sabían muy bien de la agricultura, comprendieron bien la metáfora de la semilla y el sembrador. En aquel tiempo se acostumbraba esparcir la semilla en surcos preparados. Sin embargo, si la semilla caía en tierra dura o si la ahogaba la maleza, no sobrevivía.

"Pero las otras semillas cayeron en buen terreno. Brotaron, crecieron y produjeron una cosecha que rindió el treinta, el sesenta y hasta el ciento por uno" (v. 8, NVI). El buen terreno, explicó el Maestro, representa los corazones que oyen la palabra, la aceptan y son fructíferos.

Si la semilla es la Palabra de Dios, podemos inferir que en ocasiones nosotras somos como el sembrador que la esparce y la reparte en los campos. Ciertamente muchas veces compartiremos de manera intencional en los surcos preparados por el Espíritu Santo, pero quizá en otras, aventemos la semilla mediante un versículo en las redes sociales o un comentario de gratitud a Dios. ¡Agradezcamos que Dios prepara el terreno y se encargará de la cosecha! Nosotras, dediquémonos a echar la semilla.

Padre, prepara hoy el terreno donde la semilla será fértil.

MHM

9 DE ABRIL

NO DORMIRÁ EL QUE TE GUARDA

Entonces Jesús dijo a sus discípulos: —¿Por qué estaban
tan asustados? ¿Todavía no confían en mí?

Marcos 4:40 (TLA)

Popocatépetl e Iztaccíhuatl son dos hermosos volcanes que hermosean el paisaje de la ciudad de Puebla, México. La forma del Iztaccíhuatl se asemeja a una mujer dormida por lo que la leyenda dice que era una princesa tlaxcalteca que después de escuchar el falso rumor de que su amado había muerto en la batalla, de tanta tristeza, cayó en un profundo sueño. Cuando Popocatépetl regresó, la recostó sobre la cima de una montaña y se arrodilló a velar su sueño para siempre.

De manera similar, Dios no solamente vela nuestro sueño, Él permanece despierto y alerta; no nos pierde de vista jamás. Jesús esperaba que aún cuando estuviera dormido en la barca en medio de la tempestad, sus discípulos confiaran en su protección y cuidado. Tristemente, los discípulos fallaron.

Olvidaron lo que dice el salmo: "Dios jamás permitirá que sufras daño alguno. Dios te cuida y nunca duerme." (121:3, TLA). Cuando grandes olas de aflicción hagan tambalear tu ser en medio de tus tormentas, no te asustes, Él está en tu barca. Ha permitido que el clima cambie para comprobar tu fe. Él tiene el control, pues el viento y el mar le obedecen.

¿Cómo tener miedo cuando el Maestro está en tu barca? A veces Él está callado, pero siempre tiene cuidado de ti. Él dará la orden, cesará la tempestad y habrá bonanza. No se dormirá el que te guarda. Él es fuerte, estable y seguro como una montaña. Puedes dormir tranquila.

Como los montes rodean a Jerusalén, Señor, rodea a tu pueblo
desde ahora y para siempre.

MG

¡POR UN SOLO HOMBRE!

*Y se fue, y comenzó a publicar en Decápolis cuán grandes cosas
había hecho Jesús con él; y todos se maravillaban.*

Marcos 5:20 (RVR60)

Decápolis es una palabra griega que significa "diez ciudades" y era el nombre de un conjunto de poblaciones al este del río Jordán. Conservaban la cultura griega y romana y adoraban a los dioses mitológicos. Algunas de esas ciudades eran Damasco y Gadara, a donde pertenecía el hombre de nuestra historia.

El Señor Jesús cruzó el Mar de Galilea con la intención de visitar ese territorio gentil. Sabía que tendría un encuentro con un endemoniado al que liberaría, y los demonios entrarían en los cerdos que se precipitarían al mar. Además, sabía que la gente del lugar le pediría que se fuera de ahí porque les interesaban más los cerdos que perdieron que ser bendecidos con su presencia. Esto quiere decir que ¡el Señor solo fue a Gadara para cambiar la vida de un hombre!

Cuando fue liberado, le pidió a Jesús acompañarlo, pero el Señor no lo permitió. El Señor nunca rechaza a quienes querían seguirlo, pero en este caso, quería que este hombre atestiguara ante los suyos cómo obtuvo su nueva vida. Y este hombre obedeció y contó su historia no solamente en Gadara, sino en toda Decápolis.

¿Será que, por esto, los primeros cristianos huyeron a Damasco y a otras ciudades de Decápolis para salvarse de la persecución? ¿Fueron cobijados por personas que habían oído ya de Jesús y sus maravillas? El mensaje de Jesucristo ha venido hasta tu lugar exclusivamente para ti. Dios quiere hacer maravillas en tu vida como con el gadareno para que las publiques a los tuyos. ¿Cómo vas a responder?

Señor, ¡gracias por venir a mí con el mensaje de tu Palabra!

YF

11 DE ABRIL

DESANGRADA

La mujer, sabiendo lo que le había sucedido, se acercó temblando de miedo, y arrojándose a sus pies, le confesó toda la verdad.

Marcos 5:33 (NTV)

Un antónimo de belleza es la vergüenza. La hermosura de los cuerpos del hombre y la mujer se tornó en un motivo de afrenta cuando pecaron y se supieron desnudos. Desde entonces, todos conocemos y experimentamos este sentimiento de bochorno y deshonra.

La mujer en este relato sufría de hemorragias en sus partes íntimas. Esto la había convertido en una mujer apartada, recluida y avergonzada. Los médicos no pudieron ayudarla. La gente la despreció. Incluso cuando se acercó a Jesús para ser sanada, lo hizo sigilosamente, no queriendo que la descubrieran.

Entonces Jesús la sana, pero ahí no termina la historia. Jesús le pide que se dé a conocer. Probablemente esa mujer no había visto a los ojos a muchos varones desde que comenzó su dolencia de doce años, pero cuando Jesús la invitó a confesar la verdad, se colocó en la mirada de todos y recibió el regalo más grande: "Hija, tu fe te ha hecho salva; ve en paz, y queda sana de tu azote" (v. 34, NTV). Con esas palabras ella se supo nuevamente aceptada, amada y limpia.

Quizá algo en tu pasado te ha hecho sentirte sucia e indigna. ¿Te estás desangrando por dentro? ¿Cuáles son las heridas que no han dejado que vivas en libertad? Acércate a Jesús hoy mismo y cuéntaselas una por una. Toca el borde de su manto mediante la oración y pídele que te limpie y escucha su promesa: "No temas; ya no vivirás avergonzada. No tengas temor; no habrá más deshonra para ti" (Isaías 54:4, NTV).

Señor, hago mías tus palabras en Isaías: ayúdame a olvidar la vergüenza de mi juventud.

KO

12 DE ABRIL

EL GRAN DESCONOCIDO

*Mas Jesús les decía: No hay profeta sin honra sino
en su propia tierra.*
Marcos 6:4 (RVR60)

Ella jamás imaginó que el libro devocional que había escrito llegaría a las listas de mayor venta en América Latina. Ciertamente esto la convertía en una escritora de otro nivel. Tristemente, este libro poco se conocía en su ciudad, e incluso sus familiares y conocidos no dieron gran importancia a su "fama", y la siguieron tratando como una amiga o familiar.

Como dice el dicho: "Nadie es profeta en su propia tierra". ¿Sabías que este refrán proviene de la Biblia en referencia a Jesús? Así sucedió con Cristo, el Mesías, al que pocos reconocieron como tal. Los ojos de sus compatriotas se cegaron ante su naturaleza verdadera. ¿Cómo era posible que ese carpintero, a cuyos padres y hermanos conocían, tuviera tanta sabiduría e hiciera tantos milagros?

No concebían que "Dios hecho hombre" pudiera ser ese vecino humilde y sencillo a quien conocían desde niño. Jesús se asombró ante su incredulidad. ¿Habrían imaginado sus contemporáneos que veinte siglos después se escribirían miles de libros, se harían cientos de dramas musicales y se pintarían muchas obras de arte en base a la vida del hijo del carpintero de Nazaret?

¿Y nosotras? ¿Qué tipo de honra le damos a Jesús? ¿Ninguna? ¿Lo menospreciamos como hicieron los moradores de la pequeña aldea de Nazaret? ¿O hemos doblado ya nuestras rodillas ante el Redentor y el Salvador del mundo? Quizá en esta vida no tendremos fama, pero acerquémonos al hijo de José y María, con humildad y devoción, y honrémosle a Él. Esto inundará nuestro corazón de satisfacción.

Jesús, solo tú mereces toda la honra.

MHM

13 DE ABRIL

A SOLAS CONTIGO

Después de despedirse de la gente, subió a las colinas
para orar a solas.
Marcos 6:46 (NVI)

Una de las mujeres que más me ha inspirado en mi rol de madre es Susana Wesley. Tuvo diecinueve hijos, y aunque nueve de ellos murieron desde muy pequeños, ella crió y educó a los diez restantes en casa, con una disciplina impecable. No se puede dejar a los niños sin vigilancia, así que ella se las arregló para tener su tiempo "a solas" con Dios. En medio de todos sus hijos, se metía bajo su delantal para orar.

Así como ella, Jesús "se apartaba" para tener un tiempo a solas con su Padre. Tenía el hábito de levantarse muy de mañana e iba al monte a orar. Aquel día, Él y sus discípulos buscaron un lugar desierto para descansar, pero la gente los siguió. Llegaron más de cinco mil personas y Jesús pasó el día adoctrinándolas y hasta hizo el milagro de hacer rendir cinco panes y dos peces para sustentarlos.

Al terminar, estaba extenuado, pero después de despedirlos no buscó dormir: ¡se fue al monte a orar! Ansiaba pasar tiempo con su Padre. Sabía que por medio de la oración Dios nos restaura y vivifica. El sueño reparador solo se desprende del tiempo a solas con Dios.

¿Qué anhelas tú después de un largo día de trabajo? A algunas nos deleitaría un masaje, ver nuestro programa favorito o tomar un baño. Jesús terminaba su día con Dios. Podemos imitar su ejemplo. Sin duda no hay nada que nos brinde mayor confort y paz que la oración.

Señor, gracias porque cuando estamos trabajados y cargados,
en ti hallaremos descanso.

MG

14 DE ABRIL

CAMBIO DE VIDA

Todas estas maldades de dentro salen, y contaminan al hombre.
Marcos 7:23 RVR60

Aurelio Agustín de Hipona, fue instruido por su madre en la fe cristiana. Sin embargo, en su juventud abandonó sus creencias y vivió alejado de Dios. Por catorce años mantuvo una relación con una mujer con la que procreó un hijo. En busca de la verdad, se hizo miembro de la secta de los maniqueos, pero la abandonó porque no satisfacía su curiosidad teológica.

El obispo Ambrosio le hizo conocer las epístolas del apóstol Pablo que impactaron su vida. Se convirtió al cristianismo, decidió abandonar su vida de desenfreno y se entregó a la meditación y al estudio de las Escrituras. Se dice que, después de su encuentro con Jesucristo, caminando por una calle, una mujer prostituta lo reconoció desde un segundo piso y le gritó: "¡Agustín, Agustín, soy yo!". A lo que él contestó: "Pero yo ya no soy yo".

¡Encontrarse con Jesucristo tiene que cambiar la vida! Alguien comentó: "Es como si un camión de carga, a toda velocidad, chocara contigo. No puedes salir ileso". Jesús enseña en este pasaje que el pecado está dentro de nosotras y produce toda clase de maldades. Todo aquello que sale de adentro, que enferma nuestra existencia y nos hace pecar contra Dios, puede ser transformado si entregamos nuestra vida en sus manos.

Agustín escribió varios comentarios sobre las Escrituras y libros de filosofía. Fue canonizado y reconocido como "doctor de la gracia". Cuando Jesús viene a nuestras vidas somos nuevas personas y podemos ser "doctoras", es decir, expertas en lo que la gracia de Dios hace en nuestros corazones.

Señor, aquí está mi vida. Transfórmala y manéjala a tu antojo.

YF

15 DE ABRIL

ABUNDANCIA

Y comieron, y se saciaron; y recogieron de los pedazos
que habían sobrado, siete canastas.
Marcos 8:8 (RVR60)

Para organizar la fiesta de mi hija hice una lista de todo lo que necesitábamos conforme al número de asistentes. Cuando mi esposo la vio, añadió un poco más de todo, luego me explicó: "Es mejor que sobre a que no alcance".

Todos tenemos distintos conceptos de cómo o cuánto "dar". Pero en la historia de hoy aprendemos un poco más sobre la naturaleza de Dios y su forma de dar. Él es un Dios que practica la sobreabundancia. Es el único que da y que se da a sí mismo sin medida. Cuando los discípulos vieron el problema, es decir, una multitud hambrienta lejos de las tiendas, preguntaron: "¿De dónde podrá alguien saciar de pan a estos aquí, en el desierto?".

Jesús lo vio como una oportunidad. Les preguntó: "¿Cuántos panes tenéis?". Y de esos siete se alimentó a más de cuatro mil hombres sin contar mujeres y niños, que quedaron satisfechos, e incluso se recogieron siete canastas con sobras. ¡Así es nuestro Señor! Como dijo el salmista: "Abres tu mano, se sacian de bien" (Salmos 104:28, RVR60).

Dios es sobreabundante. No solo nos da algo para comer, sino que nos sacia; no solo nos da agua, sino que satisface nuestra sed; no solo nos da vida, sino vida eterna; no solo nos da paz, sino paz como la que el mundo no da. Aún tengo un largo camino que recorrer en el tema de "dar", pero hoy me propongo ser como mi Señor y abrir mi mano para saciar a otros.

Señor, gracias por tu generosidad.

KO

16 DE ABRIL

MÁS QUE SUPERACIÓN

Porque el que quiera salvar su vida, la perderá; pero el que pierda
su vida por causa de mí y del evangelio, la salvará.

Marcos 8:35 (LBLA)

En nuestros días están de moda los autores y conferencistas de la llamada "autoayuda" o superación personal. Casi todos aseguran que, si siguen sus consejos, tendrán prosperidad, éxito, más años de vida o más felicidad. Incluso hablan de manera atractiva con grandes sonrisas y positivismo.

Por lo general, los que acaban con prosperidad son los conferencistas mismos. Los pasos "fáciles" que recomiendan no garantizan el éxito. Aun así, el público los sigue, ve sus videos, paga por sus cursos y los idolatra.

Jesucristo fue todo lo contrario. Les indicó a sus seguidores que tenían que estar dispuestos a morir al yo. Si se aferraban a su propia seguridad o a "salvar su vida" (v. 35), se perderían la oportunidad de ser realmente salvos. Tenían que estar dispuestos a tomar su cruz, como los sentenciados bajo la ley romana. Jesús no quería ser popular ni garantizaba la prosperidad ni el éxito fácil. Me imagino que, al escuchar esto, algunos curiosos se distanciaron de Él.

Cuidémonos de la tendencia de pintar el cristianismo como un plan de superación personal o una vida color de rosa. El Señor no quiere seguidores que lo busquen por la emoción, ni por buscar milagros. Tampoco nos ofrece pasos fáciles para lograr la felicidad. Aunque su Espíritu da gozo interior, a la vez tenemos que estar dispuestos a sacrificar el yo. También debemos reconocer que solo por la gracia de Dios somos salvos, no por obras de "autoayuda".

Gracias, Señor, por enseñarme cada día a morir a mí misma
y vivir por ti.

MHM

17 DE ABRIL

VOLVER AL FUTURO

Y les apareció Elías con Moisés, que hablaban con Jesús.
Marcos 9:4 (RVR60)

¿Puedes imaginar la escena? Tres hombres presencian asustados algo parecido a un "portal" con luz resplandeciente dentro del que se puede reconocer a un hombre que había muerto como 1400 años antes, acompañado de otro que también había muerto, pero en otra época, hacía 600 años atrás. No nos referimos a un multiverso de Marvel, ni a la película *Volver al Futuro*, sino a un evento bíblico conocido como la Transfiguración.

Pedro, Jacobo y Juan atestiguaron un pedacito del reino de Dios en toda su gloria y esplendor. Luego escucharon la voz del mismo Dios presentando formalmente a su amado Hijo y concediéndole autoridad al decir: "a Él oíd". Por algo, Juan escribió que vieron la gloria de Jesús. Ellos mismos habían visto, oído y palparon su esplendor.

Lo que vieron los apóstoles en ese momento fue la comunión entre el Padre con su Hijo Jesucristo; una estrecha relación de amor y confianza. Por eso mismo, Juan nos escribe que nosotros también podemos experimentar esa comunión. Podemos participar plenamente de la alegría de Dios.

Jesús les pidió que no dijeran nada hasta que resucitara. Una vez que Jesús venció a la muerte, ¡Pedro, Jacob y Juan no cesaron de contar esta maravillosa experiencia! Seguramente en los momentos difíciles de sus vidas, recordar esta escena les trajo paz y esperanza. ¿Te sientes hoy desanimada? Cierra tus ojos y piensa en la gloria de Jesús descrita en este pasaje. Hagamos caso al Padre y presentemos atención a Jesús, el glorioso.

Jesús, gracias por ser mi Señor.

MG

18 DE ABRIL

SERVIR CON HUMILDAD

Entonces Jesús se sentó, llamó a los doce y les dijo:
—Si alguien quiere ser el primero, deberá ser el último
de todos, y servirlos a todos.
Marcos 9:35 (DHH)

Cada año, nuestra iglesia organiza una escuela bíblica de verano en la que recibimos más de cien niños. Obviamente necesitamos mucho personal, desde maestros hasta ayudantes, quienes preparen el desayuno y quienes dirijan los cantos. A muchas nos gusta enseñar. Otras disfrutan jugar con los niños.

Sin embargo, tenemos a Margarita, a quien todos decimos Maguito. Aunque avanzada en edad, y consciente que no puede hacer más cosas por sus limitaciones, se encarga de lavar los baños. Permanece en su lugar durante las horas de trabajo, pendiente que los baños estén limpios. Se goza de servir a Dios y me imagino al Señor mirándola complacido por su humildad y fervor.

En el pasaje de hoy, Jesús había anunciado a los suyos que iba a morir y a resucitar. Supongo que los discípulos se preguntaron quién tomaría el mando cuando Cristo no estuviera. ¿Empezaron a discutir al respecto? Probablemente. Entonces Jesús les enseñó sobre la humildad. Les recordó que los primeros serán los últimos y viceversa. El anhelo de un seguidor de Jesús debería ser el de servir a los demás.

Como los discípulos, a todos nos gusta hacer los trabajos más notables y de liderazgo, pero desdeñamos a los más humildes. Sin embargo, recordemos que Dios no se ocupó en quedar bien con los ricos o los funcionarios de prestigio, sino que convivió con gente pobre e incluso hizo el trabajo de un esclavo cuando lavó los pies de sus discípulos. Quizá Margarita ha decidido imitarlo. ¿Lo hacemos también?

Señor, hazme lo suficientemente humilde para servirte.

YF

19 DE ABRIL

EL PROPÓSITO ORIGINAL

Pero Jesús les dijo: Por la dureza de vuestro corazón
os escribió este mandamiento.
Marcos 10:5 (LBLA)

En el siglo XIX, un hombre en Connecticut estableció una panadería llamada *Frisbie Pie Company*. Alrededor de 1956, vendía ochenta mil tartas al día, que empacaba en un plato de aluminio. Cuando los estudiantes universitarios empezaron a lanzarlos como pasatiempo, alguien tuvo la idea de crear un nuevo juguete que hoy conocemos como el frisbie. Su uso y propósito original cambiaron drásticamente. Lo mismo ha sucedido con el matrimonio.

En tiempos de Jesús, el hombre podía divorciar a su esposa por la más mínima ofensa. Así que cuando los fariseos cuestionaron a Jesús sobre el tema del divorcio, Jesús les preguntó qué decía la Ley. Ellos, rápidamente, contestaron: "Moisés permitió dar carta de divorcio, y repudiarla" (v. 4).

Jesús entonces dijo que esto había venido por causa de la dureza del corazón del hombre. Así que, como un modo de proteger al más vulnerable y a raíz de la terquedad del ser humano, el divorcio se permitió. Pero ese nunca fue el plan de Dios. La idea original es que un hombre y una mujer formen una sola carne y disfruten las riquezas de la intimidad y del compañerismo hasta que la muerte los separe.

Las repercusiones de que un plato para tartas se convirtiera en un juguete son mínimas. Pero cuando un ser humano decide ir en contra del plan Dios sobre la familia los efectos colaterales son sumamente altos. Quizá hoy estás enfrentando problemas matrimoniales o conoces a alguien en esas circunstancias, busquen ayuda. Que la dureza de nuestro corazón no destruya lo que Dios ha hecho "bueno".

Padre celestial, ayúdame a honrar tu plan original sobre el matrimonio.

KO

20 DE ABRIL

ENTRE USTEDES SERÁ DIFERENTE

*"Ustedes saben que los gobernantes de este mundo tratan
a su pueblo con prepotencia y los funcionarios hacen alarde
de su autoridad frente a los súbditos".*
Marcos 10:42 (NTV)

La prepotencia de los que tienen puestos de poder no es nueva. Aun Aristóteles, que vivió más de 300 años antes de Cristo, declaró: "La obtención de la riqueza y la autoridad del hombre injusto puede acarrear mucho mal a sí mismo y a sus amigos; porque él puede mostrar no ser competente para hacer un uso correcto de su poder".

La tendencia del ser humano es querer tener poder y autoridad sobre los demás. Al hacerlo, es común que caiga en la prepotencia, tratando a otros como inferiores. Sobran los ejemplos de líderes que aprovechan sus cargos para elevarse a sí mismos y dañar a los de posición menor.

Cuando Santiago y Juan revelaron su anhelo por tener un puesto importante en el reino de Jesús, el Maestro habló con ellos. Jesús reconoció la inclinación al orgullo y la prepotencia de los gobernantes de este mundo y les advirtió a sus discípulos que no fueran como ellos. "Entre ustedes será diferente. El que quiera ser líder entre ustedes deberá ser sirviente" (v. 43, NTV). Jesús practicó lo que predicaba, a diferencia de muchos, y declaró que Él había venido al mundo para servir a los demás.

Cualquiera de nosotras entiende la tentación a elevarse sobre los demás. Algunas pudimos habernos jactado de las notas o los reconocimientos en la escuela. Otras hemos logrado posiciones de importancia en el trabajo o en la iglesia. Hemos querido que nos admiren y sigan nuestras instrucciones. Pero hemos sido llamadas a servir.

Señor, enséñame a quién puedo servir el día de hoy.

MHM

21 DE ABRIL

EL MEJOR MÉTODO

Y dirigiéndose a él, Jesús le preguntó: "¿Qué deseas que haga por ti?". Y el ciego le respondió: "Raboni, que recobre la vista". Marcos 10:51 (NBLA)

Actualmente existen diversos métodos para buscar pareja, incluido el internet. Yo usé uno muy efectivo: la oración. Tenía veintidós años cuando después de besar algunos "sapos" ninguno de ellos se convirtió en mi príncipe, así que empecé a orar diciéndole a Dios: "dame un esposo". Llegué a los veinticinco y recuerdo cuando una tarde fui más específica y le dije a Dios: "Por favor, dame pronto un esposo". El príncipe llegó.

El ciego Bartimeo también hizo una petición a Jesús y fue contestada inmediatamente. Su deseo fue expresado de manera muy específica y concreta. Quería recobrar la vista y el Maestro lo sanó enseguida. Santiago 4:3 nos revela la razón por la que no recibimos respuesta a la oración: pedimos mal o pedimos lo que se encuentra fuera de la voluntad de Dios.

También a ti Jesús te pregunta: ¿qué deseas que haga por ti? Y puedes tener la seguridad de responderle sin rodeos ni palabrería. "Esta es la confianza que tenemos delante de Él, que si pedimos cualquier cosa conforme a Su voluntad, Él nos oye" (1 Juan 5:14, NBLA). Este es el mejor método, orar y recordar que Él nos ama, es nuestro Padre y quiere lo mejor para sus hijos.

No todos los ciegos son sanados. A veces los planes de Dios son diferentes a los nuestros, pero siempre serán mejores. No desesperemos y tengamos mucho cuidado de los métodos que usamos para obtener lo que deseamos. Mantente en sintonía con Dios, Él tiene planes de bien para ti.

Señor, no permitas que me aleje de tu voluntad para mi vida.

MG

22 DE ABRIL

LA PUERTA DORADA

Entró Jesús en Jerusalén y se dirigió al templo.
Miró por todas partes y luego se fue a Betania
con los doce discípulos, porque ya era tarde.
Marcos 11:11 (DHH)

Al oriente de la ciudad de Jerusalén, se encuentra la puerta Dorada, conocida por los judíos como la puerta de la Misericordia o la puerta del Mesías. Un escrito judío dice que la puerta Dorada era la única que llevaba directamente al Lugar Santísimo; la única por la cual entraba el cordero del sacrificio; a través de ella, bajando del Monte de los Olivos y cruzando el valle de Josafat, entraría, a lomos de un burro blanco y precedido por el profeta Elías, El Mesías.

Cuando Jerusalén cayó en manos de los otomanos, el sultán Solimán mandó a enladrillar esta puerta para que el Mesías judío no pudiera entrar. Además de eso, frente a la puerta asentó un cementerio árabe, pues, Elías y el Mesías, siendo sacerdotes judíos, no podrían caminar entre las tumbas.

Lo que Solimán no sabía es que el Mesías ya había pasado por esa puerta el día de su entrada triunfal a Jerusalén y precisamente sobre un burro. En Ezequiel 44:2 dice: "Y me dijo Jehová: Esta puerta estará cerrada; no se abrirá, ni entrará por ella hombre, porque Jehová Dios de Israel entró por ella; estará, por tanto, cerrada" (RVR60). Parece que Solimán, sin querer, cumplió la profecía de cerrar la puerta.

En su regreso, el Señor reinará en Jerusalén. Seguramente entrará por esta puerta. Los ladrillos caerán ante Él y le darán la entrada. Su simple presencia limpiará la tierra y la hará digna de su señorío. ¡Y nosotros reinaremos con Él! Alegrémonos porque está más cerca su regreso.

¡Señor, ven pronto!

YF

23 DE ABRIL

JARDINERAS AGRADECIDAS

Y a su tiempo envió un siervo a los labradores,
para que recibiese de estos del fruto de la viña.

Marcos 12:2 (RVR60)

Una casona inglesa se abrió al público para que los turistas y curiosos entraran al edificio y conocieran sus bellezas. Un hombre inglés, bien vestido, dirigió la primera excursión y mostró con entusiasmo las pinturas impresionistas, las estatuas griegas y los tapices de la Edad Media. Hablaba con tal autoridad y conocimiento que alguien le preguntó si era el dueño o un miembro de la familia. El hombre se sonrojó y respondió: "Soy el jardinero".

En esta parábola, unos simples labradores se sintieron dueños. El propietario había plantado un viñedo y lo cercó, cavó el hoyo para extraer el jugo y construyó la torre de vigilancia. ¡Hizo todo! Los agricultores arrendatarios solo debían cosechar la uva, disfrutar una parte para sí mismos y enviar al dueño su porción.

Pero ¿qué hicieron? Se creyeron los dueños. No quisieron pagar lo que les correspondía y en el proceso, mataron a algunos siervos e incluso al hijo del dueño. Tristemente, muchas veces somos como ese jardinero inglés o esos agricultores malvados. Olvidamos que todo, desde la vida misma hasta cada posesión que tenemos, viene de Dios.

Cuando nos creemos "dueñas" de nuestra existencia o posesiones o logros, nos volvemos rebeldes, tercas y orgullosas como esos labradores. Dejamos de ser agradecidas y de compartir con los demás, pues nos tornamos celosas de lo que tenemos e incluso avaras y violentas. ¡Cuidado! Recordemos nuestro lugar y seamos simplemente las agradecidas jardineras que muestran a otros la belleza de la casa de nuestro Señor.

Padre, de tu mano he recibido todo y por ello te doy las gracias.

KO

24 DE ABRIL

AMAR CON LA MENTE

Y amarás al Señor tu Dios con todo tu corazón,
y con toda tu alma, y con toda tu mente y con todas tus fuerzas.
Marcos 12:30 (RVR60)

Cuando me preparaba para servir con una organización misionera, tomé un año intensivo de nivel posgrado en una universidad cristiana. Tuve que trabajar para sostenerme durante mis estudios y estudiar mucho. Mis maestros eran excelentes, aunque a la vez muy exigentes. Con todo y las luchas para salir adelante, escribí en una carta que estaba aprendiendo a amar a Dios y su Palabra "con toda mi mente".

Normalmente pensamos que amar es una emoción y entendemos que es algo que hacemos con el corazón. Pero amar con la mente implica que tenemos que conocer a Dios, conocer su palabra y usar nuestro raciocinio también para amar al Señor.

Cuando un escriba judío le preguntó a Jesús cuál era el mandamiento más importante, mostró que realmente buscaba agradar a Dios. La respuesta fue que los dos mandamientos más importantes son amar a Dios con todo nuestro ser y amar al prójimo. De ahí, en realidad, proceden todos los demás mandamientos.

Podemos medir el grado en que guardamos algunas enseñanzas del Señor, pero no podemos medir el amor. Jesús dice que le ames "con todo tu corazón, y con toda tu alma, y con toda tu mente y con todas tus fuerzas" (12:30, RVR60), pero sabemos que nos falta mucho para cumplirlo. Recordemos que el amar a Dios incluye hacerlo con nuestra mente; no dejemos de escudriñar su Palabra, leer libros que nos edifican y, cada día más, profundizar ese amor en todos los sentidos.

Padre amado, ¡enséñame a amarte cada día más!

MHM

25 DE ABRIL

ACTITUDES FARISAICAS

Jesús siguió enseñando y les dijo: "¡Cuídense de los maestros
de la Ley! A ellos les gusta vestirse como gente importante,
y que en el mercado los saluden con mucho respeto".
Marcos 12:38 (TLA)

Ya en el pasado la sabiduría popular ha acuñado frases como: "Las apariencias engañan" y "caras vemos, corazones no sabemos". Jesús, en su predicación aconsejó "guardarse" de los fariseos, que daban mucha importancia a lo externo. Siendo honestas, podemos reconocer que no solo el corazón de estos escribas se ha sentido atraído por la elegancia y el protagonismo.

Evaluándonos primero, podemos considerar la fina línea que hace diferencia entre un sano autoconcepto y el narcisismo, entre la excelencia y el perfeccionismo, y entre todas aquellas actitudes que se van haciendo normales pero que viéndolas a través de esta óptica de Jesús, no son correctas.

Tal vez el error de los fariseos no era tanto el querer ser o vestirse como personas de influencia, sino que les gustaba demasiado esa atención, al grado de desviarlos de la motivación y el enfoque correcto que Jesús nos enseñó cuando vino no para ser servido sino para servir. ¿Has detectado en ti alguna característica parecida?

Colocar nuestro interés principal en agradar a nuestro Padre guardará nuestro corazón de afanarnos por los estándares de nuestra sociedad. Conocer lo que su Palabra dice que somos en Él y recordarlo con frecuencia nos ayuda a mantener el equilibrio y no caer en la inferioridad o la vanagloria. También podemos seguir la recomendación de Jesús y elegir bien a las personas con las que convivimos, porque nuestras amistades nos influyen para bien o para mal.

Señor, que lo más importante para mí sea agradarte.

MG

26 DE ABRIL

POCOS EDIFICIOS

Jesús respondió: —Sí, mira estos grandes edificios, pero serán de-
molidos por completo. ¡No quedará ni una sola piedra sobre otra!

Marcos 13:2 (NTV)

¿Cuáles son las ciudades más bellas del mundo? No importa cuál
elijas, tendrá grandes y altos edificios que engalanan su centro
financiero. También algunas contarán con ruinas antiguas o
edificios de edades pasadas, sean iglesias virreinales, estructuras
romanas o centros de comercio. Quizá incluso incluyan museos
interesantes y súper carreteras.

Los judíos estaban orgullosos del templo de Herodes, así como
lo estuvieron del de Salomón e incluso del tabernáculo. Deposi-
taron su confianza en unas piedras que pronto serían derribadas por los romanos cuando el general Tito conquistó Jerusalén.
Hoy solo resta una pared exterior de ese templo antiguo y algunas rocas, pero, como Jesús predijo, no queda una sola piedra
sobre otra.

Como aquellos judíos del primer siglo, seguimos cometiendo el
mismo error de poner nuestra esperanza en cosas hechas por los
hombres. Los edificios que hoy engalanan nuestra ciudad mañana
serán parte de los cimientos de una nueva construcción. Un repaso
de historia nos recuerda que nada dura para siempre. Sin embargo,
el Señor también nos habla en su Palabra sobre una ciudad eterna,
una que no está construida de piedras, ladrillos o cemento, sino
que es su misma presencia.

Esa ciudad no tiene fin. Esa ciudad no fue construida por manos
de hombres. Es la ciudad donde Dios mora y nos invita a vivir.
Ciertamente aún no llegamos a ese momento. Antes, entre otras
cosas, el evangelio se debe predicar a todas las naciones, pero
demos gracias a Dios porque lo que Él construye, ¡no se acaba!

Gracias, Señor, por tus promesas.

KO

27 DE ABRIL

No te duermas

Y lo que a vosotros digo, a todos les digo: Velad.

Marcos 13:37 (RVR60)

Cuando viajé a Francia con algunos amigos, llegamos al Arco del Triunfo para toparnos con una multitud de personas. ¿Qué estaba pasando? Mientras una amiga y yo averiguábamos el problema, tres de nuestros amigos, vencidos por el sueño debido al cambio de horario de América a Europa, se quedaron dormidos en un restaurante. ¡Se perdieron de la procesión inaugural del nuevo presidente!

En el capítulo 13 de Marcos, Jesús habla sobre los tiempos finales y compara su venida con la historia de un hombre que sale de viaje, pero encarga a la servidumbre que tengan todo listo, y al portero le dice que espere su regreso. Nos deja abierto el final, así que podemos imaginar lo que pudo haber sucedido.

Quizá cuando el hombre regresó, halló todo en orden y a sus siervos felices de tenerlo en casa. Por otra parte, tal vez los sirvientes se descuidaron y dejaron de limpiar, el portero se durmió y el hombre se enfadó con todos. Por eso, Jesús nos advierte sobre su venida: "Que no los encuentre dormidos cuando llegue sin previo aviso" (v. 36, NTV).

Escucharemos muchas predicciones e interpretaciones en cuanto al regreso de Jesús por su iglesia y a gobernar el mundo. Pero una cosa es cierta: ¡nadie sabe cuándo será! A todos, sin excepción, nos resultará una sorpresa. Así que, por esa razón, mantengámonos despiertas, es decir, expectantes de su presencia diariamente pues pudiera ser hoy. ¡Y será más importante que ver a un nuevo presidente!

Ven, sí, ven, Señor Jesús.

KO

¿Seré yo?

Ellos, muy afligidos, le preguntaron uno a uno: "¿Seré yo?".
Marcos 14:4 (NTV)

Un detective literario muy famoso siempre dice que una de las razones más fuertes por las que la gente comete un crimen se resume en el dinero. Hacemos lo que sea por amor a las riquezas. Quizá esto sea verdad pues lo vemos claramente en la vida de Judas, quien llegó a un acuerdo monetario para entregar a Jesús a los líderes religiosos que lo perseguían.

Durante la noche de la Pascua, Jesús se sentó a la cena con sus discípulos. Jesús les dijo que uno de ellos lo traicionaría. ¿Lo más increíble? Todos se preguntaron si eran ellos. ¿Sería porque los líderes religiosos se habían acercado a cada uno con la misma oferta de unas monedas a cambio de Jesús? ¿Sería que todos acariciaron en sus mentes la posibilidad de obtener riquezas?

Por otro lado, unos días atrás una mujer enamorada de Betania ungió los pies de Jesús con un perfume costoso de nardo puro. La fragancia de la flor de nardo impregnó el lugar y algunos se quejaron de que este era un desperdicio. Jesús, sin embargo, dijo que ella había hecho lo que podía. Nada era un desperdicio si era hecho por amor.

Tenemos dos polos opuestos: los que herimos y lastimamos por amor al dinero, y los que "desperdiciamos" lo que es costoso a los ojos de los hombres por amor a Jesús. Solo recordemos que, si bien tal vez todos los discípulos se vieron tentados a traicionar a su Maestro, solo uno lo llevó a cabo. Seamos fieles y leales, como la mujer que lo ungió.

Señor Jesús, me arrodillo a tus pies y derramo ante ti el perfume de mis oraciones.

MHM

29 DE ABRIL

EL ÚLTIMO CANTO

Cuando hubieron cantado el himno, salieron al monte de los Olivos. Marcos 14:26 (RVR60)

Jesús cantaba himnos. ¿Te imaginas el timbre de su voz? Los judíos acostumbraban cantar el *Hallel*, que significa "cantar alegre" o "alabanza". Lo entonan hasta hoy en sus fiestas como la de los tabernáculos, la de Pentecostés y en la Pascua. Es una oración basada en los salmos 113 al 118. La cena pascual concluye entonando el gran *Hallel* que es el Salmo 136, el más solemne e importante.

Aquella noche Jesús y sus discípulos cantaron el *Hallel*. Así que, entre otras expresiones, el Señor entonó las palabras del Salmo 117:2 que dice: "La fidelidad de Jehová es para siempre". Justamente antes de salir al Monte de los Olivos expresó: "Alabad a Jehová porque Él es bueno", y la frase "porque para siempre es su misericordia", contenida muchas veces en el Salmo 136.

En aquella última cena el ánimo de Jesús era de alabanza. La sombra de lo que pasaría en las próximas horas fue opacada por las verdades contenidas en la Palabra acerca de lo que Dios es y ha hecho desde siempre y para siempre. En los momentos finales y más difíciles de su vida meditó en la fidelidad y la misericordia del Padre.

En nuestros trances más difíciles y en los últimos se puede cantar. En medio de la soledad, la radioterapia y aun en la agonía, aprendamos himnos que nos hablen de la fidelidad y la misericordia del Eterno. Esta vida es pasajera. Así como Jesús resucitó con un cuerpo incorruptible, lo haremos nosotros algún día, y seguiremos cantando... ¡pero con Él!

Gracias, Jesús, por tu ejemplo que me fortalece.

MG

30 DE ABRIL

EL CANTO DEL GALLO

Inmediatamente, el gallo cantó por segunda vez.

Marcos 14:72 (NTV)

Al vivir en una ciudad, difícilmente me despierta el canto de un gallo. Sin embargo, en las veces que he podido disfrutar de una mañana campirana, me agrada escuchar el llamado de esta ave que nos invita a despertar y nos informa que el sol ha comenzado a salir por el horizonte. Sin embargo, lo que para mí pudiera ser un lindo recordatorio, seguramente no lo fue para Pedro.

Para el apóstol de carácter firme y decisiones impetuosas, el canto del gallo siempre le recordaría que tres veces dijo no conocer a Jesús. Cada mañana de los días que pasaron entre aquella noche y la resurrección imagino que escucharía el cacareo del ave de la cresta con un escalofrío.

Pues cuando Pedro oyó el canto del gallo aquella madrugada en la casa del sumo sacerdote y se acordó de las palabras de Jesús, se echó a llorar. No pudo soportar el dolor y el remordimiento de la traición que había cometido contra su Maestro. Leemos más adelante que Jesús se le aparece ya resucitado y conversa con él. Seguramente cruzaron palabras que ningún evangelista registró, ni el mismo Pedro, pues tocaron las fibras más sensibles de una relación cercana.

Sin embargo, Pedro recibió el perdón de su Señor. Pedro falló, pero fue restaurado. Quiero imaginar que desde ese día hasta que murió, el canto del gallo ya no produjo en él dolor ni tristeza, sino esperanza. Desde ese día, quiero pensar que Pedro aprendió más del amor y la paciencia de Cristo con sus seguidores. Y desde entonces, el quiquiriquí se convirtió en el dulce sonido del perdón.

Gracias, Señor, por perdonarnos.

KO

1ro de mayo

¿Quién eres?

Pilato le preguntó: ¿Eres tú el Rey de los judíos?
Respondiendo él, le dijo: Tú lo dices.
Marcos 15:2 (RVR60)

No sé si fue orgullo o timidez. Lo cierto es que hoy pienso que desperdicié la oportunidad de charlar con uno de mis autores favoritos. Pero, obviamente, muchos más querían hacer lo mismo, así que, aguardando el momento perfecto que nunca llegó, me quedé con ganas de más. Solo intercambiamos unas palabras, nos tomamos una foto y firmó un libro de su autoría.

Pilato tuvo también una oportunidad única, la de conocer y conversar con el Hijo de Dios. Si unimos los relatos de los cuatro Evangelios veremos que muchas cosas influyeron para que Pilato sintiera temor, rechazo e incluso desdén al conversar con Jesús. Probablemente lo que más le maravillaba era que Jesús no respondía a las acusaciones de sus enemigos.

En ocasiones me pregunto cómo pudo haber terminado este intercambio entre el gobernador romano y el Mesías. Quizá años después lamentó no haber dicho más, preguntado más, hecho más. Del mismo modo, creo que hoy en día muchas personas desearían hablar unos minutos con Jesús para averiguar si lo que se dice sobre Él es cierto. ¿Quién es Jesús para ti?

La respuesta que demos a esta pregunta es la más importante de toda nuestra vida. ¿Es el Rey de los judíos? ¿Es Dios mismo? ¿Es el Salvador del mundo? Tenemos todas las respuestas a estas interrogantes en la Biblia. Nos toca leerlas y creerlas. Yo me perdí la oportunidad de una buena conversación, pero rechazar a Jesús tiene consecuencias eternas. ¿Quién es Él para nosotras?

Señor, tú eres el Hijo de Dios.

KO

2 DE MAYO

PACIENTES ANTE LA BURLA

Lo golpeaban en la cabeza con una caña y le escupían.
Doblando la rodilla, le rendían homenaje.
Marcos 15:19 (NVI)

En la película *Dios no está muerto*, vemos a un maestro que se burla de un estudiante cristiano por creer en "ficción precientífica". En algunas escuelas los chicos creyentes sufren acoso. En las redes sociales se ven "memes" que hacen que los que creen en la Biblia se vean retrógradas, ignorantes o mojigatos.

¿Te han señalado los demás porque vas a la iglesia los domingos o lees la Biblia? ¿Qué sientes cuando lees en las redes sociales comentarios hostiles sobre la fe o la misma persona de Dios? Muchas veces nos irritamos y quisiéramos contestar, en ocasiones con enojo o violencia. Pero aprendamos de Jesús.

Jesús mismo sufrió la burla. Le golpeaban, le escupían y le rendían homenaje de manera sarcástica. También vistieron a Jesús con una capa de púrpura, color de la realeza, y le pusieron en la cabeza una corona de espinas. Se mofaron de Él los que pasaban: "¡Baja de la cruz y sálvate a ti mismo!" (v. 30, NVI). Los líderes religiosos se rieron de Él e incluso los criminales crucificados con Jesús lo insultaron, aunque Él no les respondió.

No es, pues, inesperado que nos hagan sentirnos menos por ser cristianos. Como resultado, a veces tendemos a callar en vez de defender la fe bíblica. Esto puede ser especialmente difícil para los estudiantes universitarios. Pero recordemos: "Estén siempre preparados para responder a todo el que les pida razón de la esperanza que hay en ustedes" (1 Pedro 3:15, NVI).

Te amo, Señor, y quiero compartir mi esperanza en ti de forma amable
y paciente.

MHM

3 DE MAYO

¡CRISTO REINA!

Y el Señor, después que les habló, fue recibido arriba en el cielo,
y se sentó a la diestra de Dios.
Marcos 16:19 (RVR60)

Jorge Federico Händel escribió el oratorio "El Mesías" en catorce días. Según sus propias palabras, se sintió "como tocado del cielo". Esa sensación se experimenta cuando uno escucha la parte del coro en la que Dios es exaltado: "¡Él reinará por siempre y siempre, Él es Dios, Él es Rey, ¡aleluya!". Al final de su manuscrito, Händel escribió "solo la gloria a Dios".

El 23 de marzo de 1743, el rey Jorge II de Inglaterra e Irlanda, al escuchar tal adoración, se levantó de su asiento en señal de exaltación en el Covent Garden de Londres. Desde entonces, se hizo costumbre ponerse de pie en señal de respeto, pues es Jesús, y no un hombre, quien está en el trono, quien se sentó a la derecha de Dios.

Después de su ascensión, imagino la magnífica recepción en el cielo y una majestuosa ceremonia de entronización. Seguramente en aquella ocasión la celebración fue indescriptible y grandiosa. El coro de ángeles que habían cantado aquella noche de su nacimiento seguramente estaban gozosos de tenerle en los cielos después de tantos años y le adoraron con su versión del "Aleluya".

En Navidad contemplamos imágenes de un bebé en un humilde pesebre y en Semana Santa, de un hombre sangrando colgando de una cruz. Hoy contemplemos con los ojos de la fe al que está sentado en el trono, a la derecha de su poderoso y amoroso Padre. ¡Cristo Reina! Que asimismo reine en nuestros corazones y en nuestras vidas.

Señor, viniste como siervo, mas regresarás como Rey. ¡Aleluya!

MG

4 DE MAYO

DINAMITA ABANDONADA

*A la verdad, no me avergüenzo del evangelio, pues es poder
de Dios para la salvación de todos los que creen: de los judíos
primeramente, pero también de los gentiles.*

Romanos 1:16 (NVI)

Se localizaron veinticuatro cartuchos de dinamita y veinticinco kilos de explosivos en la bodega de un edificio abandonado en 2011. Este hallazgo en Guanajuato fue calificado de peligroso por las autoridades ya que, al estallar, los cartuchos podrían causar grandes estragos en varias decenas de metros a la redonda.

La palabra dinamita viene de la palabra griega *dúnamis*, traducida como poder en acción. El explosivo es conocido por su gran fuerza que se aprovecha, entre otras cosas, para romper rocas cuando se construyen carreteras. Por supuesto, su mal uso puede ser mortífero.

En Romanos 1 Pablo subraya que el evangelio es "poder de Dios en acción" para salvar a todo ser humano. ¡Es dinamita! ¿Quién se avergonzaría de tener acceso a ese gran poder que solamente sirve para bien y no para mal? ¡Nadie! Esta dinamita sirve para transformar vidas y nunca para destruirlas. Otro tipo de poder, y más accesible, es el de la luz solar. Cada día se aprovecha más este recurso natural para producir calor e incluso luz eléctrica.

La buena noticia de Cristo es de tal potencia que no debemos guardarla en bodegas sino usarla para romper las murallas que el pecado ha levantado. Tampoco es para almacenarla para siempre; se aprovecha al ponerla a trabajar. Finalmente, como la luz solar, es gratuita. Así que permite que Dios active su mensaje de poder en tu vida, ¡para tener un impacto eterno!

*Señor, hazme cada vez más consciente del gran poder de tus buenas
nuevas, y no me dejes avergonzarme de ellas.*

MHM

5 DE MAYO

ASOMBRO Y TONTERÍAS

Pues, desde la creación del mundo, todos han visto los cielos
y la tierra. Por medio de todo lo que Dios hizo, ellos pueden
ver a simple vista las cualidades invisibles de Dios: su poder
eterno y su naturaleza divina. Así que no tienen ninguna
excusa para no conocer a Dios.
Romanos 1:20 (NTV)

El mundo está lleno de lugares asombrosos como la Gran Fuente Prismática en el parque nacional Yellowstone, Estados Unidos. Cuenta con colores intensos como azul, naranja, amarillo y verde. ¿Y sabes qué provoca estos colores? ¡Bacterias pigmentadas!

Quizá Pablo pensó en algunas de estas maravillas cuando escribió su carta a los romanos. Quería mostrar a sus lectores que Dios es justo pues Él siempre hace lo que es correcto y cumple sus promesas. Pero, tristemente, todos hemos elegido no adorar a Dios. Si bien la misma creación es un claro testimonio de que Él existe, los seres humanos hemos decidido inventar y seguir ideas necias. Hemos llegado al extremo de pensar que es "una tontería reconocer a Dios" (v. 28, NTV).

Volviendo a la Gran Fuente Prismática, ¿sabías que la parte azul que está en el centro es tan caliente que ningún organismo puede vivir ahí? Los diferentes círculos concéntricos de colores tienen temperaturas ascendentes donde moran las bacterias. Del mismo modo, los seres humanos nos hemos ido acostumbrando al calor del pecado.

Las Buenas Noticias nos recuerdan que Dios nos quiere hacer justos ante sus ojos por medio de la fe en Jesús. Así que, si aún estás atrapada en las aguas del pecado, ¡pon tu fe en Jesús! Y si ya eres su hija, ¡comparte que por medio de la fe el justo tiene vida!

Señor, no tengo excusa y reconozco que eres Dios y el único digno de
adoración.

KO

6 DE MAYO

MAMÁS CANGREJAS

Si enseñas a otros, ¿por qué no te enseñas a ti mismo?

Romanos 2:21 (DHH)

En una fábula de Esopo, un cangrejito caminaba de lado con las patas torcidas. Su padre quería corregir su defecto y evitar que se rozara con las piedras: "Hijo, ¡camina derecho, hacia adelante!". "Padre mío", respondió el hijo, "yo no hago sino lo que veo. Si tú andas de la misma manera, ¿cómo quieres que yo me corrija?".

Según un dicho popular: "No hagas como el cura Gatica, que predica pero no practica". En otras palabras, debemos predicar con el ejemplo. Por mucho que nos sermoneen o nos aconsejen otras personas, si no siguen sus propias enseñanzas, es difícil que lo hagamos nosotros.

En Romanos 2, Pablo habla a los judíos que se consideran muy justos por tener derechos exclusivos sobre la ley de Dios. Solo por llamarse judíos, confiaban en la ley de Moisés y estaban orgullosos de su Dios, aunque realmente no le conocían. Para colmo, tampoco seguían la ley: "Si enseñas a otros, ¿por qué no te enseñas a ti mismo?" (v. 21, DHH). Por ejemplo, enseñaban en contra del robo y el adulterio, pero incurrían en estos pecados.

¿Nos puede pasar lo mismo? Siempre es más fácil decir lo que está mal y cómo debemos actuar a poner en práctica los consejos divinos. Como los cangrejos, quizá nuestros hijos, alumnos o discípulos se comportan mal ¡porque lo ven en nosotros! Tengamos humildad para reconocer el error y dejar que Dios cambie nuestros corazones. A final de cuentas: "no depende de reglas escritas, sino del Espíritu" (v. 29, DHH).

Solo con tu ayuda, Señor, puedo vivir de forma integral y consecuente.

MHM

7 DE MAYO

Venenoso y mortal

No hay temor de Dios delante de sus ojos.
Romanos 3:18 (RVR60)

Existen cerca de mil quinientas especies de alacrán, ocho de ellas sumamente venenosas. En el 2021 mi esposo y yo llegamos a vivir a otra parte de México, donde se registraron más de treinta mil casos de picadura en ese año. Les tenía temor aún sin haberlos conocido, pero pronto me dieron la bienvenida en mi propia casa. Ahora que conozco sobre alacranismo, mi miedo es mayor.

Nuestro gato a veces mete a la casa a algún pajarito o lagartija; creo que quiere que sean parte de nuestra familia. Él no tiene temor de los alacranes porque no los conoce; no queremos que en su deseo de jugar con alguno, lo meta a la casa y sufra una picadura mortal, por lo que hemos tomado precauciones.

Así como mi gatito, el hombre juega con el pecado porque no tiene idea de que es mortal, pero la paga del pecado es la muerte. Cuando vemos los noticieros, nos asusta el nivel de depravación y maldad que pueden existir en las personas. ¿La razón? No hay temor de Dios delante de sus ojos.

No tienen temor de Él porque no lo conocen. Tal vez han escuchado que hay un Dios grande y poderoso pero no han leído lo que le agrada y lo que le desagrada. Aún peor es que no sepan de su amor y su perdón o peor aún, que no les interese. ¿Tenemos temor de Dios? ¿Huimos del pecado o jugamos con Él? Conozcamos a Dios, ¡y seamos libres de la muerte!

Señor, ayúdame a tomar con seriedad la desobediencia
y alejarme de su veneno.

MG

8 DE MAYO

LA DESCENDENCIA DE ABRAHAM

Porque si Abraham fue justificado por las obras, tiene de
qué gloriarse, pero no para con Dios.
Romanos 4:2 (RVR60)

¿A quién consideras la persona más entregada a Dios que haya existido? Quizá podríamos pensar en diversas respuestas como la virgen María, la madre Teresa de Calcuta o Billy Graham. Sin embargo, si uno lee sus biografías, si uno indaga en sus vidas, nos encontraremos con algo interesante. Todos ellos se consideraron indignos e impuros, lejos de la santidad que requiere Dios para entrar en su presencia.

En el capítulo 4 de Romanos, Pablo presenta a Abraham como un ejemplo a seguir, no por sus acciones sino por su fe. Parecía imposible que llegaría a ser padre de multitudes cuando habían pasado décadas y Sara y él ya eran ancianos. Además, este patriarca no confiaba en que cumplir la ley lo salvaría, pues vivió antes del tiempo de los Diez Mandamientos.

Dios lo declaró justo porque confiaba en él. La clave está en la fe, y no se trata de si es fuerte o débil, grande o pequeña. La salvación no se basa en sentimientos o acciones sino en una persona: Jesús. La fe cree y confía en Jesús y acepta el regalo de salvación, uno que es para todo pecador.

No nos gusta que nos recuerden que somos pecadores. Cuando compartimos nuestra fe, otros pueden sentirse juzgados o agredidos. Pero hasta que entendemos que nadie, ni siquiera las personas que admiramos, merecen estar en la presencia de Dios, empezamos a comprender que es solo por gracia y solo por fe en la obra de Jesucristo que podemos ser salvos.

Padre, gracias porque es por fe y no por nada que yo hago, bueno
o malo, que puedo recibir la salvación de mis pecados.

MHM

9 DE MAYO

LA PRIMAVERA ESTÁ AQUÍ

Ahora reina en cambio la gracia maravillosa de Dios, la cual nos
pone en la relación correcta con él y nos da como resultado la vida
eterna por medio de Jesucristo nuestro Señor.

Romanos 5:21 (NTV)

En el país de Narnia, inventado por C.S. Lewis, Jadis, la Bruja
Blanca, reina durante cien años de invierno. Pero los habitantes
de Narnia se aferran a la esperanza: "El mal se trocará en bien,
cuando Aslan aparezca. Ante el sonido de su rugido, las penas
desaparecerán. Cuando descubra sus dientes, el invierno encon-
trará su muerte. Y cuando agite su melena, tendremos nuevamente primavera".

En la epístola de los Romanos, Pablo nos recuerda el largo invierno de la humanidad, la época en que todos nos desviamos y
nos volvimos inútiles. No se encontró a un solo hombre justo, ni
siquiera uno. Nadie buscó a Dios, nadie tuvo temor de Dios en
absoluto. Entonces, "cuando éramos totalmente incapaces de sal-
varnos, Cristo vino en el momento preciso y murió por nosotros,
pecadores" (5:6, NTV).

La primavera llegó con un rugido llamado "gracia". La gracia
ha restaurado nuestra amistad con Dios. Nos ha permitido tener
una nueva y maravillosa relación con el Padre gracias al sacrificio de Jesús. Los días de invierno solo sirvieron para mostrarnos
la magnitud de nuestro pecado, pero hoy reina la gracia.

¿Tienes hoy una relación correcta con Dios? ¿Tienes vida en Él?
Si aún no te decides, escucha el rugido del león: "Aslan alzó la pe-
luda cabeza, abrió la boca, y profirió una única y prolongada nota;
no muy fuerte, pero llena de poder… Se trataba de una llamada, y
cualquiera que oyera aquella llamada querría obedecerla". Acudamos hoy al trono de la gracia y postrémonos ante el Rey.

Señor, que tu gracia llene mi vida.

KO

10 DE MAYO

MUERTAS AL VIEJO YO

Sabemos que nuestra vieja naturaleza fue crucificada con él
para que nuestro cuerpo pecaminoso perdiera su poder,
de modo que ya no siguiéramos siendo esclavos del pecado.

Romanos 6:6 (NVI)

En la novela, *Una voz en el viento* de Francine Rivers, Julia vive para el placer. Colecciona hombres y experiencias emocionantes, como los juegos de gladiadores en la antigua Roma. Aprende a hacer lo que le conviene: envenenar a un esposo, abandonar a un recién nacido para que muera y enviar a una esclava cristiana a enfrentar a los leones.

Cuando ha perdido todo, incluso la salud y la belleza, este personaje se enfrenta una vez más con el evangelio y no se considera digna del perdón de Dios. ¡Ha sido la peor de las pecadoras! Entonces entiende que su vieja naturaleza fue crucificada con Cristo y que solo con Él puede dejar de ser esclava del pecado.

La realidad de la gracia de Dios que borra nuestros pecados es incomprensible para muchos. Sienten que nunca merecerán el perdón de Dios por sus acciones impuras. Este pasaje nos recalca una verdad distinta: "Considérense muertos al pecado, pero vivos para Dios en Cristo Jesús" (v. 11, NVI). Explica que el bautismo representa esa muerte y esa nueva vida. Ni el número ni la gravedad de los pecados son limitantes para Dios.

¿Te consideras merecedora solo de castigo y no de gracia? Si has creído en Cristo, ¡has muerto al pecado! No permitas que Satanás te acuse. ¿Juzgas a otros por ser peores pecadores que tú? ¡Dios no hace comparaciones! Abre sus brazos a todo el que acepta su sacrificio en la cruz en su lugar. Regocíjate de que en Cristo eres una nueva creación.

Me maravillo, Señor, del milagro de tu muerte por mí y la muerte de
mi viejo yo para recibir vida nueva.

MHM

11 DE MAYO

MANDAMIENTOS QUE BENEFICIAN

Podemos decir, entonces, que la ley viene de Dios,
y que cada uno de sus mandatos es bueno y justo.

Romanos 7:12 (TLA)

El 13 de julio del 2022 fueron reveladas al mundo las primeras fotografías tomadas por el telescopio espacial James Webb. Con una resolución sin precedentes, nuestros ojos pudieron captar por primera vez imágenes fantásticas de un cosmos demasiado distante en espacio y tiempo. Esta nueva perspectiva ha conmovido a los astrónomos y redimensiona nuestro concepto de la infinita grandeza de Dios.

Aún con este avance tecnológico, nuestra visión es limitada; hemos podido observar solo un pedacito de esa inmensidad. Desde el plano en que Dios habita, su óptica es diferente y completa no solamente en la dimensión física sino también en la espiritual. Así que nuestra mente es incapaz de comprender el por qué de todas las cosas; no podemos verlas como Dios las ve.

Cuando no entendemos el por qué de sus mandatos, podemos confiar en su bondad y en su justicia. Dios conoce el pasado y el futuro, la causa y el efecto de todo lo que existe y sucede. "Él muda los tiempos y las edades, quita reyes y pone reyes, da la sabiduría a los sabios y la ciencia a los entendidos. Él revela lo profundo y lo escondido; conoce lo que está en tinieblas, y con él mora la luz". (Daniel 2:21,22 RVR60).

Dios nos comparte esa luz por medio su Palabra. Sus leyes son cercos que nos marcan el camino y nos guían siempre hacia lo que es mejor para nosotros. La obediencia es nuestro mejor seguro de vida. Él tiene palabras de vida eterna.

Dios poderoso, los cielos cuentan tu excelsa gloria y yo confío en ti.

MG

12 DE MAYO

EL ESPÍRITU QUE DA VIDA

Y si el Espíritu de aquel que resucitó a Jesús vive en ustedes, el mismo que resucitó a Cristo dará nueva vida a sus cuerpos mortales por medio del Espíritu de Dios que vive en ustedes.
Romanos 8:11 (DHH)

Perdí algunos dientes desde niña y el hueso de mi maxilar superior se retrajo, como suele suceder. Necesito por lo tanto implantes, tornillos incrustados en el hueso del maxilar que sostengan un diente falso. Sin embargo, para poder tener implantes, requiero de un injerto de hueso para reponer el que se ha perdido. Ya me sacaron sangre para separar mis plaquetas y mezclar con el hueso a injertar para que se pueda reproducir. ¡Estoy lista para los implantes!

Esto me recuerda lo frágil y mortecino que es nuestro cuerpo. Desde que nacemos empezamos a envejecer y a morir. El Señor ha permitido a los científicos encontrar soluciones para algunos padecimientos del envejecimiento, pero algún día moriremos.

Sin embargo, Dios siempre tiene un plan preparado de antemano. Nuestro versículo de hoy dice que su Espíritu Santo puede vivificar nuestros cuerpos mortales. ¡Un nuevo creyente irradia vida! Aunque el proceso de envejecimiento sigue adelante, el Espíritu Santo ha comenzado el rejuvenecimiento de nuestro cuerpo y lo terminará cuando resucitemos.

Como mujeres, queremos aplazar el proceso de envejecimiento con cremas, masajes, cirugías y dietas. Pero aferrarnos al Señor y a su Espíritu, nos rejuvenece. Nos da un rostro lleno de paz y felicidad. ¿No es maravilloso? Hagamos lo que este capítulo nos invita: vivamos conforme al Espíritu y preocupémonos por las cosas del Espíritu para ¡vivir plenamente!

Señor, ¡qué mi rostro irradie la paz y felicidad que sólo Tú puedes dar!

YF

13 DE MAYO

¿SERÁ?

¿Acaso hay algo que pueda separarnos del amor de Cristo?
¿Será que él ya no nos ama si tenemos problemas o aflicciones,
si somos perseguidos o pasamos hambre o estamos en la miseria
o en peligro o bajo amenaza de muerte?
Romanos 8:35 (NTV)

Conocimos a una familia de Ucrania que había tenido que huir de su país debido a la guerra. Mi hija de ocho años observó unas fotografías que llevaban y mostraban las atrocidades del conflicto, pero no dijo nada. Hasta esa noche, a solas conmigo, preguntó: "Mamá, ¿por qué Dios no los quiere? ¿Por qué deja que les pasen cosas tan feas?".

Razonamos del siguiente modo: "Si Dios me ama, todo debe ir bien. Por lo tanto, si algo falla, entonces Dios no me ama". Sin embargo, por mucho que amo a mi hija, no puedo evitar reprenderla cuando se equivoca, o impedir que sufra las consecuencias de sus malas decisiones. Eso no indica que la ame menos.

No somos las únicas que luchamos con estos pensamientos. Quizá Pablo también dudaba en ocasiones del amor de Dios cuando estaba en tribulación o en angustia, o cuando la violencia lo rodeaba. Pero Jesús fue trabajando en su vida de tal forma que Pablo logró escribir: "Estoy convencido de que nada podrá jamás separarnos del amor de Dios… Nada en toda la creación podrá jamás separarnos del amor de Dios" (v. 38-39, NTV).

Quizá hoy estés pasando por aflicciones o miseria, hambre o peligro. No lo olvides: "Ni la muerte ni la vida, ni ángeles ni demonios, ni nuestros temores de hoy ni nuestras preocupaciones de mañana… ni siquiera los poderes del infierno pueden separarnos del amor de Dios" (v. 38, NTV).

Gracias, Señor, por tu promesa del día de hoy.

KO

14 DE MAYO

ELEGIDAS

Cuando un alfarero hace vasijas de barro, ¿no tiene derecho
a usar del mismo trozo de barro para hacer una vasija
de adorno y otra para arrojar basura?

Romanos 9:21 (NTV)

En los alrededores de nuestra ciudad hay muchas ladrilleras. En los patios podemos ver filas de ladrillos de barro húmedo, secándose bajo el sol. Después sube a los cielos el humo de los hornos con ladrillos amontonados, sometidos a un calor intenso. Cambian de color café a anaranjado. Se ven burdos, nada artísticos, pero son muy útiles para la construcción.

Sin embargo, con el mismo barro se puede hacer una vajilla elegante que se pinta a mano, como la elegante loza de Talavera de Puebla. Es más para adorno que para el uso diario. Se le aprecia y se le elige para ocasiones especiales.

El apóstol Pablo compara a Dios con un alfarero que puede usar el mismo barro para hacer una vasija de adorno u otra para uso común. Aquí se enfatiza que es asunto de Dios si escoge al menor (Jacob) sobre el mayor (Esaú) para ser su vasija de honor. " Y nosotros estamos entre los que él eligió, ya sea del grupo de los judíos o de los gentiles" (v. 24, NTV). Aunque los judíos, descendientes de Isaac, eran el pueblo escogido de Dios, ¡por medio de Jesucristo llegamos a ser herederos también!

Quizás te consideres un ladrillo común y tosco, sin atractivo, sin valor para que Dios te use. Pero si Él es tu alfarero, ¡tienes valor! Si has entregado tu vida a Cristo, eres elegida por Él. Tu herencia celestial no depende de tu edad, tu pasado, tus buenas acciones, tu ascendencia o tu apariencia. Eres hija de la promesa.

Te alabo y te bendigo por el privilegio de ser tu hija elegida.

MHM

15 DE MAYO

OÍDO SELECTIVO

Así que la fe viene del oír, y el oír, por la palabra de Cristo.
Romanos 10:17 (NBLA)

Tomas Alva Edison entró a la escuela en 1855, cuando tenía ocho años. A los tres meses regresó a casa llorando pues su maestro lo había calificado como "estéril e improductivo". Nancy Edison lo educó en casa y le inculcó la lectura. Samuel, su padre, le daba diez céntimos cada vez que concluía un libro.

Tomas decidió "hacer oídos sordos" a las palabras que lo minimizaban y absorbió el mensaje de aliento de sus padres. Se convirtió en un prolífico inventor, científico y empresario. Cuando murió, fueron apagadas las luces en varias ciudades como homenaje póstumo por haber inventado la luz eléctrica y la lámpara incandescente.

Como Edison, podemos seleccionar los mensajes que escuchamos. No escuches todo aquello que te haga perder la fe. Oye la palabra de Dios y basa tu identidad en lo que Él dice de ti. Podemos hacer una larga lista de lo que la Biblia dice que somos quienes hemos creído: amadas, perdonadas, hijas del Rey, embajadoras, redimidas y mucho más.

Lo que entra en tu mente determinará la forma en la que vivirás tu vida. Si escuchas constantemente los mensajes del mundo y del enemigo, puedes sentirte desalentada. Desconéctate de ellos y mejor conéctate con Dios. Lee su palabra, escucha podcasts, predicaciones y alabanzas. Cuando escuchas una y otra vez que fuiste creada para vivir una vida abundante y victoriosa, vendrá la fe y Dios hará en tu vida lo que nunca hubieras podido imaginar.

Señor, yo soy lo que tú dices que soy, quiero escuchar tu voz.

MG

16 DE MAYO

EL PUEBLO ELEGIDO

Digo, pues: ¿Ha desechado Dios a su pueblo?
En ninguna manera. Porque también yo soy israelita,
de la descendencia de Abraham, de la tribu de Benjamín.

Romanos 11:1 (RVR60)

Un judío ortodoxo contactó a uno de los creyentes de Jerusalén para preguntarle sobre el Mesías Yeshua. Estaba tan temeroso de que lo descubrieran hablando con un "cristiano", que le pidió a nuestro hermano hablar dentro de su auto recorriendo los sesenta y siete kilómetros de la carretera de Jerusalén a Tel Aviv varias veces hasta que satisfizo todas sus dudas.

En otra ocasión, un judío subió al taxi de un creyente y le dijo que lo llevara por donde él quisiera. Empezó a cantar alabanzas a Yeshua, a lo que el taxista se le unió. Apenado, el ortodoxo explicó que él adoraba al Mesías en secreto. ¡Ni siquiera su esposa lo sabía!

No resulta fácil para los judíos acercarse a Jesús y Pablo lo sabía. Él vio de primera mano cómo los judíos lo rechazaron como su Mesías y se negaron a escuchar el mensaje. Pero Pablo, también estaba seguro que, así como Dios reservó a siete mil que no se doblegaron ante Baal, en cada generación habría un remanente que seguiría a Cristo.

Saber esto nos debe alegrar. Es por gracia, no por obras, y esa gracia se extiende al pueblo elegido que ha decidido darle la espalda a Dios. Pero, nuevamente, en el perdón que Cristo extiende a los que le injuriaron y maltrataron, alabamos la misericordia y la gracia de Dios. ¡Él no desecha a nadie! ¡Qué gran noticia! ¿Nos unimos para orar por los muchos judíos que no conocen de Jesús?

Señor, bendice a tu pueblo y salva a muchos más.

YF

17 DE MAYO

DEUDAS Y MÁS DEUDAS

¿Y quién le ha entregado tanto para que él tenga que devolvérselo?
Romanos 11:35 (NTV)

¿Sabías que los países también se endeudan? Algunos contraen deudas públicas, las que mantiene un Estado con inversores nacionales o internacionales. También está la deuda privada, contraída por personas físicas o morales. Entre los países más endeudados, curiosamente, están Estados Unidos, Francia, Japón y Grecia. ¿Y qué haría un país si de repente todos los demás decidieran perdonarle su deuda? Seguramente sentirse muy agradecido.

En Romanos, Pablo también nos habla de las deudas de dos naciones: gentiles y judíos. Todos los que no somos judíos estamos, en cierto modo, endeudados con Israel pues gracias a ellos llegó la salvación a nuestras vidas. Por eso, Pablo nos dice que hemos recibido la bendición por medio de los hijos de Abraham, pero nos advierte que no es sabio jactarnos de ello.

Por otro lado, hoy en día el pueblo de Israel tiene el corazón endurecido, pero no siempre será así. Un día el pacto de Dios con ellos se cumplirá y quitará sus pecados. ¡No más deudas! En pocas palabras, si bien hay muchas etnias y naciones, la Buena Noticia es para todos y todos podemos participar de la misericordia de Dios.

Cuando hablamos de deudas, nadie en este mundo puede acercarse a Dios y decirle: "Me debes". Como dice nuestro texto, lo "mucho" que sintamos que le hemos dado a Dios no es suficiente para pagar "todo" lo que ha hecho por nosotros. Por esa razón, solo nos queda decir gracias y gracias, pues a Él le pertenece la gloria por siempre.

Padre celestial, gracias porque has saldado mi deuda por medio
de la sangre de Cristo.

KO

18 DE MAYO

ENCIENDE TU CEREBRO

Transfórmense mediante la renovación de su mente,
para que verifiquen cuál es la voluntad de Dios:
lo que es bueno y aceptable y perfecto.
Romanos 12:2 (NBLA)

¿Sabías que las investigaciones demuestran que el ADN cambia de forma en respuesta a nuestros pensamientos? Solíamos escuchar que los genes determinaban nuestro destino, es decir, no teníamos opciones. Pero ahora sabemos que controlamos nuestros genes con nuestros pensamientos. Los genes pueden determinar características físicas, como explica la doctora Caroline Leaf, pero no los fenómenos psicológicos. Es decir, lo que eliges modifica tu cerebro.

Esto implica que la ciencia, nuevamente, solo ha venido a comprobar lo que la Biblia ha enseñado durante siglos: es posible transformar nuestra mente. Si bien no tenemos control sobre las situaciones a nuestro alrededor, podemos reaccionar a cada experiencia de la manera correcta y tener pensamientos sanos.

¿Y cómo lo hacemos? De una manera muy sencilla: tomando un tiempo cada día para separarnos y enfocarnos en Dios. Aunque nuestros cuerpos reposan físicamente, este es el momento cuando nuestra mente realmente se enciende y trabaja mucho más. Cuando oramos, leemos la Biblia en voz alta o memorizamos las Escrituras, transformamos nuestra mente.

Como dice la doctora Leaf: "Nuestras mentes necesitan tiempo para entender lo que nuestros espíritus ya conocen". Toma un tiempo cada día para reconectarte con nuestro Salvador y adquiere una buena perspectiva a los asuntos de la vida. Enciende tu cerebro; renueva tus pensamientos; descubre la voluntad de Dios para tu vida.

Padre, quiero transformar mi mente.

KO

19 DE MAYO

UN RECONOCIMIENTO INUSUAL

Pagad a todos lo que debéis: al que tributo, tributo; al que impuesto, impuesto; al que respeto, respeto; al que honra, honra.
Romanos 13:7 (RVR60)

En el evento escolar de fin de cursos, mi sobrina Dafne, de seis años, recibió un reconocimiento. Obtuvo el primer lugar a la alumna más cariñosa. Yo sabía que ella es inteligente y dinámica pero no tenía idea de esa faceta de su comportamiento escolar. Me sorprendió gratamente que existiera esa categoría. Ojalá existieran reconocimientos a la generosidad, la empatía y cosas similares en grados superiores, y en todas las organizaciones.

El dar reconocimiento y recibirlo es hermoso y saludable en nuestras relaciones. Dale Carnegie, en su bestseller *Cómo ganar amigos e influir sobre las personas*, exponía que la gente en su interior quiere sentirse importante y apreciada. Dijo: "Elogia las fortalezas de otra persona y ella se esforzará por respaldar tu opinión".

La Biblia misma nos indica, en modo imperativo, brindar honra y respeto a quien lo debemos. Pagamos cuando hemos recibido algo de antemano y eso nos obliga a restituir lo recibido. Así que no olvidemos honrar a las personas que nos han bendecido con su ejemplo, su bondad, sus enseñanzas, su tiempo, sus recursos, su amistad o su amor. ¡Hay tantas categorías que podemos reconocer y honrar!

Cuando comprendemos qué es lo que realmente motiva a las personas, brindar apreciación y reconocimiento se convierte en un hábito. No critiquemos, ni señalemos, ni robemos a otros del honor que merecen. En lugar de enfocarnos en nosotros mismos, podemos enfocar nuestra mente en buscar qué y a quién podemos apreciar.

Dios, en primer lugar quiero honrarte a ti no solo con mis palabras, sino con mis hechos.

MG

20 DE MAYO

LO IMPORTANTE

Porque el reino de Dios no es comida ni bebida,
sino justicia, paz y gozo en el Espíritu.
Romanos 14:17 (RVR60)

Cuando viví en un país islámico, asistí a una pequeña iglesia donde solo había cuatro niños y unos cuarenta adultos. La mayoría asistía sin otros parientes; muchos eran solteros o divorciados, ya que sus parejas los habían abandonado por ellos seguir a Jesús.

Además de leer la Biblia y estudiarla, orar y alabar a Dios, convivíamos por medio de días de campo y salíamos a tomar el té. Nuestras conversaciones giraban en torno de nuestras debilidades y problemas, trabajos y hogares, y la hermosa gracia de Dios. Cuando regresé al mundo occidental, me entristecí cuando vi lo que sucedía en muchas iglesias: discusiones y divisiones por cómo vestir y qué opinar sobre ciertos temas.

La iglesia en Roma experimentaba persecución y perdían amigos, familiares y trabajo. Pero, además de eso, entre ellos peleaban por temas que causaban división, como el de la carne sacrificada a los ídolos. Pablo, después de enseñarles que lo importante no es hacer cosas que hagan tropezar a los demás, nos recuerda la verdadera razón de nuestra familia.

No se trata de la comida o la bebida, la ropa o las interpretaciones del futuro, ni siquiera de cómo debe ser la alabanza o el orden de las reuniones. ¿Ven otros en nuestras iglesias la justicia, la paz y el gozo en el Espíritu? ¿Pensamos en la gracia de Dios y conversamos sobre Él y su perdón? Sigamos el consejo de Pablo y "no destruyamos la obra de Dios por causa de la comida" (v. 20, RVR60).

Señor, quiero ayudar a mis hermanos a permanecer en santidad.
¡Ayúdame!

KO

21 DE MAYO

ARMONÍA

Que Dios, quien da esa paciencia y ese ánimo, los ayude a vivir
en plena armonía unos con otros, como corresponde
a los seguidores de Cristo Jesús.
Romanos 15:5 (NTV)

¿Sabes cuál es la diferencia entre el ruido y la música? Aunque ambos son sonidos, la música es ordenada pues tiene estructura, longitudes de onda y frecuencia armónica. Una de las palabras claves, por lo tanto, es la armonía.

En su carta a los romanos, Pablo les pide a los lectores que aprendan a vivir en plena armonía. ¿Y cómo se logra esto? Pensemos en la música. Toda pieza musical requiere una melodía, es decir, la tonada o la sucesión de notas musicales que reconocemos. La melodía principal que debemos tocar como seguidores de Jesús es el amor. Por algo, el Señor insistió muchas veces que nos amáramos unos a otros.

Pero la buena música requiere de la armonía que le da profundidad a la composición. En otras palabras, lo que hacemos para mostrar amor ayuda a resaltar la melodía. En este pasaje, Pablo nos da algunos consejos de cómo lograrlo. En primer lugar, no debemos pensar en agradarnos a nosotras mismas solamente. Segundo, debemos ayudar a otros a hacer lo correcto. Tercero, podemos dar ánimo a los otros mientras esperamos que se cumplan las promesas de Dios.

Así como no hay culturas sin lenguaje, tampoco las hay sin música. La música es parte de lo que implica ser un humano. Del mismo modo, los cristianos que traemos en nosotros el ADN de Dios hemos sido salvados para amar a nuestros hermanos y a nuestro prójimo. Busquemos la armonía en todas nuestras relaciones personales y ¡hagamos música celestial!

Padre, ayúdame a vivir en plena armonía con los demás.

KO

22 DE MAYO

ROMPIENDO BARRERAS

Acéptense unos a otros así como Cristo los ha aceptado.
Acéptense para honrar a Dios.
Romanos 15:7 (PDT)

Asistí a un congreso donde había participantes de unos cincuenta países. Entre nosotros había rostros de muchos colores y, especialmente en la noche de gala, colorida vestimenta típica de muchas culturas. Lucía como las Naciones Unidas cuando los participantes hablaban entre sí. Pero lo maravilloso fue que estábamos todos unidos en comunicar el mensaje de Cristo.

En el mundo actual, el transporte y las comunicaciones se han acelerado de tal manera que los habitantes de países lejanos pueden tener mucho más contacto que en el pasado. Al mismo tiempo, las diferencias nacionales, racionales y étnicas han sido causa de división desde el principio de la historia.

La división más marcada en los tiempos bíblicos era la que existía entre judíos y gentiles. Aun en la iglesia primitiva surgieron diferencias que había que resolver. Pablo describe a Jesús como "siervo de los judíos", pero también de los gentiles: "Cristo hizo esto para que los que no son judíos le den honra a Dios" (v. 9, PDT). También cita versículos del Antiguo Testamento que mencionan "las naciones", para probar que el evangelio no solo era para los judíos, y exhorta a los romanos a aceptarse unos a otros. Entre los creyentes debía haber unidad.

Quizás tu ciudad y tu iglesia son multiculturales. Aunque se representen diferentes regiones y niveles sociales el mensaje no cambia: somos uno en Cristo y Dios quiere que nos aceptemos como hermanos en la fe.

Señor, abre mis ojos a cualquier falta de aceptación que tenga yo
hacia otros.

MHM

23 DE MAYO

DIOS DE PAZ

Que Dios, quien nos da paz, esté con cada uno de ustedes. Amén.

Romanos 15:33 (TLA)

Cuando era niña, sentía empatía por Mala Suerte, un adolescente permanentemente melancólico y deprimido, amigo de Pebbles y Bamm-Bamm en la serie *Los Picapiedra*. Este personaje se caracteriza por tener tan mala suerte que su mera presencia hace que sucedan cosas malas; hasta tiene una nubecita negra que lo acompaña siempre; así que, aunque el panorama esté soleado a él siempre "le llueve sobre mojado".

El apóstol Pablo no tenía mala suerte, pero si padeció frecuentemente variadas tribulaciones por la causa de Cristo. En una ocasión su barco naufragó y cuando al fin llegó a tierra ¡le picó una serpiente! Pablo aprendió a tener paz aun en medio de los problemas pues la encontraba en Dios. En la porción de hoy, le cuenta sus riesgosos planes a los hermanos en Roma y pide que oren por él, declarando intencionalmente que Dios da paz.

Ocasionalmente, cuando la vida se nos complica con una penalidad tras otra, nos sentimos como Mala Suerte. En esas condiciones aflora el temor, se hace presente el insomnio, llega el desánimo, la depresión y, en resumen, perdemos nuestra paz. Cuando se quebranta nuestra armonía interior hasta la personalidad cambia; se pierde el encanto y así como le ocurría a Mala Suerte, ahuyentamos a las personas.

No te enfoques en la nubecita negra sino en el Dios de paz. Que la actitud, fortaleza y valentía del apóstol Pablo frente a sus adversidades nos inspire. La paz viene en el paquete de fortalezas que el fruto del Espíritu Santo nos brinda. Hallemos en el Consolador nuestro refugio.

Señor, confío en ti, dame tu paz.

MG

24 DE MAYO

NOMBRES

Saludad a María, la cual ha trabajado mucho entre vosotros.

Romanos 16:6 (RVR60)

A veces pasamos por alto una lista de nombres, hasta que alguien olvida incluir el nuestro en algún agradecimiento o servicio que hemos prestado. No hagamos lo mismo en la lectura de hoy y conozcamos a algunos de nuestras hermanas en Cristo del primer siglo.

¿Cómo sería Febe, una mujer que ayudó mucho a Pablo? ¿Sería joven o anciana, casada o soltera? Priscila se contaba entre las colaboradoras de Pablo y arriesgó su vida por él. María trabajaba incansablemente en la iglesia de Roma, al igual que Trifena y Trifosa, o la amada Pérsida. Julia y la hermana de Nereo se reunían con los demás creyentes, y todas recibieron saludos del apóstol.

Si bien podemos considerar un privilegio ocupar un lugar en las epístolas de Pablo, hay un lugar donde nuestro nombre debe estar sin falta: el libro del Cordero, donde aparecen todos los que han creído en Jesús. Por esa razón, Pablo termina la carta con un resumen de todo lo que ha venido hablando: el mensaje acerca de Jesucristo que nos ha dicho que ahora nosotros, los no judíos, podemos ser parte de su pueblo.

Si salieras de viaje y tuvieras que enviar una carta a los hermanos del lugar donde hoy te reúnes, ¿cuántos nombres podrías mencionar? ¿Los conoces? No te pierdas la oportunidad de disfrutar a tu familia en la fe. Y tampoco olvides que el mensaje del evangelio debemos compartirlo a otros para que también crean y lo obedezcan. ¡Que más nombres se agreguen a la lista!

Señor, gracias porque te puedo servir.

KO

25 DE MAYO

SOSTÉN

Pablo, llamado a ser apóstol de Jesucristo por la voluntad
de Dios, y el hermano Sóstenes.
1 Corintios 1:1 (RVR60)

¿Conoces la historia de Sóstenes? Cuando Pablo llegó a Corinto, acudió a la sinagoga para predicar las Buenas Noticias de Jesús. Pero los judíos lo rechazaron, por lo que Pablo empezó a instruir a los griegos en una casa contigua a la sinagoga. Entonces Crispo, el líder de la sinagoga, creyó en Jesús, así que empezó a reunirse con Pablo y dejó a Sóstenes a cargo de la comunidad judía.

Dieciocho meses después, Sóstenes y otros judíos se unieron para atacar a Pablo y acudieron a la corte romana con la acusación de que Pablo persuadía a la gente para adorar a Dios de maneras contrarias a la ley. El procónsul no pensó que el asunto mereciera su tiempo y echó fuera a todos, pero, por alguna razón, Sóstenes recibió una paliza.

El texto no aclara si fue agredido por los judíos o los griegos. ¡Pero alguien pensó que debía desquitar su ira sobre Sóstenes! No oímos más de este hombre hasta el saludo de la carta que Pablo escribe a los corintios. ¿Se trata de la misma persona? Si bien no tenemos seguridad para afirmarlo, es muy probable que Sóstenes haya creído en Cristo un tiempo después.

¡Ese es el poder transformador del que habla la Biblia! De hecho, Sóstenes significa "de gran fortaleza". Si bien en un tiempo usó su fuerza para atacar al pueblo de Dios, después, fue su fe la que lo sostuvo. ¿Cuáles son las grandes cosas que Dios ha hecho en tu vida? ¿En qué descansa tu fortaleza?

Señor, tú eres mi sostén. No desmayaré en la lucha.

KO

26 DE MAYO

LA LOCURA MÁS SABIA

El mensaje de la cruz es una locura para los que se pierden; en cambio, para los que se salvan... es el poder de Dios.
1 Corintios 1:18 (NVI)

¿Estaba loco el famoso Don Quijote? Este caballero andante imaginaba que un molino de viento era gigante y que las chicas de una taberna eran doncellas. Sin embargo, su corazón revelaba grandes verdades; sus acciones mostraban valores admirables. "Los muertos y los locos pueden decirlo todo", observa el crítico Américo Castro.

Por otra parte, se dice que no existiría la razón si no hubiese locura. Esta frase subraya algo obvio. Lo que no nos parece racional, lo que no comprendemos, lo tildamos de locura. Pero muchas de las personas que alcanzaron grandes logros fueron las mismas que no respetaron los límites y pensaron más allá de lo lógico.

Del mismo modo, el mensaje de la cruz es una locura para los que se pierden. La palabra griega traducida aquí como "locura" también significa tontería o necedad. Los que rechazan el evangelio lo consideran algo sin razón. ¿Cómo es posible que sin esforzarnos para ganarnos la salvación, nos sea regalada? ¿Formamos parte del grupo de los locos? Pablo mismo dijo: "Si estamos locos, es por Dios; y, si estamos cuerdos, es por ustedes" (2 Corintios 5:13, NVI).

Para los que se salvan, la cruz, un instrumento de tortura en el primer siglo, es un símbolo de poder. ¿Por qué? Porque nos da vida, propósito y una relación amorosa con nuestro Creador. Que nos tilden de locas, ¡pero que nos gocemos de tener paz y vida eterna! Que Dios nos permita comunicar esta "locura" que, a la vez, tiene toda la razón.

Señor, quiero ser "loca por Jesús".

MHM

27 DE MAYO

HABLA Y NO CALLES

*Hermanos en Cristo, cuando fui a ustedes, para hablarles de
los planes que Dios tenía en secreto, no lo hice con palabras
difíciles ni traté de impresionarlos.*
1 Corintios 2:1 (TLA)

El "Libro sin palabras" es un sistema para evangelizar a los niños; un pequeño librito con páginas de colores. Cada color tiene un significado: el negro nos habla de pecado y un corazón lejos de Dios, el rojo simboliza la sangre de Jesús a través de la cual podemos ser salvos, el blanco se refiere a un corazón limpio, el dorado hace alusión a las calles de oro en el cielo y el verde nos anima a crecer en Cristo.

Es impresionante lo receptivos que son los niños, que con facilidad hacen su decisión para aceptar a Cristo en su corazón al entender el poderoso mensaje que se les es explicado con sencillez. Cuando pensamos en compartir el mensaje a una persona adulta y preparada, tenemos la idea de que debemos dominar complicados argumentos y los nervios nos hacen olvidar las citas y los textos.

Sin escapar del estudio y la preparación, practiquemos el sistema del apóstol Pablo: usaba palabras sencillas y no trataba de impresionar. Aun cuando era una persona preparada y elocuente, confiesa que sintió temor y temblor; sin embargo, se propuso presentar a Cristo crucificado dependiendo más bien del poder del Espíritu Santo.

Hoy en día, debido a las pandemias, las guerras y la recesión económica el corazón de muchas personas está sensible, sediento y necesitado del mensaje de la cruz. Dios nos dice lo que a Pablo: "No temas, sino habla, y no calles" (Hechos 18:9, RVR60). Hoy mismo, podemos proponernos compartir el mensaje por lo menos a una persona.

*Jesús, dame las palabras y toca el corazón de las personas a quienes voy
a compartir.*

MG

28 DE MAYO

EL TEMPLO SAGRADO

Si alguno destruye el templo de Dios, él mismo será destruido por Dios; porque el templo de Dios es sagrado, y ustedes son ese templo.
1 Corintios 3:17 (NVI)

A una mujer recientemente le descubrieron nódulos en la tiroides que pudieran ser cancerígenos. Los médicos le han prescrito cuidar mucho su alimentación pues es una persona obesa. Pero, ella no cuida lo que come. Frente a su casa venden todo tipo de antojitos mexicanos que son ricos en grasa y harina, y como no le gusta cocinar, eso come todos los días.

Su bebida preferida es el refresco de cola y todo el tiempo consume dulces y helados. Cada vez que el médico le dice que su salud está más deteriorada y que su tiroides sigue creciendo, ella llora, prometiendo tener cuidado con su dieta, pero, regresando a su casa, sigue con su vida desordenada. Cuando le comenté que debía cuidar su cuerpo me dijo que, si Dios ya había determinado que muriera de esa manera, ¡ella no podía hacer nada!

El contexto de nuestro versículo habla sobre la edificación del cuerpo de Cristo. Dios nos considera su templo sagrado. Somos los ladrillos que forman su iglesia y si no cuidamos nuestro cuerpo, el proceso natural de destrucción nos llevará a la muerte.

El Rey de reyes nos ha dado el honor de vivir en nosotros. Honrémosle cuidando el lugar en el que habita. No podemos someternos a excesos contrarios a su voluntad. Tenemos la responsabilidad de tener limpio donde residimos, cuidar nuestra alimentación y nuestro vestido. ¿Somos negligentes en el cuidado de su habitación?

Señor, quiero que te sientas cómodo donde habitas.
Ayúdame a cuidar tu templo.

YF

29 DE MAYO

PADRES ESPIRITUALES

Por tanto, os ruego que me imitéis.
1 Corintios 4:16 (RVR60)

Seguramente hemos visto alguna película donde el hijo o hija adolescente se avergüenza de su papá o mamá. Entonces, por circunstancias divertidas, cambia de casa o su progenitor hace algo descabellado, lo que solo acentúa lo especial que es y el hijo o hija decide que, después de todo, tiene al mejor papá. O mamá. ¿Puedes pensar en alguna?

Algo similar sucedía con los corintios. Pablo era su padre espiritual, pues les presentó el Evangelio de Jesucristo cuando ellos creyeron. Pero tiempo después, probablemente durante su adolescencia espiritual, los corintios empezaron a avergonzarse de él y a menospreciarlo. Otros predicadores eran más llamativos, más inteligentes y más atractivos, en su opinión.

Pablo, entonces, les escribe con el corazón desgarrado y les pide que no juzguen antes de tiempo. Solo Dios conoce las intenciones íntimas y dará el reconocimiento a quien le corresponda. Sin embargo, aunque él solo había sido fiel en la tarea que Dios le había encomendado, su entrega a Cristo le hacía parecer un tonto. Incluso en ese mismo momento, mientras escribía, pasaba hambre y no tenía casa. Aun así, les dice: "Imítenme a mí".

Espero que los corintios, después de leer esta carta, hayan apreciado a Pablo y le hayan dado las gracias por el trabajo arduo y sacrificial que hizo por ellos. Sobre todo, espero que tú y yo reconozcamos a los padres espirituales que Dios ha puesto a nuestro alrededor, y en lugar de criticarlos o menospreciarlos, imitemos su fidelidad como administradores de la gracia de Dios.

*Señor, gracias por mis líderes espirituales. Ayúdame a animarlos
en su labor hoy.*

KO

30 DE MAYO

SECRETOS

Limpiaos, pues, de la vieja levadura, para que seáis nueva masa,
sin levadura como sois; porque nuestra pascua, que es Cristo,
ya fue sacrificado por nosotros.
1 Corintios 5:17 (RVR60)

"No me preguntes más, es mi secreto, secreto para mí terrible y santo", escribe Miguel de Unamuno. Y es que todos tenemos secretos. En la intimidad, en esos recintos de misterio del alma, callamos y ocultamos cosas que nadie jamás sabrá pero que nos avergüenzan. Si no nos apenaran, ¿para qué esconderlas y poner sobre ellas el "negro manto de luto de piedad"?

Con tristeza hemos leído titulares que nos dicen que creyentes reconocidos comenten injusticias o pecados sexuales que nos avergüenzan. Muchos han vivido en secreto vidas de pecado. Pero cuando esos pecados salen a la luz, Pablo anuncia que seamos tajantes. Debe existir una disciplina y una acción concreta que impida que un poco de levadura impregne toda la masa.

Pablo nos recuerda que ya hemos sido perdonados por el Cordero Pascual, Cristo, sacrificado por nosotros. Somos un pueblo apartado y que ha sido hecho limpio por la sangre del Cordero. Pero, debemos quitar la vieja levadura, a los que viven en pecado, para ser como una nueva masa y demostrar que somos hijos de Dios.

Unamuno concluye: "Hay del alma en el fondo oscura sima y en ella hay un fatídico recodo que es nefando franquear". Un día todos nuestros secretos saldrán a la luz. Pero la Buena Noticia es que Cristo puede perdonar, borrar y librarnos incluso de esos secretos. Vivamos en santidad e invitemos a otros a hacerlo.

Señor, tú conoces mi corazón y mis secretos. Te entrego cada uno de
ellos y te ruego que los perdones.

KO

31 DE MAYO

A DIOS LE IMPORTA

¿No se dan cuenta de que su cuerpo es el tempo del Espíritu Santo,
quien vive en ustedes y les fue dado por Dios? Ustedes
no se pertenecen a sí mismos.
1 Corintios 6:19 (NTV)

"Se me permite hacer cualquier cosa", decimos hoy los seres humanos. Se vale decidir nuestro género o tener varias parejas; vivir en unión libre o cambiar nuestros cuerpos. Pero la realidad es que al Señor le importa nuestro cuerpo. Él lo creó, así que le importa mucho nuestra sexualidad. Y no solo eso, sino que tiene algo que decir al respecto.

Jesús no vino a morir solo por nuestras almas, sino por nuestros cuerpos también. Él ha prometido que este cuerpo se levantará de los muertos con poder y se hará incorruptible. Por esa razón, a Él le importan las decisiones que tomamos en torno a cómo usamos, maltratamos o valoramos lo que nos ha regalado.

Si tú eres hija de Dios, debes saber que tu cuerpo es el templo del Espíritu. ¡Dios vive en ti! De hecho, Él compró tu cuerpo cuando murió por ti en la cruz. ¡Pagó un alto precio! Por esa razón, debemos honrar a Dios con nuestro cuerpo al alejarnos de la inmoralidad sexual, pues no solo afecta nuestras relaciones, sino nuestros propios cuerpos.

Por otro lado, quizá luchas con algo que has venido practicando por muchos años. Tal vez te sientes confusa o avergonzada por cosas que practicas o has hecho en el pasado. Recuerda lo que leímos hoy. Jesús ha venido a limpiarnos, a hacernos santos, a hacernos juntos ante Dios. ¡Invoca su nombre! Es decir, clama a Él y entrégale todo tu ser, incluida tu sexualidad, y deja que Él la restaure y la devuelva a su imagen original, una que es perfecta y sin pecado.

Señor, quiero honrarte con mi cuerpo.

MG

1ro de junio

Agrada al Señor

Igualmente, la mujer que ya no tiene esposo y la joven soltera se preocupan por las cosas del Señor, por ser santas tanto en el cuerpo como en el espíritu; pero la casada se preocupa por las cosas del mundo y por agradar a su esposo.
1 Corintios 7:34 (DHH)

¿Cuáles son las cosas que te preocupan? En las encuestas hechas a mujeres figuran algunas cosas en común como la angustia por los cambios corporales: ¿recuperaré mi peso? ¿cómo deshacerme de las arrugas? También aparecen inquietudes por la casa, que van desde la limpieza hasta la economía y los pagos. Finalmente, resaltan las relaciones: problemas con los hijos, el esposo o los padres.

En este pasaje Pablo nos recuerda que, si hemos de preocuparnos, debería ser por las cosas del Señor. ¿Cuáles son esas? ¿Pensamos en cómo agradarle o cómo compartir su Palabra? ¿Nos hace perder el sueño que algunos cristianos son perseguidos o carecen de lo básico?

Las mujeres casadas se ocupan de las cosas de Dios cuando buscan agradar a sus esposos. En otras palabras, ser una buena esposa es una forma de servir a Dios. Las solteras, por su parte pueden involucrarse en una organización cristiana de ayuda como Visión Mundial o el Ejército de Salvación. Para las que son médicos o enfermeras, existen los Mercy Ships, que son barcos hospitales que ayudan gratuitamente a personas necesitadas alrededor del mundo.

Si queremos complacer al Señor, la recomendación bíblica es hacer lo que nos toca, ya sea como solteras o casadas, y preocuparnos de las cosas eternas. En palabras de Pablo, hagamos todo lo que nos ayude a servir mejor al Señor, con la menor cantidad de distracciones posibles.

Señor, ayúdame a mostrarte mi amor por medio del servicio.

YF

2 DE JUNIO

CONOCIMIENTO VS. AMOR

Sin embargo, mientras que el conocimiento nos hace sentir
importantes, es el amor lo que fortalece a la iglesia.
1 Corintios 8:1 (NTV)

Cuando mis primos y yo nos volvimos locos por un grupo de "rock cristiano" durante nuestra adolescencia, nuestros padres fruncieron las cejas y criticaron nuestra elección. Entonces mi abuelo decidió escuchar con atención lo que oíamos y declaró: "En lo particular no me gusta el estilo, pero las letras son bastante profundas. ¿Las han oído?". Así invitó a mis padres a evaluarlas y tranquilizarse.

En este capítulo, Pablo responde a una pregunta que tenían los corintios: ¿se debía comer carne sacrificada a ídolos? Todos "sabían" sobre el tema, pero Pablo les recuerda que los que afirmaban saberlo todo, probablemente no sabían mucho. Así que, si bien muchos podían tener excelentes argumentos sobre por qué comer algo o no, Pablo les recuerda que lo mejor era abstenerse de ciertas prácticas para no hacer tropezar a un cristiano débil.

Quizá hoy no discutimos sobre la carne en los mercados, pero sí sobre otros temas como qué tipo de música usar en la iglesia, o si es correcto usar tatuajes pequeños y discretos, o si se debe estudiar ciertas carreras o trabajar en ciertas áreas. Todos tendremos una opinión, y quizá algunos presuman de un "conocimiento superior".

No olvidemos, sin embargo, lo que Pablo nos recuerda en este capítulo. El conocimiento puede llegar a dividir y herir, mientras que el amor une y fortalece al cuerpo de Cristo. Antes de señalar, criticar o escandalizarnos, detengámonos, analicemos y busquemos, por sobre todas las cosas, que triunfe el amor.

Señor, hay cosas con las que no estoy de acuerdo, pero son prácticas
y no doctrinas. Ayúdame a ser flexible y a buscar la armonía.

KO

3 DE JUNIO

¿LE GUSTA SU TRABAJO?

Cuando predico el evangelio, no tengo de qué enorgullecerme,
ya que estoy bajo la obligación de hacerlo.
1 Corintios 9:16 (NVI)

En cierta ocasión un joven le preguntó a un misionero que había trabajado largos años en África: "¿Le gusta su trabajo?". Imaginaba lo emocionante de las aventuras, como si todo se tratara de un safari africano. El misionero respondió de manera sorpresiva: "No, no me gusta".

Luego explicó que con frecuencia no resultaba cómodo ni atractivo vivir siempre consciente del peligro de serpientes y leones, ni comer insectos, ni dormir cerca del excremento de cabras. La vida en su país natal hubiera sido menos extrema. Aun así, había obedecido a Dios para predicar el Evangelio y aclaró: "Quizá el trabajo no me gusta, pero hacer la voluntad de Dios me agrada bastante".

La vida del cristiano no es un lecho de rosas. Pablo, decidió sostenerse a sí mismo, aunque tenía el derecho de recibir apoyo económico de aquellos a quienes ministraba. Trabajó con pieles pesadas y malolientes para hacer carpas, además de prepararse en las Escrituras, evangelizar y discipular a muchos. Dijo: "No tengo de qué enorgullecerme, ya que estoy bajo la obligación de hacerlo" (v. 16, NVI).

Por supuesto, también se gozaba de los resultados. La alegría de ver a sus hijos espirituales practicar la verdad lo embargaba. En cierto modo, él solo cumplía la tarea que se le había encomendado, ¿y nosotras? ¿Seremos fieles en compartir el Evangelio, aunque no siempre sea fácil o agradable? Cumplamos la tarea y confiemos en Dios para los resultados.

Señor, enséñame a ser constante y comunicar tu mensaje el día de hoy, y
mañana también.

MHM

4 DE JUNIO

¡LEE LAS REVIEWS!

Todo eso les sucedió para servir de ejemplo, y quedó
escrito para advertencia nuestra, pues a nosotros
nos ha llegado el fin de los tiempos.
1 Corintios 10:11 (NVI)

Seguramente has comprado algo en línea. Primero, revisas y comparas los precios del producto que quieres. Luego lees las "reviews" o reseñas del producto. ¿Qué opinan otros clientes? ¿Cuál fue su experiencia de compra? ¿Recomiendan el producto o sintieron que lo que se presentaba en el portal no concuerda con la realidad?

No es necesario padecer las consecuencias de una mala experiencia cuando hemos visto lo que les ha sucedido a otros. Esto aplica no solo para las compras o la estadía en un hotel, sino para todas las áreas de la vida. En el capítulo de hoy, Pablo enseña que las cosas que les sucedieron a los judíos deben servirnos como ejemplo y advertencia.

Podemos leer las reseñas de lo que pasó con los idólatras, los fornicarios, los que murmuraron y los que cayeron en la tentación. A todos ellos les fue mal. ¡Perecieron!

¿Será que se puede escarmentar en cabeza ajena? Definitivamente sí, por ello la Biblia nos recomienda y hasta ordena evitar estos pecados. ¿Piensas estar firme? ¡Ten cuidado de no caer!

Hagamos caso de las "reviews" o los consejos que nos ha dejado Dios en su Palabra. Escucha las advertencias de tus padres o tu abuelita. Absorbe las herramientas que los autores cristianos nos han compartido en infinidad de maravillosos libros que nos capacitan para tomar las mejores decisiones a fin de vivir una vida plena y abundante. Lee las reseñas y aprende de ellas.

Dios, gracias porque has dejado ejemplos claros en tu Palabra.

MG

5 DE JUNIO

HASTA QUE VENGA

Pues, cada vez que coman este pan y beban de esta copa,
anuncian la muerte del Señor hasta que él vuelva.
1 Corintios 11:26 (NTV)

Hace poco dejé a mis hijos con mis padres por primera vez desde que nació mi niña. Mi esposo y yo salimos fuera del país a un congreso y en el lugar de reunión no había wifi. Me sentí desconectada. ¿Cómo iba a estar al tanto de ellos si no podía enviarles mensajes? Unos amigos me prestaron su "señal" unos minutos cada día, pero contaba los días para volver con ellos.

Tristemente, me di cuenta de que no actúo con la misma pasión por mi Señor Jesús. La separación física no me saca de mis casillas, ni busco con ansiedad el "wifi" de la oración o la lectura bíblica para estar conectada con Él. ¿Cuento los días, las horas, los minutos para su regreso?

Quizá por eso el Señor tuvo que dejarnos instituida la Cena del Señor. Pero, como en todas las cosas buenas, los problemas aparecieron. En Corinto, por ejemplo, muchos usaban la ocasión para comer de más. Hoy día diferentes iglesias practican esta institución de formas diferentes. Algunas la celebran cada semana y otras cada mes. En unas se utiliza una liturgia formal y estructurada, y en otras se propicia la participación voluntaria. ¿La instrucción de Pablo?

Cada vez que nos reunamos para la Cena del Señor, esperemos a los demás. Hagamos de esta fiesta una de paz y comunión, no de contienda. Pero, sobre todo, recordemos por qué lo hacemos: para anunciar la muerte del Salvador, es decir, para compartir el Evangelio, hasta que Él venga.

Señor, como el pan y bebo de la copa en memoria de ti.

KO

6 DE JUNIO

DETRÁS DE UN VIOLÍN

*A cada uno de nosotros se nos da un don espiritual
para que nos ayudemos mutuamente.*
1 Corintios 12:7 (NTV)

Detrás de un famoso violinista, no solo hay un buen maestro o un instrumento de calidad, sino también un laudero. Me maravilló visitar hace poco el taller de una mujer que dedica su tiempo a componer y ajustar violines y violas. Mientras me explicaba un poco sobre cada instrumento, me mostraba sus herramientas con cariño y pude percibir su amor por el oficio.

Esa mujer disfrutaba lo que hacía y si bien jamás estará en una sala de conciertos recibiendo los aplausos del público, su labor es parte de la hermosa música que tanto nos conmueve. Así sucede también en la iglesia. Hay distintas formas de servir, pero todos servimos al mismo Señor. Dios nos ha dotado, a todos, de capacidades distintas.

Hay quienes dan consejos sabios y quienes tienen gran fe. Algunos hacen milagros y otros hablan en idiomas desconocidos. Algunos tienen el don de liderazgo y otros ayudan. A veces resentimos los talentos menos vistosos y anhelamos los aplausos de aquellos talentos más reconocidos y visibles.

Sin embargo, los violinistas aprecian de un modo especial a sus lauderos pues a ellos les confían sus preciados instrumentos. Seamos, pues, como esa mujer que disfruta componer lo roto en su taller, lejos de los reflectores, pero donde ha encontrado el propósito de su vida. Del mismo modo, recordemos que los dones son para ayudarnos mutuamente y que cuando hacemos lo que nos gusta porque para eso nos ha capacitado Dios, podremos ser verdaderamente plenas.

*Señor, gracias por los talentos que me has dado.
Los quiero usar para ti.*

KO

7 DE JUNIO

No soy nada

El amor es paciente, es bondadoso.
El amor no es envidioso ni jactancioso ni orgulloso.
1 Corintios 13:4 (NVI)

Traduje un canto basado en 1 Corintios 13 para mi boda. La música quedó preciosa, pero practicarlo no resultó tan sencillo. Como recién casada, encontré que frecuentemente tenía diferencias con mi esposo. Quería quejarme y me enfocaba más en sus faltas que en las mías.

Un día me impactó algo que leí: "Para comprender cuánto te falta para amar como Cristo, pon tu nombre o "yo" en lo que dice cada frase de 1 Corintios 13". Por ejemplo, el versículo cuatro se leería así: "Yo soy paciente, soy bondadosa. No soy envidiosa ni jactanciosa ni orgullosa". Me sentí muy pequeña ante mis quejas, mi egoísmo y mi falta de paciencia. Qué contraste con el único que cumple con esta descripción completamente: ¡el Señor Jesucristo!

Pablo ha venido hablando de los dones espirituales y continuará enseñando sobre las lenguas y la profecía. Justo en medio, curiosamente, se detiene para describir el amor. Pablo quiere enfatizar que si tenemos grandes dones o conocimientos, o incluso si hacemos grandes sacrificios, sin amor no somos nada. Cualquier acción altruista, si no surge del amor, se puede considerar mera religiosidad.

En otras palabras, si soy una esposa abnegada pero amargada, no tengo amor. Si soy una mamá que se sacrifica por los hijos pero los cría con dureza, no soy nada. Si soy una profesional que se jacta de sus logros y no actúa con humildad, no soy como Cristo. ¿Cuánto nos hace falta el amor de Cristo en nuestro diario vivir?

Oh Señor, ¡quiero reflejar tu amor verdadero!

MHM

8 DE JUNIO

HERMOSA PRESENCIA

Pero que todo se haga decentemente y con orden.
1 Corintios 14:40 (NBLA)

Durante una temporada, mi familia y yo asistimos a una iglesia cristiana en Gifhorn, Alemania. Antes de empezar el servicio dominical se cerraban las puertas y se encendían las velas de un candelabro situado al frente. Él fuego simbolizaba de una manera física y visual la presencia de Dios entre nosotros. La conciencia de su presencia nos movía hacia una actitud reverente.

El pasaje de hoy parece indicar que las cosas se estaban saliendo de control en la iglesia de Corinto y Pablo consideró conveniente establecer algunos lineamientos. Entre varias indicaciones y comentarios, menciona dos aspectos importantes en el culto a Dios: que todo se haga con decencia y con orden. Estos principios guían y controlan la manera en la que fluyen las reuniones hasta el día de hoy.

Por ejemplo, a Pablo no le gustaba que se cuchicheara en el servicio o se interrumpiera a los oradores. En la actualidad podemos caer en la tentación de secretear en silencio por medio del celular. ¿Cómo sería nuestro comportamiento si pudiéramos ver no un candelero encendido sino a Dios mismo sentado en su trono al frente del santuario?

Que nuestro proceder, vestimenta y nuestras actitudes expresen un corazón reverente y de adoración ante la presencia de la Trinidad cuando la iglesia está reunida. Seamos puntuales y que Dios nos dé sabiduría para mantener el equilibrio en la libertad que nos ha dado. Él habita en la alabanza de su pueblo. Recordemos que: "En verdad, Dios está aquí entre ustedes" (v. 25, NTV). ¡Hermosa presencia!

Gracias, Dios, porque cuando nos reunimos en tu nombre, ahí estás Tú.

MG

9 DE JUNIO

SOMOS TESTIGOS TAMBIÉN

Y al último de todos, como a un abortivo, me apareció a mí.
1 Corintios 15:8 (RVR60)

Una pintura del artista Ron DiCianni cautivó mi corazón. Di-Cianni imaginó cómo pudo ser la resurrección del Señor en el mundo espiritual. El Señor Jesús sale triunfante de la tumba con las llaves de la muerte y del infierno en su cinto. A su derecha están Abraham, Isaías, David y Moisés. Y a su izquierda están Elías, Noé, Ester, Juan el bautista y Daniel.

Moisés y Elías experimentan la culminación de la profecía de la que hablaron con Él en el Monte de la Transfiguración. Consagrando su lealtad al Rey de reyes y representando a la realeza, David, Esther y Daniel son las tres personas arrodilladas. La actitud de los ángeles que, en nombre de las huestes celestiales y sin atreverse a mirarlo se arrodillan, muestra de humildad y reverencia. Y, aunque en la pintura sólo se pueden plasmar unos cuantos testigos, todas las generaciones anteriores esperaron ver al Mesías triunfante.

Pablo, con emoción, se identifica como testigo terrenal de la resurrección. No estuvo presente cuando Jesús, durante cuarenta días, se apareció a quinientos hermanos, pero en el camino a Damasco supo que hablaba con el Señor resucitado. ¿Sabes que algunos hombres han intentado probar que la resurrección de Jesús no sucedió?

Existen otros libros que nos pueden ayudar a enumerar las pruebas históricas que hay sobre la resurrección. Leámoslos para fundamentar nuestra fe, pero recordemos que, aunque no tuvimos la oportunidad de ver con nuestros ojos físicos a Jesucristo resucitado, lo hemos visto con los ojos de la fe. ¡Somos testigos de su resurrección!

Señor, espero el día en que pueda verte como te veo hoy por la fe.

YF

10 DE JUNIO

SEMILLAS

Lo que pones en el suelo no es la planta que crecerá sino tan sólo una simple semilla de trigo o de lo que estés sembrando.

1 Corintios 15:37 (NTV)

Imagina solo por unos segundos que eres un ser de otro planeta que viene a visitar la Tierra. Después de sorprenderte ante un enorme pino y un precioso geranio, así como de un árbol de mango y una espiga de trigo, preguntas de dónde surgen estas maravillas. Entonces un agricultor te muestra unas semillas pequeñas, diminutas y redondas. ¿Cómo puede ser que de esas diminutas "piedritas" surjan plantas tan complejas que producen frutos y belleza?

Pablo usa el mismo ejemplo para explicarnos lo que hoy no podemos visualizar ni imaginar. Un día, nos recuerda, los hijos de Dios seremos transformados. Los cuerpos que hoy tenemos no están hechos para el mundo espiritual. Así como una semilla no puede producir oxígeno ni dar plátanos, hoy nuestros cuerpos están limitados por un caparazón.

Sin embargo, Dios ha hecho una promesa: un día resucitaremos. La fe cristiana, sin la resurrección, sería una teoría digna de lástima. Pero ya que Jesús resucitó, podemos confiar que también lo haremos y, en el proceso, recibiremos nuevos cuerpos. ¿Cómo serán? Así como es difícil pronosticar cómo lucirá una palmera al simplemente ver una semilla de coco, del mismo modo cuesta trabajo vislumbrar el futuro.

Pero esto nos debe animar en los días difíciles. Somos semillas que un día nos volveremos plantas, o arbustos, o árboles, y todo lo que hagamos aquí en la Tierra servirá para la eternidad. Animémonos con estas palabras: nada de lo que hacemos para el Señor es inútil. Así que, ¡seamos semillas que se preparan para cambiar y dar fruto!

Señor, gracias porque nos das la victoria sobre la muerte.

KO

11 DE JUNIO

EL ZORRO ASTUTO

Manténganse alerta y sigan firmes en la fe.
1 Corintios 16:13 (PDT)

Había una vez un león anciano que no tenía fuerzas para salir a cazar a su presa, así que ideó una manera de engañar a los animales pequeños para no morir de hambre. Se hacía el enfermo y cuando llegaban a su cueva para preguntar por su salud, se aprovechaba para matarlos.

Un día, un zorro astuto visitó al león, pero su sexto sentido le advirtió que lo quería engañar. Entonces saludó desde afuera y el león lo invitó a pasar. Contestó: "Me encantaría, pero veo que muchas huellas entran a la cueva y no salen", así que salió a alertar a los demás animales. El mensaje para los cristianos es a mantenerse alertas y seguir firmes en la fe. Pablo añade que seamos fuertes y valientes.

Otro pasaje similar dice: "¡Estén alerta! Cuídense de su gran enemigo, el diablo, porque anda al acecho como un león rugiente, buscando a quién devorar" (1 Pedro 5:8, NTV). En ocasiones los corintios y otros creyentes se confiaron y bajaron la guardia. Aceptaron doctrinas falsas que introdujeron personas sin escrúpulos. También malinterpretaron el significado de la gracia y se alejaron de las enseñanzas de las Escrituras y de los apóstoles. El resultado: divisiones, pecado y mal testimonio.

A veces nos confiamos en el hecho de que ya somos salvas y creemos que no podemos caer en tentación. Escuchamos las voces que nos dicen: "No tiene nada de malo". Creemos que podemos entrar a "la cueva" sin que nos pase nada. Aprendamos del zorro y estemos en alerta.

Dios mío, ayúdame a absorber tus enseñanzas para actuar
con prudencia.

MHM

12 DE JUNIO

IMAGO DEI

*Quien nos consuela en todas nuestras tribulaciones para que,
con el mismo consuelo que de Dios hemos recibido, también
nosotros podamos consolar a todos los que sufren.*

2 Corintios 1:4 (NVI)

Imago Dei es una frase latina que significa "imagen de Dios" y se refiere al hecho de que Dios creó al hombre a su imagen. Por lo tanto, la capacidad del hombre de sentir empatía proviene de su naturaleza. En Salmos 56:8 David dice: "Tú llevas la cuenta de mis huidas; tú recoges cada una de mis lágrimas. ¿Acaso no las tienes anotadas en tu libro?" (RVC). Tenemos un Dios empático.

La empatía es la capacidad de comprender las situaciones, las emociones, los pensamientos o las actitudes de otra persona. Una forma de amar es acompañar a otros en sus procesos. Cuando Jesús habitó en el mundo, se compadeció de los enfermos, los necesitados y las viudas. Él sigue siendo empático con nuestra humanidad porque padeció como hombre y nos consuela por medio del Espíritu Santo.

El versículo de hoy nos recuerda que nuestro sufrimiento tiene un objetivo: que podamos consolar a otros cuando experimentan lo mismo que nosotros hemos padecido. La persona idónea para comprender a otra en su aflicción es quien ya superó esa misma experiencia y fue consolado y restaurado. Aquel dolor se desperdicia cuando no se usa para alentar a otros.

Si hoy estás en medio de una situación dolorosa, que te sirva de consuelo que el Maestro está ahí para recoger todas tus lágrimas. Él comprende. Grandes ministerios y movimientos han surgido de personas que han experimentado grandes tribulaciones. Resurgieron con tanta fortaleza que les alcanzó para dar. ¿Consolamos a otros hoy?

Señor, ayúdame a sobrellevar las cargas de otros.

MG

13 DE JUNIO

GRATO OLOR

Porque para Dios somos grato olor de Cristo.
2 Corintios 2:15 (RVR60)

Los odorantes son compuestos químicos que se desprenden de otras substancias. Cuando llegan a nuestra nariz, se disuelven en la secreción nasal y estimulan las terminaciones nerviosas de los cilios que mandan esa información al cerebro. Los seres humanos percibimos más de diez mil olores, aunque muchos animales identifican muchos más.

Disfrutamos los aromas si son tenues y agradables, pero pueden convertirse en desagradables si se intensifican y son muy frecuentes. Hay olores que nos causan emociones y recuerdos, y hay otros que nos avisan del peligro como cuando detectamos humo, alimentos descompuestos o una fuga de gas. A las personas que no pueden percibir olores se las llama anósmicas.

En su segunda carta a los corintios, Pablo nos compara con odorantes que se desprenden de Cristo y llegan a la nariz espiritual de otros. Podemos causar emociones en ellos y nos pueden percibir como un olor suave y agradable, o como un olor espantoso que les recuerda las consecuencias del pecado: la muerte y la condenación. También en la vida encontraremos personas anósmicas que no se interesan por Dios. ¡No pueden olfatear su presencia!

¿Y quién es la persona adecuada para semejante tarea? ¡No los charlatanes sino nosotras, ministras de Dios! Oremos que siempre seamos odorantes gratos desprendidos de la persona de Jesús y que podamos impactar a otros para que sean salvos. Que Dios nos use para difundir el conocimiento de Cristo por todas partes como un fragante perfume.

Imprégname de tu olor, Señor. Haz que otros puedan olerte
a través de mí.

YF

14 DE JUNIO

CARTAS DE RECOMENDACIÓN

Nuestras cartas sois vosotros, escritas en nuestros corazones,
conocidas y leídas por todos los hombres.
2 Corintios 3:2 (RVR60)

Esta mujer no tenía un diploma que la calificara como misionera. De hecho, le habían dicho que no tenía las habilidades para poder estudiar misiones y un instituto la rechazó. Su currículo vitae era bastante deficiente. Carecía de artículos teológicos publicados o cartas de recomendación de gente reconocida. Sin embargo, más de cien pequeñas vidas fueron prueba contundente de la fe de esta mujer.

Nos referimos a Gladys Aylward, la trabajadora doméstica que llegó a China por sus propios medios y sirvió a los muleteros y libró a las mujeres de vendarse los pies; la misma que adoptó a más de cien niños y los condujo por peligrosas montañas durante la Segunda Guerra Mundial hasta un lugar seguro.

Así como Gladys, Pablo también enfrentó la crítica. En su segunda carta a los corintios, Pablo defendió su ministerio. Al parecer, sus enemigos seguían tratando de desprestigiar su labor, así que Pablo les recuerda que él no necesitaba cartas de recomendación. Los corintios mismos eran la prueba de que lo que Pablo predicaba era verdad. ¿No eran ellos un claro ejemplo de cómo el Espíritu de Cristo transforma vidas?

Si no tienes diplomas o certificados teológicos, títulos ministeriales o un currículo vitae deslumbrante, no te afanes. No los necesitas. Dios solo requiere que seamos fieles para compartir sobre Cristo y la salvación que ofrece. Contemos a otros lo que Dios ha hecho en nuestras vidas. Nuestra aptitud proviene de Dios y es suficiente para hacer su trabajo.

Dame valentía, Señor, para compartir de tu Palabra con otros.

KO

15 DE JUNIO

NO DESFALLECER

Por tanto, no desmayamos; más bien, aunque se va desgastando
nuestro hombre exterior, el interior, sin embargo,
se va renovando de día en día.
2 Corintios 4:16 (RVA)

El famoso Coronel Sanders estableció la cadena de Kentucky Fried Chicken a los sesenta y cinco años de edad. Nueve años después tenía 600 franquicias y vendió sus acciones en millones de dólares. ¿Sabías que era cristiano? La autora Laura Ingalls Wilder escribió su primer libro de la serie *La casa de la prdaera* cuando tenía sesenta y cinco años y tiempo después se convirtió en una serie de televisión con valores cristianos.

Estas dos personas, no dejaron que el deterioro del paso de los años los apagara. Igual sucedió con Pablo. Dijo que aunque se iba desgastando su "hombre exterior", se renovaba de día en día "el interior". No dejaba que las pruebas lo desanimaran.

Ciertamente las dificultades lo presionaban por todos lados, pero no lo aplastaban. Estaba perplejo, pero no caía en la desesperación. Vivía de cara la muerte, pero no se retractaba. Cristo le daba fuerzas nuevas y perseverancia para llevar a cabo su cometido. ¿Su secreto? No mirar las dificultades del presente, sino fijar la vista en lo que permanecerá para siempre.

A causa del cansancio, las pruebas o los achaques de la edad, ¿sientes que quieres desanimarte o desmayar? ¿Has procurado obedecer a Dios sin ver resultados favorables? ¿Sientes que te hacen falta fuerzas? ¿La batalla es demasiado feroz y la carrera va por caminos demasiado empinados? Sigue el consejo de Pablo: fija tus ojos en Jesús.

Señor, sé tú mi entrenador, mi animador y mi compañero
en la carrera de la vida.

MHM

16 DE JUNIO

DE MANERA DIFERENTE

Así que somos embajadores de Cristo; Dios hace su llamado
por medio de nosotros. Hablamos en nombre de Cristo
cuando les rogamos: "¡Vuelvan a Dios"!
2 Corintios 5:20 (NTV)

¿Recuerdas cuando conociste a tu mejor amiga? Seguramente algo en ella llamó tu atención. ¿Su forma de vestir? ¿Su sonrisa? ¿Su forma de ser? Entonces empezaron a conversar y a profundizar su relación. La conociste de una manera diferente. Ya no solo veías sus pecas o sus pestañas rizadas, sino su corazón. Tu amiga, ha dejado una huella en ti y ya no eres la misma de antes.

Del mismo modo, Pablo nos recuerda que entre más tiempo pasamos con Dios lo vamos conociendo mejor y de manera diferente. Al principio, vimos a Jesús con ojos humanos: solo comprendimos que necesitábamos un Salvador que nos rescatara. Pero con el paso del tiempo empezamos a notar las profundidades de su persona y lo conocemos como rey, pastor y amigo.

Además, Pablo nos explica que algo más cambia cuando venimos a Jesús. Ya no vivimos para nosotras mismas, sino que nos convertimos en una persona nueva, una que vive para Dios. ¡Qué gran regalo! ¿No te parece una maravilla que ahora podemos tener una relación correcta con Dios por medio de Cristo? ¿No es increíble que la vida antigua pasa y una nueva vida comienza?

Así como tener una amiga resulta un tesoro especial que quieres compartir en fotos en Instagram, nuestras vidas deberían ser una constante invitación que ruegue a los demás: "¡Vuelve a Dios!". Compartamos en nuestras redes sociales y donde estemos la maravilla de pertenecer a Dios. ¡Somos embajadoras de Cristo!

Dios, gracias por una salvación tan grande.

KO

17 DE JUNIO

CUIDADO

*No os unáis en yugo desigual con los incrédulos; porque
¿qué compañerismo tiene la justicia con la injusticia?
¿Y qué comunión la luz con las tinieblas?*
2 Corintios 6:14 (RVR60)

"No pasa nada, mamá", le dijo el chico de diecisiete años a su mamá. "En verdad no veo nada de malo en tener una novia a esta edad y que no sea cristiana. Ni me voy a casar con ella". Seguramente este joven no es el único que lucha con este tema. ¿Por qué nos cuesta tanto trabajo obedecer en esta área de la vida?

El matrimonio está diseñado para reflejar la unión de Cristo con la iglesia y la unión perfecta que hay en la Trinidad. Los integrantes piensan, quieren y hacen lo mismo. ¿Podría un matrimonio desigual reflejar esa unión? ¿O incluso un noviazgo? Detrás de cada mandato de Dios, hay numerosas razones para obedecerlo.

Pablo nos resume lo que Dios dijo en el pasado sobre su pueblo, razones para no asociarnos íntimamente con los que no le conocen. Dios vive en nosotros. Camina entre nosotros. Es nuestro Dios. Somos su pueblo. Por lo tanto, no podemos convivir con aquellos que lo ignoran, lo rechazan o lo desechan. ¡Somos hijas de Dios!

Quizá el problema comienza en el corazón. A pesar del hermoso regalo que hemos recibido de salvación y bondad de parte de Dios al hacernos parte de su familia, no le damos importancia. Aunque nos ha ayudado, se nos olvida. Por eso, menospreciamos sus enseñanzas y no vemos "nada de malo" en vivir una doble vida. Tengamos cuidado. Somos el templo del Dios viviente. Vivamos sabiamente.

Señor, ayúdame a ser obediente.

YF

18 DE JUNIO

TIPOS DE TRISTEZA

Pues la clase de tristeza que Dios desea que suframos nos aleja
del pecado y trae como resultado salvación. No hay que lamentarse
por esa clase de tristeza; pero la tristeza del mundo, a la cual le
falta arrepentimiento, resulta en muerte espiritual.
2 Corintios 7:10 (NTV)

En la película *Intensamente* de Disney, Tristeza, de piel azul y suéter de cuello de tortuga, luce como una amenaza. Por dicha razón, el resto de los personajes hacen todo lo posible para que no arruine la vida de Riley hasta que reconocen que tiene una función útil en la manera como reaccionamos a cada experiencia.

La tristeza no es una emoción que debamos despreciar. Cuando Pablo les escribió a los corintios señaló con severidad una grave falta que se estaba cometiendo en la iglesia y que debía rectificarse. Su regaño trajo gran tristeza y tuvieron que enfrentar al culpable.

Sin embargo, fue precisamente esa tristeza la que hizo que los corintios se alejaran del mal y volvieran al camino de la santidad. Por eso, Pablo nos recuerda que hay dos tipos de tristeza: la que según la voluntad de Dios conduce al arrepentimiento y la tristeza del mundo que nos hunde en total abatimiento, depresión y desesperanza.

Cuando nos entristezcamos por las cosas malas que hemos hecho, confesemos nuestro pecado. Cuando nos aflija la falta de amor y justicia en el mundo, hablemos con Dios. Cuando la vida, simplemente, duela, dejemos que Dios nos consuele. Pero huyamos de esa tristeza que nos susurra que nada tiene remedio o que ya no hay salida, pues no viene de Dios. No es malo entristecernos; el peligro es quedarnos hundidos en la pesadumbre

Padre celestial, traigo mis lágrimas a ti y te pido me muestres
el camino correcto.

KO

19 DE JUNIO

GENEROSIDAD

Porque yo testifico que según sus posibilidades, y aun más allá de sus posibilidades, dieron de su propia voluntad.
2 Corintios 8:3 (LBLA)

Cuando mi amigo supo que otro miembro de la congregación había enfermado gravemente, se preocupó. Luego se enteró que, debido a que no podía trabajar, no podía sostener a su familia ni pagar la renta. ¿Qué hizo? Aunque trabajaba de día en una tienda de calcetines, entró a laborar por la noche en una gasolinera para ayudar a su nuevo amigo. ¡Apenas y dormía! Sin embargo, me dejó una gran lección. Mi amigo dio más allá de sus posibilidades.

Dio con generosidad, así como hicieron los cristianos de Macedonia a quienes Pablo alabó. En medio de una gran prueba de aflicción, abundó su gozo y su generosidad, a pesar de su pobreza. Habían recolectado una ofrenda para los santos atribulados de Judea, a quienes ni siquiera conocían. Pablo compara su actitud con la de Jesús quien "siendo rico... por amor a vosotros se hizo pobre" (v. 9, LBLA).

Pablo invita a los corintios a imitar a los de Macedonia. No les ordena que junten dinero para los pobres, sino que simplemente terminen la labor que habían comenzado. En otras palabras, pone su amor a prueba. ¿Qué tan genuino era? ¿Cómo lucía en comparación al amor que los macedonios habían mostrado? Seguramente los corintios, muchos de ellos ricos, se sonrojaron y bajaron la vista.

"Hoy ustedes tienen abundancia", les dijo Pablo. Quizá nosotras estamos en la misma posición. Hoy podemos ayudar a los que pasan necesidad. Abramos nuestros bolsillos y demos con generosidad. Algún día otros compartirán con nosotros durante la prueba.

Señor, hoy me toca dar. Quiero hacerlo con alegría.

MHM

20 DE JUNIO

MÁS QUE UNA PALABRA

¡Gracias a Dios por lo que nos ha dado!
¡Es tan valioso que no hay palabras para describirlo!
2 Corintios 9:25 (TLA)

"Debemos encontrar tiempo para detenernos y agradecer a las personas que hacen la diferencia en nuestras vidas", dijo el presidente John F. Kennedy. Esto me hizo recordar al rey Asuero. Al darse cuenta de que no se había honrado a Mardoqueo por haber denunciado un complot en su contra, quiso ser agradecido y recompensarlo. Cuando hemos recibido algo, es natural agradecer.

En el capítulo de hoy, después de que Pablo invita a los Corintios a ofrendar, termina con una exclamación de gratitud recordando todo lo que Dios nos ha dado, en especial, el don inefable de la salvación. La reciprocidad y el agradecimiento deben ser parte de nuestros valores y de nuestros hábitos. No obstante, decir "gracias" es solo una parte; la verdadera gratitud implica que, cuando hemos recibido, nosotros también demos.

Así como el rey Asuero, hagamos una revisión de nuestras memorias. Tal vez puedas recordar y escribir cómo Dios te ha ayudado en el pasado. Él nos libró de peligros, nos ha sanado de enfermedades, hemos superado aflicciones y sobre todas las cosas, Él dio su vida y fue clavado en una cruz para darnos salvación.

A quien ha hecho la mayor diferencia en nuestras vidas podemos agradecerle ofrendando y diezmando, pero la única manera de mostrar reciprocidad, es entregando a Él nuestra vida. Encontremos tiempo para agradecer y corresponder con un servicio y ministerio fiel, consagrado y dadivoso.

Señor, quiero darte todo lo que tengo y lo que soy.

MG

21 DE JUNIO

PENSAMIENTOS TÓXICOS

...derribando argumentos y toda altivez que se levanta contra
el conocimiento de Dios, y llevando cautivo todo
pensamiento a la obediencia a Cristo.
2 Corintios 10:5 (RVR60)

¿Sabes cuántos pensamientos tenemos al día? Quizá alrededor de ocho mil. Es decir, cada segundo, tienes o produces siete pensamientos. Pero muchos de estos pensamientos son tóxicos. Es decir, no son verdad. Cuando una circunstancia llega a tu vida le das una interpretación, pero si la miras con ojos humanos y pecaminosos, se convierte en un pensamiento tóxico.

Dios nos invita a traer todo pensamiento cautivo a la obediencia de Cristo. Sí, cada uno de esos siete pensamientos por segundo u ocho mil por día. ¿Y cómo se hace? En primer lugar, debemos parar y reflexionar en lo que estamos pensando. ¿Qué sentimos? ¿Qué queremos hacer? ¿Cómo está reaccionando nuestro cuerpo? ¿Cuál es nuestra perspectiva sobre el asunto?

Para ayudarnos, podemos escribirlos o enumerarlos, y luego contrarrestarlos con la Palabra de Dios. ¿Qué dice Él al respecto? ¿Está surgiendo nuestro pensamiento de nuestro dolor o nuestro egoísmo o nuestro rencor? Cautivemos el pensamiento y démosle las cadenas a Cristo para que Él lo transforme. Pidamos su ayuda para cambiar el rencor en perdón, el egoísmo en amor y el dolor en bendición.

Cuando damos rienda suelta a que nuestros pensamientos nos controlen nos convertimos en volcanes en erupción. Pero cuando esclavizamos cada pensamiento y los ponemos a los pies de Jesús, encontramos vida, crecimiento y fruto.

Señor, controla mis pensamientos.

KO

CELO

Porque os celo con celo de Dios; pues os he desposado con un solo esposo, para presentaros como una virgen pura a Cristo.
2 Corintios 11:2 (RVR60)

Mi hermana todavía no se ponía de novia con un buen chico de la iglesia cuando asistimos a un campamento. Yo sabía que ambos tenían sentimientos de cariño el uno por el otro, y me gustaba esa relación. Así que cuando "otro" chico comenzó a rondar a mi hermana y hablarle bonito, me puse celosa. ¡Incluso intervine, en cierta manera, para que se apartara de mi hermana!

Lo que mostré no fueron celos, sino "celo", lo que Pablo también expresó a los corintios. Pablo sabía que Dios es celoso y no comparte el corazón humano con nadie, no por egoísmo, sino porque de nuestra lealtad hacia Él ¡depende nuestra vida! Pablo estaba consciente del profundo amor de Dios por los corintios y la necesidad de los corintios de amarle a Él también.

Pablo, en pocas palabras, se consideraba como el mejor amigo del novio, Jesús, y haría lo imposible por presentar a la novia, la iglesia, con pureza y total devoción. Al igual que en la cultura de su tiempo, el amigo del novio debía cuidar a la novia e incluso vindicar el carácter de ella. Esa era la misión de Pablo.

Nosotras debemos compartir el celo del apóstol. También hemos sido llamadas a velar y vigilar la santidad del cuerpo de Cristo. Así que, cuando sea necesario, así como yo defendí a mi hermana y sentí celo por su relación, nosotras debemos actuar en amor y con verdad y celar a otros con el celo de Dios.

Señor, quiero celar tu relación con tu pueblo. Hazme sabia para cumplir con esta misión.

KO

23 DE JUNIO

MÁS ALLÁ DE MIS LIMITACIONES

"Mi gracia es todo lo que necesitas;
mi poder actúa mejor en la debilidad".
2 Corintios 12:9 (NTV)

Una mujer activísima estudió diseño gráfico y se preparó en educación Montessori, fisioterapia y naturopatía. Se dedicó a criar a sus tres hijos y empezó un proyecto de horticultura en el hogar. Luego se operó por tumores en el cerebro y al final quedó con medio cuerpo debilitado. Hoy no ve bien con un ojo, le cuesta un poco hablar y necesita una andadera para caminar. Además, le colocaron una válvula por hidrocefalia.

Al principio de esta situación todo lucía deprimente, pero ella ha aprendido a ver la bendición de Dios en medio de la prueba. Hoy pasa más tiempo leyendo o escuchando la Palabra de Dios. Ora mucho más y su fe se ha ahondado de gran manera. Su presencia transmite paz, pues en medio de su debilidad, se percibe la presencia del Señor.

El apóstol Pablo conocía sus limitaciones. Sufría de alguna aflicción física que logró impedir que se volviera orgulloso. Tan así, que Dios le mostró que su gracia era todo lo que necesitaba. Dios le recordó que el poder divino actúa mejor en la debilidad. Pablo reconoció que todo esto lo volvió más maleable en sus manos, un mejor instrumento.

Por lo general, nos desagradan nuestras limitaciones, ya sean físicas o emocionales. Creemos que sin ellas seríamos más felices y tal vez más capaces de servir al Señor. Confiemos que si Dios nos ha permitido vivir con ellas, tienen un propósito. Los que nos rodean podrán ver que aun en medio de nuestra situación o a causa de ella, ¡se ve el poder de Dios!

Señor, confío en que tu poder ¡actúa mejor en mi debilidad!

MHM

24 DE JUNIO

SER MEJORES

Me despido de ustedes pidiéndoles que estén alegres.
Traten de ser mejores. Háganme caso. Pónganse de acuerdo
unos con otros y vivan tranquilos. Y el Dios que nos ama
y nos da paz, estará con ustedes.
2 Corintios 13:11 (TLA)

¿Has hecho ejercicio? Pensemos en uno de los más sencillos y económicos. Cuando comienzas a caminar, tus logros pueden parecer pequeños. Empiezas con un kilómetro y poca velocidad. Un mes después agregas quinientos metros. Un año después empiezas a trotar. Un día te encuentras compitiendo en un maratón Siempre hay una meta más que puedes alcanzar, sino con perseverancia y paciencia.

En el versículo de hoy, Pablo da a los hermanos de Corinto, y a todos nosotros, algunos consejos prácticos relacionados a nuestras actitudes y acciones para, vivir en armonía con los demás y llevar una vida tranquila. Un consejo llamó mi atención: "Traten de ser mejores".

Pablo era ciudadano romano, discípulo de Gamaliel que adquirió una formación teológica, filosófica y jurídica. Hablaba griego, latín, hebreo y arameo además de ser especialista en hacer la lona de las tiendas. Fue dotado de grandes dones espirituales y además poseía una actitud inquebrantable. Con todas esas credenciales, aun así nos dice: "Traten de ser mejores".

La espiritualidad no es pretexto para la mediocridad. Siempre podemos mejorar o al menos intentarlo. Pequeños cambios obran grandes resultados a la larga. Casi siempre sabemos las áreas en las que podemos mejorar y las actitudes que deberíamos cambiar. Encuentra hoy tu motivación en las recomendaciones y el ejemplo del apóstol Pablo.

Padre, ayúdame a ser mejor para servirte mejor.

MG

25 DE JUNIO

UN MÉDICO AMADO

Por lo tanto, yo también, excelentísimo Teófilo, habiendo
investigado todo esto con esmero desde su origen,
he decidido escribírtelo ordenadamente.
Lucas 1:3 (NVI)

Lucas es considerado el único escritor no judío de toda la Biblia. Su escritura, en un griego fluido, nos expresa que era un hombre instruido. Era médico. Gracias a él, tenemos el evangelio de Lucas y los Hechos de los Apóstoles.

Probablemente, Lucas se convirtió a la predicación de Pablo en Troas y se le unió para servirle. Pablo le llamaba "el médico amado", pues ahora tenía a alguien que le ayudaba en sus malestares. Estando con Pablo en Jerusalén, tuvo contacto con muchos de los testigos oculares de los relatos que escribió y seguramente, la información de los primeros capítulos la oyó de María, la madre de Jesús.

Tuvo especial cuidado de ordenar cronológicamente los eventos. Escribió su Evangelio cuando el apóstol Pablo estaba preso en Cesarea. Es el evangelio más largo de los cuatro que tenemos y Lucas nos da detalles que los otros evangelistas no mencionan. Por ejemplo, para escribir la genealogía del Señor hasta Adán, seguramente tuvo acceso a documentos antiguos, pues las genealogías eran guardadas en las sinagogas bajo el cuidado de los rabinos.

¿No crees que Dios preparó de antemano a Lucas como médico, no sólo para servir a Pablo, sino también para escribir dos libros indispensables en el canon bíblico? Seguramente tú tienes alguna profesión o especialidad. Ten por seguro que el Señor te ha preparado o te está preparando para usar tus talentos en su servicio también.

Aquí estoy, Señor, quiero usar todo lo que soy para servirte.

YF

MADRES PERFECTAS

Entonces María dijo: He aquí la sierva del Señor; hágase conmigo
conforme a tu palabra. Y el ángel se fue de su presencia.
Lucas 1:38 (LBLA)

Se han pintado muchos cuadros sobre la Anunciación del ángel Gabriel a María, pero uno de mis preferidos fue pintado por el flamenco Jan van Eyck. En su cuadro, María aparece finamente ataviada y se encuentra leyendo las Escrituras. El pintor añade el diálogo ocurrido, donde el ángel dice: "¡Salve, muy favorecida!" y ella responde: "He aquí la sierva del Señor".

Hemos crecido creyendo que María probablemente fue una madre perfecta. ¿Acaso no tenía al hijo perfecto? Sin embargo, la Biblia nos muestra a una jovencita de humilde condición que recibe una noticia sorprendente. ¿Y qué hace? Considerarse una esclava del Señor y estar consciente que necesita la gracia ofrecida por el ángel en su saludo para llevar a cabo su misión.

Jan van Eyck tenía un lema: "als ich kan", que significa "lo mejor que pueda". Como madres solemos defendernos de nuestros fracasos diciendo: "Hice lo mejor que pude", pero María nos enseña una gran lección. No "hizo lo mejor que pudo". Realmente ¡no hizo nada! Dejó que Dios cumpliera sus promesas al concebir en su vientre de manera milagrosa y al guiarla paso a paso en lo que fue la crianza del mismo Hijo de Dios.

Como cristianas, pensamos que ser "perfectas" es el ideal de la maternidad, pero no es así. No se trata esforzarnos y seguir cinco pasos para criar niños buenos. Más bien, Dios solo quiere que seamos sumisas y le digamos: "Soy tu servidora, ayúdame a amar a mis hijos como los amas Tú".

Señor, no quiero ser una madre perfecta, sino una obediente.

KO

27 DE JUNIO

DIOS CUMPLE SUS PROMESAS

*¡Dichosa tú que has creído, porque lo que el Señor
te ha dicho se cumplirá!*
Lucas 1:45 (NVI)

Después de que una amiga mía y su esposo tuvieron un hijo, los médicos les dijeron que ella ya no podría embarazarse. Tiempo después, adoptaron a un niño. Un día ella soñó que tenía una hija rubia, como el primer hijo natural. Sentía que era una promesa de Dios. Pero cuando se ofreció otro bebé en adopción, varón y moreno, decidió aceptarlo.

Sin embargo, en contra de las probabilidades, ella se embarazó otra vez, y ¡nació una niña rubia! Sus conocidas reconocimos que era un milagro del Señor, uno parecido al que nos relata Lucas en este pasaje. Elisabet, esposa del sacerdote Zacarías, era estéril y de edad avanzada. El ángel Gabriel anunció a su esposo que tendrían un hijo que prepararía un pueblo bien dispuesto para recibir al Señor y Elisabet se embarazó.

Después, Gabriel le dijo a la virgen María que daría a luz al Hijo del Altísimo. Sin duda emprendió su viaje para visitar a su prima Elisabet con cierto temor. ¿Cómo le explicaría lo que había pasado? Sin embargo, el Espíritu Santo le confirmó a Elisabet lo que Él estaba haciendo. Ella clamó: "¡Dichosa tú que has creído, porque lo que el Señor te ha dicho se cumplirá!" (v. 45, NVI).

¿Te sientes desanimada hoy? Tenemos un Dios que cumple promesas. No solo contesta oraciones y nos dio a un Consolador, sino que ha dicho que volverá y lo hará. Sobre todo, no nos abandonará jamás. ¡Somos dichosas cuando creemos lo que Dios ha prometido!

Señor, quiero ser dichosa y creer en tus promesas, hoy.

MHM

28 DE JUNIO

BUSCANDO LAS SEÑALES

Esto os servirá de señal: Hallaréis al niño envuelto
en pañales, acostado en un pesebre.
Lucas 2:12 (RVR60)

Para obtener la licencia para conducir en Alemania, mi esposo tuvo que tomar un curso de varias sesiones. Le dieron un libro de texto y otro de ejercicios para aprender las reglas y las señales de tránsito que se usan en la mayoría de los países europeos. Muchos de aquellos símbolos eran nuevos para él, sin embargo, con el estudio y la práctica aprendió a distinguirlos.

Así como el hombre usa signos para comunicarse y orientarse, Dios ha usado las señales para darnos pistas. A los magos los guio una estrella hasta el lugar donde se encontraba el niño, y a los pastores se les dio por señal que el hijo de Dios estaría envuelto en pañales y acostado en un pesebre. Alabaron a Dios porque pudieron oír y ver todas las cosas tal como se les había dicho.

Cada suceso y detalle en la historia del nacimiento de Jesús se profetizó y se cumplió en tiempo y forma. De la misma manera, Dios nos ha dejado señales en su Palabra que nos orientan sobre su regreso. Para poder distinguirlas es necesario que, así como lo hizo mi esposo, las estudiemos en nuestro Libro.

A veces pensamos que es demasiado difícil entender las profecías y que interpretarlas es caer en la especulación. No las ignoremos. Cuando conocemos las pistas nos sorprendemos, como los pastores, de que las cosas van sucediendo tal como la Biblia lo ha dicho. ¡Su regreso está cerca!

Señor, ilumíname para entender tu palabra.

MG

29 DE JUNIO

MORIR EN PAZ

*Soberano Señor, permite ahora que tu siervo
muera en paz, como prometiste.*

Lucas 2:29 (NTV)

Frederick Buechner, escritor de escritores y ministro de ministros, como muchos decían de él, murió el 15 de agosto de 2022 a la edad de 96 años. Murió durante su sueño, algo que muchos nosotros quisiéramos recibir de parte de Dios. En Lucas leemos de otro hombre llamado Simeón.

La Biblia lo describe como justo y devoto, un judío que anhelaba que llegara el Mesías y rescatara a Israel. Además, el Espíritu Santo estaba sobre él y le había revelado que no moriría sin antes ver al Mesías. Entonces, guiado por Dios, subió al templo justo el día que María y José llevaron al bebé Jesús para cumplir con las exigencias de la ley.

Simeón se conmovió por esta escena y tomó al niño en brazos. Acto seguido, alabó a Dios y le agradeció que moriría en paz porque sus hijos habían visto su salvación, la luz de Dios que mostraría el camino de salvación a todos los hombres. Simeón bendijo al bebé y se marchó. ¿Murió al otro día? ¿Falleció en sus sueños? No lo sabemos. Solo podemos asegurar que murió en paz.

¿No queremos todos morir así? ¿Le has pedido a Dios que te conceda llegar a su presencia en tus sueños o por medio de una muerte pacífica, quizá rodeada de tus seres queridos? Lo único cierto es que hay una sola manera de morir en paz: haber visto al Mesías, en otras palabras, creer en Jesús como Salvador. ¿Has visto su salvación?

Señor, quiero ver tu salvación.

KO

30 DE JUNIO

HIJOS QUE SUFREN

Sobre todas ellas, añadió además esta: encerró a Juan en la cárcel.
Lucas 3:20 (RVR60)

Una de mis amigas es una mujer de treinta y cinco años muy capaz. Escribe, edita y dirige un ministerio de asesoría. Sin embargo, en estos últimos meses le han pasado muchas tragedias. Primero, su pequeño hijo sufrió un accidente. El colmo fue que la acusaron de descuido. Ahora se descubrieron células cancerígenas en su cuerpo.

A mis ojos, esto es injusto. ¿Por qué alguien tan entregada a Dios debe sufrir? Probablemente así también se sintieron los discípulos de Juan el bautista. Después de atestiguar un ministerio exitoso, el capítulo termina diciéndonos que Herodes lo encerró en la cárcel.

Quizá Juan fue el más sorprendido. La emoción de anunciar a Jesús y de bautizarlo, de atestiguar la paloma descendiente y la voz del Padre aprobando a su Hijo, se esfumó cuando Herodes envió a arrestarlo solo porque Juan le había dicho la verdad. Tristemente, hemos sido bombardeadas por ideas que nos insinúan que a los cristianos nos debe ir siempre bien. Sin embargo, la vida cristiana no está hecha solo de los pétalos de las rosas, sino también de sus espinas.

El sufrimiento es parte de la vida. No hay manera de evadirlo o eliminarlo. Lo cierto es que, en medio del dolor, Juan el bautista escuchó las buenas noticias de Jesús. Del mismo modo, sé que mi amiga conocerá a Jesús como nunca lo ha hecho y los frutos del dolor se encuentran entre los más dulces que existen. Cuando nos toque probarlos, entenderemos muchas cosas.

Señor, no entiendo por qué el sufrimiento, pero si mi Señor Jesús sufrió, ¿por qué no yo también?

KO

1ro de julio

El pozo escondido

Jesús, lleno del Espíritu Santo, volvió del Jordán
y fue llevado por el Espíritu en el desierto.

Lucas 4:1 (NBLA)

Gran parte de la novela *El principito* de Antoine de Saint-Exupéry toma lugar en el desierto Sahara donde se encuentra un aviador perdido. En medio de su soledad, aparece un principito proveniente de otro planeta y poco a poco cambia su parecer sobre ese lugar árido y sin vida.

Después de conversar con su nuevo amigo, empieza a ver la belleza de ese páramo. El principito observa: "Lo que hace bello el desierto... es que en algún lugar esconde un pozo". Por definición, un desierto es un lugar con poca vida, de clima extremo, deshabitado y solitario. Normalmente no es algo que nos atraiga. Cuesta trabajo subsistir en un lugar así donde las fuentes de agua o pozos suelen ser extremadamente escasas.

Aun así, el Espíritu Santo llevó a Jesús allí después de su bautismo. ¿El propósito? Para ser "tentado por el diablo". Estaba débil por haber ayunado por cuarenta días, pero pasó la prueba por tener esa fuente de poder. Al final, Jesús regresó a Galilea en el poder del Espíritu. A pesar del hambre, la aridez y los ataques del enemigo, había sido fortalecido por "el pozo escondido" del Espíritu de Dios.

Todos, tarde o temprano, enfrentaremos los páramos de esta vida. De hecho, muchos hemos pasado más tiempo en la aridez que en la fecundidad. Así que cuando andemos en el desierto, busquemos el pozo: la presencia y fortaleza del Espíritu de Dios. Esa "agua de vida" nos puede satisfacer de tal manera que no cedamos a las tentaciones y el desánimo.

Oh Señor, cuando siento que voy a desfallecer, dame de beber de tu pozo.

MHM

2 DE JULIO

SANADA

Así que se inclinó sobre ella y reprendió a la fiebre, la cual se le quitó. Ella se levantó enseguida y se puso a servirles.

Lucas 4:39 (NVI)

Uno de los síntomas más comunes del COVID-19 fue la fiebre alta. De hecho, la fiebre señala que el cuerpo está luchando contra algún virus o infección. Diversas enfermedades se descubren cuando el cuerpo comienza a mostrar temperaturas elevadas. Tal fue el caso de la suegra de Pedro.

La Biblia nos cuenta que ella estaba muy enferma y con mucha fiebre. Ante su enfermedad, los que estaban allí le suplicaron a Jesús que la sanara. ¿Y qué hizo Jesús? ¡Reprendió a la fiebre! ¿No es increíble? Jesús mostró que el cuerpo, los diminutos virus y bacterias también le obedecen. ¡No hay nada que Él no pueda hacer!

¿Y qué hizo la mujer al saberse sana? Se levantó de inmediato y preparó una comida. Podría haber tomado un baño o arreglarse y salir de compras después de haber estado enferma, pero su prioridad fue servir y atender al Maestro. ¡Qué gran ejemplo! Sin embargo, ahí no terminó el trabajo de Jesús. Lucas nos cuenta que la gente llevó a sus parientes enfermos a verlo, pues el toque de su mano sanaba a todos.

Jesús no solamente predicó en las sinagogas exponiendo el evangelio en una forma teórica. Él demostró su amor de manera práctica sanando a los enfermos. Quizá hoy estás enferma o algún familiar padece de fiebre. Suplica a Jesús que ponga su mano sobre ti o los tuyos. Y cuando lo haga, sirve a Jehová con alegría y pinta cuadros de esperanza en el corazón de los demás.

Tú eres Yahweh Rapha, mi sanador; quiero vivir para ti.

MG

3 DE JULIO

TRES VECES SÍ

Y en cuanto llegaron a tierra firme, dejaron todo
y siguieron a Jesús.
Lucas 5:11 (NTV)

Existen muchos tríos famosos. Los tres cochinitos, los tres chiflados, los tres ángeles de Charlie, los tres mosqueteros, los tres osos y los tres sobrinos del Pato Donald. Curiosamente, en la vida del apóstol Pedro también encontramos el número tres con frecuencia. Por ejemplo, Pedro perteneció al trío de amigos íntimos de Jesús.

Analicemos esta historia. Pedro lavaba sus redes. En la cercanía, una multitud trataba de escuchar a un predicador. ¿Ya lo conocía Pedro? El evangelio de Juan nos dice que sí. Su hermano Andrés se lo había presentado. Se llamaba Jesús de Nazaret. Entonces, Jesús interrumpe su labor y le pide tres cosas.

Primero, le pide preste su barco. Simón accede y lo empuja al mar para que, desde ahí, Jesús enseñe. Luego le pide que bogue mar adentro y eche las redes. ¡Esto resulta en una pesca milagrosa! Finalmente, cambia su trabajo en una empresa de pesca de hombres. ¿Lo interesante? A cada ruego, Jesús recibe una respuesta afirmativa de parte de Pedro.

A Pedro parece gustarle el número tres. Tres veces negó a Jesús. Tres veces le dijo a Jesús que lo amaba. Tres veces le dijo sí al Señor y con eso selló su compromiso de seguirlo. ¿Y nosotras? ¿Cómo respondemos a las peticiones del Señor? ¿Qué te está pidiendo hoy? ¿Que le prestes tu vida, o que bogues mar adentro o que hables de Él? Como Pedro, ¡dile sí!

Señor, sí, dejo todo para seguirte.

KO

4 DE JULIO

ENCRUCIJADAS

Entonces Leví se levantó, dejó todo y lo siguió.
Mateo 5:28 (NTV)

Una encrucijada es un lugar en donde se cruzan dos o más calles o caminos. La expresión también se utiliza para mostrar los momentos en la vida donde tenemos que tomar una decisión importante que nos llevará por distintos rumbos. Mateo, llamado Leví en este pasaje, vivió un momento similar.

Mateo era un cobrador de impuestos, un oficio mal visto en su época. Los judíos resentían la presencia romana en su tierra y despreciaban a los israelitas que trabajan con ellos o a favor de ellos. Así que cuando Jesús se acercó a la cabina de impuestos para invitarlo a ser su discípulo, Mateo y muchos más debieron sorprenderse.

La reacción de Mateo, sin embargo, nos asombra todavía más. La Biblia nos dice que se levantó, dejó todo y le siguió. Mateo sabía que para seguir a Jesús debía dejar algo atrás: su estatus social, su salario, sus comodidades, quizá su familia o su reputación. No obstante, Mateo, de no haber seguido a Jesús, hubiera tenido que "dejar" algo también: la oportunidad de ser un discípulo de Cristo.

Siempre que estemos en una encrucijada, sin importar cuál camino elijamos, tendremos que "dejar algo atrás". La pregunta es: ¿estamos dispuestas a dejar lo temporal a favor de lo eternal? ¿Seguiremos a Cristo y le daremos la espalda al mundo? Mateo eligió el camino de la fe. Escogió lo que no podía entender a ciencia cierta, pero que traería la salvación de su alma. ¿Qué elegimos hoy?

Señor, siempre tendré que dejar algo atrás. Líbrame de darte
a ti la espalda.

KO

5 DE JULIO

FIELES SEGUIDORES

Llamó a sus discípulos, y escogió a doce de ellos,
a quienes llamó apóstoles.

Lucas 6:13 (DHH)

Cuando estaba considerando la posibilidad de ser misionera, me aterraba la idea de que no era suficientemente "espiritual". Un día me presentaron a una mujer alegre y divertida que llevaba muchos años trabajando con un grupo indígena, aprendiendo su lengua y traduciendo la Biblia para ellos. Se sinceró conmigo: "En la escuela bíblica, me dijeron que yo no era 'material misionero'. Pero aquí estoy. Si lo hice yo, ¡tú también podrás hacerlo!".

También conocí a otros misioneros que no llenaban mis expectativas de que fueran personas serias y conservadoras. Descubrí que algunos eran intelectuales, otros técnicos, otros maestros y otros hacían trabajos rutinarios. Había muchas formas de apoyar la obra del Señor.

Cuando Jesús escogió a los doce discípulos, la mayoría representaban al vulgo. Muchos eran pescadores, acostumbrados al trabajo manual. Solo uno tenía cierto nivel social, Mateo el cobrador de impuestos. Por su oficio, tenía buenos ingresos, pero era odiado como villano por la forma de obtenerlos. Simón el Zelote pertenecía a un movimiento nacionalista que tendía a practicar la violencia. Y por supuesto, Judas Iscariote se volvió traidor. ¡Qué grupo más diverso e inesperado para seguir a un rabino judío!

Dejemos de encasillar a los seguidores de Jesús. De hecho, es preferible no poner a los pastores y misioneros en un pedestal. Todos somos discípulos útiles al Señor si permanecemos en Él y practicamos nuestros dones por amor a Él. No nos comparemos con otros y ¡sigamos al Maestro!

Maestro, quiero ser tu discípulo fiel.

MHM

6 DE JULIO

Un nivel más alto

Bendigan a quienes los maldicen. Oren por aquellos que los lastiman.
Lucas 6:28 (NTV)

Susana llegó con anticipación a clases. Eligió estacionarse en el lugar más alejado del salón porque pensó en dejar libres los lugares cercanos para que, quienes llegaran tarde, pudieran recobrar algunos minutos encontrando sitios disponibles. ¿Por qué lo hizo? Porque desde niña aprendió a aplicar la regla de oro de tratar a los demás como ella deseaba ser tratada.

Sin embargo, en el mismo pasaje hay otros mandatos que no resultan tan fáciles de aplicar. Además de hacer lo que quisiéramos recibir, Jesús propuso que eso lo aplicáramos incluso con los que nos tratan mal. Él hace un llamado a la acción, a la bondad y a demostrar que, como hijos del Altísimo, nos parecemos a Él, quién es benigno con la gente mala.

Durante tu jornada en esta vida, lo más probable es que te encontrarás con personas que te lastimen o calumnien. Por alguna razón, que siempre será para nuestro bien, Dios permite que este tipo de cosas le sucedan a los que le aman. Cuando eso ocurre, lo mejor es tener presente que la manera más curativa de reaccionar es orando por ellos. Eso es misericordia y benignidad.

¿Quieres subir más el nivel? Entonces ámalos. En la porción de hoy Jesús quiere cambiarnos completamente el "chip" que aprendimos. Nos enseña la excelencia en acción y la mentalidad triunfadora con la que una hija de Dios sale incluso galardonada cuando enfrenta a sus enemigos como Jesús nos enseñó.

Señor, te pido que bendigas a quienes me han dañado.

MG

7 DE JULIO

LLENAS DE ÉL

El hombre bueno dice cosas buenas porque el bien está en su
corazón, y el hombre malo dice cosas malas porque el mal está en
su corazón. Pues de lo que abunda en su corazón habla su boca.
Lucas 6:45 (DHH)

Hace unos meses se descompuso mi computadora. Sin ninguna posibilidad de reparación, tuve que adquirir otra y equiparla con las aplicaciones necesarias. Al comprar el software para usar el procesador de palabras, no sabía algunos pasos para instalarlo y pregunté al vendedor. Muy enojado, me dijo que yo no sabía leer.

Acepté amablemente mi ignorancia y le pedí que me explicara. Él respondió con palabras soeces. Incluso me escribió un correo que preferí no leer por su contenido de tantas palabras malas. Ciertamente me dolió la forma de su trato, pero también lamenté que de su corazón surgiera tanta agresión.

A esto se refiere Jesús cuando nos recuerda que, todo aquello que sale por los labios, realmente abunda en el corazón. ¿Y cómo podemos cambiar nuestro corazón que, como dijo el profeta Jeremías, es engañoso y perverso? (Jeremías 17:9). Solo Jesús puede darnos una nueva manera de ver las cosas. Como Ezequiel, otro profeta nos enseñó, necesitamos un trasplante de corazón, de uno de piedra a uno de carne (Ezequiel 36:26).

Me parece que el técnico que me atendió no conoce de Cristo. Le resulta imposible producir un buen fruto cuando el tesoro de su corazón no es Jesús. Pero esto también me invita, a mí, que pertenezco a Jesús, a cuidar mis palabras. ¿Qué cosas alimentan mi alma? ¿Qué sale de mis labios cada vez que los abro? Recordemos que lo que uno dice brota de lo que hay en el corazón.

Señor, hónrate con lo que digo.

YF

8 DE JULIO

DESDE LAS ENTRAÑAS

Cuando el Señor la vio, su corazón rebosó de compasión.
"No llores", le dijo.
Lucas 7:13 (NTV)

En los momentos más complicados de mi vida he sentido que mi estómago, mis intestinos y mis entrañas se remueven de modo visceral y profundo. He leído también que no existe mayor dolor que el de perder un hijo e imagino la angustia ante dicha situación.

Una viuda, moradora de una aldea llamada Naín, caminaba junto a la procesión fúnebre más asfixiante de toda su vida. En el ataúd llevaban a su único hijo, un joven, y quien quizá había sido tan apreciado que una gran multitud la acompañaba en su dolor. Entonces la Biblia nos dice que ella no fue la única que experimentó algo fuerte.

El mismo Jesús, al verla, fue movido a compasión. El Dios que creó los pulmones, el corazón y el estómago, experimentó una de las reacciones más humanas que existen: el remover de las entrañas. ¿Qué lo ocasionó? La compasión por una madre que perdía al último miembro de su familia en plena juventud. ¿Qué hizo entonces? Lo regresó con vida a su madre.

Quizá tú has perdido a un hijo, pero a diferencia de esta mujer Dios no te lo ha devuelto a la vida. Sin embargo, una cosa es cierta, Dios también perdió a un hijo. Él también lo vio morir y contempló su sepultura. Por esa razón, no tenemos un Dios ajeno al dolor, sino uno que no ha dejado de sufrir hasta las entrañas cuando tú o yo nos dolemos. Él se compadece y actúa. Aguardemos expectantes para ver qué hará.

Señor, gracias porque eres un Dios de compasión y consuelo.

KO

9 DE JULIO

DUDAS SINCERAS

Dichoso el que no tropieza por causa mía.

Lucas 7:23 (NVI)

En la obra satírica de *Cartas del Diablo a su Sobrino* de C.S. Lewis, Satanás ofrece varias artimañas a un demonio principiante para hacer caer a un cristiano y romper la unión que tiene con Dios. Una de las artimañas más exitosas, dice él, consta en sembrar dudas en el "paciente".

La duda no es incredulidad, ni lleva a ella necesariamente. Todos, tarde o temprano, experimentamos dudas sinceras. Juan el bautista las tuvo también. Cuando estaba en la cárcel, se preguntó si Jesús era en verdad "el que había de venir" y pidió a sus seguidores que indagaran la cuestión.

Sabemos que Juan reconocía a Cristo como el Mesías, pues declaró: "¡Aquí tienen al Cordero de Dios, que quita el pecado del mundo!" (Juan 1:29, NVI). Sin embargo, es posible que, ya sufriendo en la cárcel, pensara en que sus expectativas de un liberador no compaginaban con la forma de proceder de Jesús. ¿Qué hizo entonces? Acudir a Jesús.

La búsqueda intelectual es natural en el ser humano, aunque debe avanzar de la mano de la fe. En lugar de recurrir a fuentes externas y opiniones de hombres, vayamos a Jesús mismo con nuestras preguntas e indaguemos en su Palabra. Los seguidores de Juan regresaron con historias maravillosas de milagros y el poder sobrenatural de Jesús, y con un mensaje directo del Señor para Juan: "Dichoso el que no tropieza por causa mía" (v. 23, NVI). Lo mismo nos dice a ti y a mí.

Señor, ¡creo! ¡Ayúdame en mi poca fe.

MHM

10 DE JULIO

NUNCA LOS VAMOS A TENER CONTENTOS

Pero la sabiduría demuestra estar en lo cierto
por la vida de quienes la siguen.
Lucas 7:35 (NTV)

Uno de los presidentes más guapos en Estados Unidos fue Franklin Pierce, pero al parecer no hay más qué halagar del hombre. Franklin D. Roosevelt, por su parte, se considera uno de los líderes americanos más carismáticos. Claro que, con el invento de la televisión, ya nadie quiere votar por un presidente aburrido. En pocas palabras, en la política hay de todo: guapos y feos, flexibles y rígidos, extrovertidos e introvertidos.

Los judíos tampoco estaban seguros de qué tipo de líder debía guiarlos. Los fariseos y expertos de la ley, principalmente, tuvieron un gran dilema al tratar de entender a Juan y a su primo Jesús. Por ejemplo, Juan el bautista se apartó al desierto para mostrar su devoción. Pero ¿qué dijeron de él? Que estaba poseído por un demonio.

Entonces llegó Jesús, el Mesías, que festejaba y bebía con las personas. ¿Y qué dijeron? ¡Que era un glotón y un borracho! Nada los tenía contentos. Jesús de hecho usó una frase común para mostrarlo: "Tocamos canciones de bodas y no bailaron; entonces tocamos canciones fúnebres, y no lloraron" (v. 32, NTV).

¿No nos pasa lo mismo a nosotras? Nos quejamos porque tal o cual líder en la iglesia es muy serio. Al otro lo criticamos por reír mucho. Pero recordemos lo verdaderamente importante: la vida de cada uno. Nadie dudó de la devoción de Juan el bautista por Dios. Así que no miremos lo externo, sino lo de adentro.

Señor, ¿qué sería de mí si no me hubieras transformado?

KO

11 DE JULIO

BIEN APROVECHADO

Por esto te digo: si ella ha amado mucho, es que
sus muchos pecados le han sido perdonados.
Pero a quien poco se le perdona, poco ama.
Lucas 7:47 (NVI)

¿Cuántas mujeres célebres conoces? Tenemos científicas como Marie Curie o Gertrude B. Elion que ganó el Premio Nobel en Medicina por descubrir medicamentos que hicieron posible el trasplante de órganos. Pienso en Creola Katherine Johnson, llamada la computadora de la NASA, que hizo posible los vuelos espaciales tripulados.

¿Y qué de grandes mujeres en la política como Indira Gandhi o Golda Meir? Famosas escritoras como Sor Juana Inés de la Cruz o Gabriela Mistral. Valentina Tereshkova fue la primera mujer enviada al espacio y Amelia Earhart la primera mujer piloto que cruzó sola el Océano Atlántico. Además, conocemos de grandes misioneras, deportistas, actrices, luchadoras sociales, maestras y madres.

En esta historia, la protagonista es una mujer desconocida. No sabemos su nombre, pero sabemos lo que hizo. El Señor le dio el honor de figurar como la que le ungió con un perfume muy costoso. Sin pesar, sin tacañería y con todo el amor que su corazón albergaba, derramó sobre los pies de Jesús su preciado tesoro.

¿Por qué lo hizo? Porque sus muchos pecados habían sido perdonados. ¿Cuántos pecados te ha perdonado Jesús? Seguramente muchos. ¿Qué tienes a la mano para darle a tu Amado? ¿Tu habilidad de cantar, cocinar, hospedar, enseñar, escribir, dibujar, orar? Vale la pena dárselo en gratitud por su gran amor.

Señor, nada tengo para darte. Solamente te ofrezco mi vida
para que la uses Tú.

YF

12 DE JULIO

CON RAZÓN

...y algunas mujeres que habían sido sanadas de espíritus malos
y enfermedades: María, que se llamaba Magdalena,
de la que habían salido siete demonios.

Lucas 8:2 (RVR60)

"¡Qué fragante es tu perfume! Tu nombre es como la fragancia que se esparce", exclama una joven enamorada en el libro bíblico el Cantar de los Cantares. Y concluye: "¡Con razón todas las jóvenes te aman!". Ella consideraba que el joven que había robado su corazón, probablemente un príncipe o un rey, resultaba irresistible.

¿Has conocido a alguien así? Si eres casada, seguramente tu esposo te atrajo como un imán. Quizá tengas amigos o familiares que es imposible no querer, ya sea por su personalidad o su belleza interna. Sin embargo, un grupo de mujeres del primer siglo conocieron a alguien mil veces mejor que el rey Salomón y que cualquier persona que exista. Se toparon con Jesús.

Cada una de ellas tuvo un encuentro personal con Jesús de Nazaret. Algunas llegaron a Él enfermas y recibieron su toque de sanidad. Otras quizá se sintieron rechazadas o sufrieron desilusiones amorosas, y Él les dio un nuevo propósito para vivir. María Magdalena, por ejemplo, recibió la libertad de siete demonios. Aun así, todas, absolutamente, escucharon el evangelio del reino de Dios.

La joven novia del Cantar de los Cantares se entregó al novio y le dijo: "¡Ven!". Las mujeres del primer siglo, agradecidas por su bondad, sirvieron y siguieron a Jesús de distintas maneras. Si nosotras hemos conocido a Jesús, seguramente hemos respondido con nuestros labios y nuestras acciones. Lo cierto es que conocer a Jesús conduce a la entrega y con justa razón. ¡No hay nadie como Él!

Señor, eres el Amor de mi vida. Me entrego a ti.

KO

13 DE JULIO

MÁS LE SERÁ DADO

Por tanto, tengan cuidado de cómo oyen; porque al que tiene, más le será dado; y al que no tiene, aun lo que cree que tiene se le quitará.
Lucas 8:18 (NBLA)

Cuando yo estudiaba la carrera de Antropología, uno de mis maestros habló en contra del cristianismo porque, según él, enseña que a los ricos se les dará más y a los pobres se les quitará lo que tienen. Como nuevo creyente, tardé en descubrir de dónde provenía ese concepto, o más bien, esa malinterpretación de la Biblia.

Como muchas críticas a la Biblia, esta resulta de tomar una porción fuera de su contexto, sin tomar en cuenta la enseñanza de toda la Palabra de Dios. Basta leerla en otra versión para comprender: "A los que escuchan mis enseñanzas se les dará más entendimiento; pero a los que no escuchan, se les quitará aun lo que piensan que entienden" (NTV).

Aquí Jesús advierte que tengamos cuidado de nuestra forma de oír la Palabra. Esta frase se encuentra después de la parábola del sembrador, donde se siembra la semilla, pero según lo receptivo del suelo, muere, se estrangula o fructifica. Las personas que reciben la Palabra con agrado, la aprovechan y la ponen en práctica. Dan mucho fruto. En las que solo responden superficialmente, el efecto no dura.

¿Hemos creído de corazón el mensaje de Dios? ¿Ha dado fruto abundante? ¿Nos cuidamos de no tomar un texto fuera de su contexto? Entre más estudiemos la Palabra, más la entenderemos y podremos aplicarla a nuestras vidas. Que escuchemos con cuidado ese mensaje y que se arraigue completamente en nuestros corazones. Así, ¡Dios nos dará aún más!

Padre, quiero aprovechar a lo máximo tus enseñanzas
¡para dar mucho fruto!

MHM

14 DE JULIO

EXPERIENCIAS COMPARTIDAS

Cuando llegó a la casa de Jairo, no dejó que nadie entrara con él,
excepto Pedro, Juan y Jacobo, y el padre y la madre de la niña.
Lucas 8:51 (NVI)

Puedes dejar de ver a tu amiga de la infancia, pero si un día te la encuentras, interactúas con ella como si la hubieras dejado de ver el día anterior. La amistad sigue intacta. Lo mismo sucede con tu compañera de la secundaria. Uno de los vínculos que nos mantienen unidos con las personas son las experiencias compartidas. Aquellas vivencias comunes sirven como raíces profundas que afianzan la relación.

Cuando Jesús inició su ministerio, escogió a sus discípulos. Compartió algunas experiencias muy especiales sólo con tres de ellos: Pedro, Santiago y Juan, quienes presenciaron la transfiguración. Cuando sanó a la hija de Jairo, solo permitió que ellos entraran a la casa, y en el Getsemaní les pidió que se quedaran con él porque su alma estaba muy triste.

Seguramente estas experiencias compartidas en lo íntimo con Jesús sirvieron para afianzar su fe y les dio fortaleza para cumplir con su misión. Podemos seguir el ejemplo de Jesús siendo intencionales en compartir experiencias y momentos especiales con nuestras amigas más cercanas, así podremos cultivar mejor nuestra amistad.

A veces pensamos que para tener un buen amigo basta pasarla bien, pero notemos que Jesús invitó a estos tres amigos especiales en su hora de más gloria, pero también en la cámara de la muerte y en su hora de más dolor. Que seamos la clase de amigas que disfrutan los festejos, pero que también acompañan en las lágrimas. Tejamos experiencias que fortalezcan el telar de nuestras amistades.

Jesús, gracias porque nos has llamado amigos.

MG

15 DE JULIO

SUPERSTICIÓN

Habiendo reunido a sus doce discípulos, les dio poder y autoridad
sobre todos los demonios, y para sanar enfermedades.
Lucas 9:1 (RVR60)

Leí una divertida historieta sobre unos demonios que fallan en sus intentos de disuadir a un joven de seguir a Cristo. El chico decide seguir a Jesús, y los demonios terminan cavando en el infierno como castigo. Aunque es una historia cómica, nos recuerda que hay un mundo espiritual que no vemos y que solemos olvidar, pero sobre el que Jesús tiene poder y autoridad.

En la historia de hoy vemos que Jesús da a sus discípulos la capacidad de expulsar demonios y sanar enfermedades, aunque su principal encomienda era anunciar acerca del reino de Dios. Estas noticias, sobre todo respecto a Jesús, llegaron a oídos de Herodes, el que había decapitado a Juan.

Tal era el poder de Jesús que muchos rumoraban que era Juan el bautista resucitado, o el mismo Elías. Herodes, aunque trató de ver a Jesús, no lo logró hasta unos años después antes de que Jesús muriera. Ambos relatos nos recuerdan que el mundo espiritual es una realidad. Ciertamente nosotras hoy tenemos la misma autoridad de los apóstoles para luchar contra las fuerzas enemigas.

Aunque también, en el relato sobre Herodes, descubrimos que la gente prefiere creer en un muerto resucitado que en Jesús. Como el joven de la historieta, decidamos seguir a Jesús a pesar de todo, y prediquemos la Buena Noticia. Nosotras tenemos una encomienda importante y hemos recibido el poder y la autoridad para llevarla a cabo. ¡Manos a la obra!

Señor, que pueda yo impactar con tu evangelio a muchos.

YF

16 DE JULIO

MORIR DENTRO DE UN AÑO

Es necesario que el Hijo del Hombre padezca muchas cosas, y sea
desechado por los ancianos, por los principales sacerdotes y por los
escribas, y que sea muerto y resucite al tercer día.
Lucas 9:22 (RVR60)

"Voy a morir dentro de un año", dijo el predicador. Muchos saltamos del asiento. Nadie puede anunciar algo tan trágico sin despertar a los oyentes. Pero luego, el predicador añadió: "Un año tiene doce meses, ¿cierto? En alguno de esos moriré, pero no sé específicamente qué día, qué mes o que año". Todos sonreímos.

No obstante, dudo que los discípulos hayan esbozado una sonrisa cuando Jesús anunció su muerte. Tres veces en el Evangelio de Lucas habló de su futuro arresto, padecimiento y muerte. ¿Por qué los evangelistas incluyeron estas predicciones? Porque seguramente quisieron hacernos saber, muchos siglos después, que Jesús sabía desde el principio cómo terminaría su vida, pero que también volvería a vivir.

Sin embargo, también percibimos algo importante. En el relato de Lucas, después de predecir su muerte, Jesús nos recuerda que todo el que quiera salvar su vida, la perderá; y todo el que pierda su vida por causa de Él, la salvará. En pocas palabras, Jesús les decía a sus seguidores: "Yo voy a padecer y morir, pero ustedes también".

Seguramente nada nos prepara para estas palabras. Dios nos recluta, básicamente, para morir. ¿Pero acaso no vale la pena cuando comprendemos que Jesús murió para darnos todo lo que no podemos conseguir por nuestra cuenta? Tú y yo morimos cada día de cada mes de cada año pues Jesús nos pide morir al yo diariamente y nos invita a estar dispuestas a, incluso, morir por Él. Pero no tengamos miedo, pues perder nuestra vida por Él, implica, a final de cuentas, ganarla.

Señor, no me aferro a mi vida, sino que la entrego por tu causa.

KO

17 DE JULIO

LA PERSONA MÁS IMPORTANTE

El más humilde de todos ustedes es la persona más importante.
Lucas 9:48b (TLA)

Nick Vujicic es el conferencista y evangelista más inusual. Carece de extremidades, por lo que necesita que un cuidador lo cargue y lo atienda en muchas necesidades básicas. Sin embargo, ha aprendido a escribir, a nadar y a surfear. Viaja por todo el mundo hablando tanto a jóvenes confundidos como a líderes importantes.

No solo impacta por sus palabras al hablar sobre temas como el *bullying*, el suicidio y la baja autoestima, sino sobre todo porque ha vivido esas realidades. Además, su condición física vulnerable y humilde lo hace único. No puede abrazar, pero recibe muchos abrazos de quienes reciben su mensaje y perciben su amor. Nick reconoce que su discapacidad le ha abierto puertas de una forma asombrosa.

Los discípulos de Jesús competían entre ellos por ser el más importante, sin duda porque pensaban que un día podrían fungir como su mano derecha en el reino. El Señor colocó a un niño entre ellos y declaró: "Si alguno acepta a un niño como éste, me acepta a mí" (v. 48, TLA). En general los niños no tienen poder o importancia. En esa sociedad se encontraban en un peldaño muy bajo. Jesús los desafió a ser como niños y también a humillarse sirviendo a los más marginados y despreciados de la sociedad.

En nuestro trabajo, en nuestro círculo social y en nuestra iglesia, es común que nos interese ser populares y reconocidos por nuestras habilidades. Algunos compiten por puestos o premios, pues así sienten que realzan su valor. Nosotras seamos humildes.

Señor, ¡hazme más como Tú!

MHM

18 DE JULIO

EL PRECIO DE SERVIR

El que a vosotros oye, a mí me oye; y el que a vosotros desecha, a mí me desecha; y el que me desecha a mí, desecha al que me envió.
Lucas 10:18 (RVR60)

Según estadísticas de la organización Puertas Abiertas, 360 millones de cristianos sufren persecución de forma violenta, son amenazados, golpeados y presionados a dejar sus creencias. Sus iglesias han sido destruidas y hasta sus hogares. Uno de cada siete cristianos es perseguido en todo el mundo. Uno de cada cinco sufre persecución en África, dos de cada cinco en Asia y uno de cada quince en América Latina.

A pesar de ello, Dios está obrando y hombres y mujeres perseveran y se mantienen firmes hasta el final. Misioneros predican el evangelio de manera encubierta poniendo en peligro sus vidas con tal de atender a la Gran Comisión. Los gobernantes desechan el mensaje y a los mensajeros, pero en realidad a quien están rechazando es a Dios.

Franklin Graham, hijo de Billy Graham, opina que sería erróneo pensar que la persecución cristiana está lejos de Occidente. Dice: "Tenemos la responsabilidad de orar por aquellos que están sufriendo porque llevan el nombre de Cristo. La iglesia primitiva oraba fervientemente cuando los apóstoles estuvieron en prisión por la causa del evangelio".

Encontremos maneras de brindar mayor apoyo. Podemos orar, siempre que sea posible enviar mensajes alentadores y fortalecerles por medio de ofrendas. Como iglesia universal, roguemos a Dios por los gobernantes y ayudemos a difundir la información en nuestras congregaciones. La bendición sobrenatural de Dios sobreabunde ahí donde seguir a Jesús tiene un precio más alto.

Señor, te pido por la iglesia perseguida; protégela bajo el hueco de tus alas.

MG

19 DE JULIO

EL LIBRO DE LA VIDA

*Sin embargo, no se alegren de que puedan someter a los espíritus,
sino alégrense de que sus nombres están escritos en el cielo.*
Lucas 10:20 (NVI)

Cuando mi amiga Liliana Torres Bourguet descubrió, al hojear
el libro de visitas, que se había hospedado en la misma casa de
huéspedes en la que había estado Corrie Ten Boom, se emocionó.
La familia de Corrie sufrió a mano de los nazis, y como mi amiga la admiraba, copió lo escrito por Corrie:

"Junta toda la ternura y el amor que conoces, el más profundo
que hayas sentido, y el más fuerte que hayas recibido y añádele
todo el amor de todos los corazones amorosos del mundo y después multiplícalo por el infinito y comenzarás a tener un leve
atisbo del océano del amor y la gracia de Dios a través de Cristo
Jesús. ¡Y lo mejor está por venir! Corrie Ten Boom".

Para Liliana era un honor escribir su nombre en el mismo libro
donde Corrie había escrito el suyo. Sin embargo, existe un libro
todavía más importante, el libro que nos da acceso a la presencia
de Dios. Ahí no tendremos necesidad de imaginarnos cómo es el
amor de Dios pues estaremos cara a cara con Él.

Aunque habrá otros libros con todas las cosas que hayamos hecho, buenas o malas, la presencia o la ausencia de nuestro nombre
en el Libro de la Vida determinará nuestra eternidad. ¡Cerciórate
de que tu nombre esté escrito en el cielo! ¿Qué cosas te causan
alegría? Que una de ellas sea pertenecer a la familia de Dios.

Gracias, Señor, por tu océano de amor que hizo posible mi salvación.

YF

EL MEJOR REGALO DE TODOS

Así que si ustedes, gente pecadora, saben dar buenos regalos
a sus hijos, cuánto más su Padre celestial dará
el Espíritu Santo a quienes lo pidan.
Lucas 11:13 (NTV)

¿Cuál fue el mejor regalo que recibiste de parte de tus padres? ¿Educación, techo y comida, o una muñeca que se movía? Si ya tienes hijos, ¿qué te esfuerzas por regalarles en sus cumpleaños o en Navidad? ¿Un buen juguete? ¿Una escuela de renombre o clases extracurriculares? ¿Aparatos electrónicos de la más nueva generación? Y a ti, ¿qué te ha regalado Dios?

Seguramente con la última pregunta contestaremos que nos ha dado la vida, una familia, la salud o un trabajo. Quizá seamos más creativas para enumerar las muchas bendiciones que poseemos como una casa, un auto, un buen empleo o tranquilidad. Sin embargo, Jesús nos aclara cuál es el mejor don que recibimos del cielo: ¡es el Espíritu Santo! Y difícilmente se cuela en las listas antes mencionadas.

Sin embargo, el Espíritu Santo es Dios mismo morando en nosotras. ¿Qué puede superarlo? Absolutamente nada. Con Él de nuestra parte, estamos protegidas y selladas, apartadas para Dios y guiadas en esta vida. Él es el fuego que calienta, el viento que sopla, el aceite que unge, la nube que protege y la paloma que confirma que somos sus hijas.

¿Lo más increíble? Dios quiere dar este regalo a todos los seres humanos. Solo basta hacer una cosa: pedirlo. En otras palabras, cuando creemos en Jesús como Salvador y Señor, recibimos al Espíritu Santo. No necesitamos más que la fe. Si no has creído en Dios, pide a tu Padre Celestial el mejor regalo de todos: a Él mismo. Si ya lo tienes, ¡da gracias en cada oportunidad!

Gracias, Señor, por el Espíritu Santo.

KO

21 DE JULIO

Ten cuidado, no sea que la luz que hay en ti resulte ser oscuridad.

Lucas 11:35 (RVC)

¿Cómo se describe lo que experimenta un ciego? Los que nacen sin la vista solo lo definen como una "nada". Ni siquiera pueden compararlo con oscuridad pues no conocen nada opuesto. Los que van perdiendo la vista, ven destellos de luz o formas borrosas. Algunos incluso solo pueden ver a ciertas distancias y no más.

Lo único real es que nadie quiere estar ciego. Por eso, el Señor Jesús nos advierte que revisemos con frecuencia si nuestros ojos son buenos o malos. En el primer caso, dejarán que todo nuestro cuerpo se llene de luz. Si no, nos llenaremos de oscuridad. ¿A qué se refiere? A que, tristemente, podemos oscurecer o ensombrecer nuestro entendimiento de Él.

Si no hemos confiado en Jesús, estamos literalmente ciegas y andamos en oscuridad. Si ya hemos creído en Él, hemos visto la luz. Sin embargo, quizá hemos dejado de seguirle. Tal vez ya no deseamos conocerle más. Conformes con nuestra salvación, nos hemos sentado en la banca los domingos y solo escuchamos de vez en cuando. No leemos la Biblia ni oramos, aunque si otros nos preguntan decimos que sí.

En otras palabras, hemos permitido rincones oscuros. Hemos dado paso a que la oscuridad nuble nuestra comprensión de Dios y de su voluntad para nuestras vidas. Escuchemos al Señor: ¡Tengamos cuidado! Estudiemos la Biblia por nosotras mismas y oremos sin cesar al Señor. Que nuestra vida resplandezca con su luz, como si un reflector nos alumbrara.

Señor mío, hazme discernir entre las tinieblas y tu luz verdadera.

KO

22 DE JULIO

DIOS CUIDA DE TI

Cinco pajaritos apenas valen unas cuantas monedas.
Sin embargo, Dios se preocupa por cada uno de ellos.
Lucas 12:6 (TLA)

Una pareja de golondrinas eligió construir su nido en la terraza. Traían ramitas y lodo en sus picos y después de mucho trabajo su hogar quedó listo. Llegaron los huevos y el papá traía alimento para que la madre permaneciera dándoles su calor. Tuvimos que mudarnos antes del nacimiento, y con amor y preocupación nos despedimos de la adorable pareja.

Por varias semanas oré por ellos. Me consternaba saber que con frecuencia los propietarios quitan los nidos para pintar y rentar las casas nuevamente. Comprendí entonces el amor de Dios hacia nosotros. Si yo, con un corazón imperfecto podía interesarme tanto por ellos, ¡cuánto más nuestro santo y amoroso Padre tiene cuidado de nosotros!

Llegó la paz a mi corazón al entender que Dios tendría cuidado de aquellas aves y que su bendición protectora estaría no solamente sobre su nido sino también sobre nuestro hogar. Somos tan valiosos para nuestro Creador que ha provisto nuestro bienestar para esta vida y la venidera. ¡Diseñó un plan para darnos vida eterna!

Él te observa, tiene cuidado de ti y proveerá para todas tus necesidades. Civilla Durfee Martin escribió: "¿Cómo podré estar triste?¿Cómo entre sombras ir? ¿Cómo sentirme solo y en el dolor vivir? Si Cristo es mi consuelo, mi amigo siempre fiel, si aun las aves tienen seguro asilo en Él. ¡Feliz, cantando alegre, yo vivo siempre aquí, si Él cuida de las aves, cuidará también de mí!".

Jesús, tu máxima expresión de amor fue tomar mi lugar
en la cruz. Gracias.

MG

23 DE JULIO

RECHAZO Y DESPRECIO

El padre estará contra su hijo y el hijo contra su padre;
la madre contra su hija y la hija contra su madre;
la suegra contra su nuera y la nuera contra su suegra.
Lucas 12:53 (DHH)

Abraham reconoció al Mesías gracias al testimonio de nuestros vecinos, quienes nos encargaron cuidar de él. Abraham era un jovencito judío de veinte años cuando lo conocimos y siempre vestía como ortodoxo, con sus rulitos a los lados de su cabeza, su kipá, camisa blanca, pantalón negro y su tzitzit colgando a los lados de su pantalón. No tenía dónde ir, así que le dimos cobijo. Sus padres lo habían rechazado por haber creído que Jesús era el Mesías de Israel.

Ahmet es otro hombre con una historia diferente. Él, antes un musulmán devoto, leyó las Escrituras y decidió seguir a Jesús. Su familia también lo rechazó y tuvo que huir a la ciudad para encontrar trabajo y conseguir nuevos amigos. ¿Y qué de Lee? Es un hombre que nació en China y donde el cristianismo también se desprecia.

Decidir por Jesucristo nos causará el rechazo de los que no le aman y en algunos casos, su desprecio. Pero Jesús lo advirtió desde el principio. Él no vino a traer paz a la tierra, sino a causar división entre las personas por una sencilla razón: nos dio la libertad para aceptar la salvación o rechazarla. Y cuando muchos se deciden por Cristo, otros lo menosprecian, los persiguen o rechazan.

Escoger a Cristo te va a traer problemas, pero también incontables bendiciones, además de la vida eterna. Así como Abraham encontró en nosotras una familia, y Ahmet una esposa en la comunidad de fe, y Lee un nuevo propósito, Dios no te abandonará.

Señor, por ti estoy dispuesta al rechazo y al desprecio.

YF

24 DE JULIO

¿Gente buena?

¡Les digo que no! De la misma manera, todos ustedes perecerán,
a menos que se arrepientan.
Lucas 13:3 (RVR60)

El rabino Harold Kushner escribió *Cuando a la gente buena le pasan malas cosas* para tratar de explicar el sufrimiento. Su idea central es que Dios no puede ni desea intervenir para proteger a la gente de las tragedias. Al dejar que usemos el libre albedrío, cosas malas suceden en las vidas de las buenas personas.

Tristemente el libro no aborda la pregunta esencial: ¿quiénes son esas buenas personas? Quizá para él, una buena persona es su vecino que sigue las reglas de etiqueta y lo saluda cada mañana, pero no sabe que engañó a su esposa ya tres veces. Tal vez él mismo se considera una persona buena porque sigue fielmente su religión y procura el bien de los demás. ¿Pero será que jamás ha mentido o difamado?

Cuando Pilato asesinó a ciertos judíos que sacrificaban en el templo, la gente se preguntó si dicha matanza había sido un castigo. La lógica humana decía que, si uno hacía mal, le iba mal. Si hacía el bien, le iba bien. Por supuesto que cada uno definía "bien" y "mal" de distintas maneras, pero concluyeron que las tragedias solo les ocurrían a los que eran peores.

Jesús, sin embargo, aclaró tajantemente la situación. Todos los seres humanos son malos. Todos son pecadores. Todos necesitan salvación. A todos nos pasan cosas malas porque ¡las merecemos! Pero Dios no es ajeno a nuestro problema. Por eso Jesús vino a esta tierra para ofrecernos el camino del arrepentimiento y del perdón. Esa sí que es una cosa buena para nosotros, la gente mala.

Soy pecadora, Señor. Gracias por salvarme.

KO

25 DE JULIO

EL JARDINERO Y YO

Déjala un año más, y le daré un cuidado especial
y mucho fertilizante.
Lucas 13:8b (NTV)

Un árbol de níspero crece en el patio de nuestra iglesia. Hace años, estaba muy chiquito y no daba fruto. Además, le dio una plaga y se veía muy triste. Decidí que necesitaba atención. Le eché un tratamiento en las hojas y pedí al dueño de unas ovejas que me regalara del abono de sus animales para ponerlo alrededor. Poco a poco fue sanando y creciendo, y con el tiempo produjo su sabroso fruto, pequeño, amarillo y jugoso.

Si alguien hubiera dicho: "¡Ya córtalo!" como el dueño de la higuera de la historia bíblica, le habría pedido que le diera otra oportunidad. Ahora, en la temporada en que da fruto, varios disfrutamos de comerlo recién cosechado, o de hacer diferentes recetas con él.

En la parábola de Jesús que relata Lucas, el jardinero es el que ruega por otra oportunidad para que fructifique la higuera. Se puede hacer una comparación con el pueblo de Dios. Israel, el pueblo elegido, falló vez tras vez, pero todavía hoy Dios les está dando una oportunidad. ¿Y nosotras? ¡También hemos sido merecedoras de sus misericordias nuevas cada mañana!

Cuando entendemos el amor y el cuidado de Dios, su paciencia y su perseverancia en no darse por vencido con nosotras, buscaremos dar fruto. ¿Conoces a alguien que va por el mal camino y no parece cambiar? Habla con el Jardinero por excelencia y pídele que le dé otra oportunidad. Así como Él no se rinde con nosotras, tampoco lo hagamos con los demás.

O Jardinero por excelencia, ¡quiero responder a tus cuidados
y dar fruto!

MHM

26 DE JULIO

LA OPINIÓN MÁS IMPORTANTE

Un sábado, Jesús estaba cenando en la casa de un jefe
de los fariseos. Todos los que estaban presentes
lo vigilaban muy atentos.
Lucas 14:1 (TLA)

Big Brother no empezó como un programa de televisión, sino como un personaje en la novela de George Orwell *1984*. Es el ente que gobierna a Oceanía e irrumpe en la trama constantemente por su estrecha presencia. Quizá por eso se usa el término para referirse a las personas u organizaciones que ejercen una vigilancia que se percibe como excesiva, peligrosa o invasiva de la intimidad.

Los fariseos fueron el *Big Brother* en tiempos de Jesús. Si bien eran las personas que más debían apoyarlo, pues temían a Dios según ellos, no cesaban de observarlo de cerca y seguir todos sus pasos. Quizá hoy los discípulos podrían haberlos acusado de hostigamiento. Su amenaza superaba a la de los paparazzi.

¿Y cómo reaccionó Jesús? De manera sabia, asertiva y contundente. No tenía nada que esconder, así que actuaba con transparencia. Conversaba con ellos y retaba su pensamiento para pensar en sus motivaciones más profundas. Seguramente el Señor debía orar y amar doblemente a estos espías, pues también murió por ellos en la cruz.

¿Has sentido que otros te siguen de cerca solo para ver si caes? No permitas que la crítica te cambie o te limite. Hay que entender que no todas las personas pueden aceptarnos como somos. Si estás haciendo una diferencia en tu medio de influencia, seguramente vas a ser observada y criticada. Sigue adelante. Solo en Jesús encontrarás aliento y consuelo. Olvida el qué dirán y mira hacia arriba, porque de allí viene la opinión que importa.

Dios, quiero agradarte a ti, ayúdame a actuar sabiamente.

MG

27 DE JULIO

LA SAL

Buena es la sal; mas si la sal se hiciere insípida, ¿con qué se sazonará?
Lucas 14:34 (RVR60)

La sal ha sido un producto codiciado por sus características especiales. Hubo un tiempo que se usaba como moneda. Además de dar sabor a los alimentos, es un antimicrobiano y un deshidratante, absorbe la humedad y evita el desarrollo de bacterias que causan la putrefacción.

Contiene muchos minerales que le hacen falta a nuestro cuerpo, como el hierro, fósforo, magnesio, sodio. Si se almacena correctamente, la sal puede durar toda la vida. La sal nunca caduca si está en su forma natural, sin mezclarse con aditivos. Percibiendo todas estas cualidades, podemos entender la importancia que el Señor Jesús le daba a la sal cuando nos comparó con ella.

Los creyentes en el mundo podemos darle sabor, frenar la putrefacción que causa el pecado y proveer a la humanidad de los elementos que le faltan delante de Dios. Somos sal. ¿Pero cómo podemos dejar de serlo? Cuando olvidamos que hay un precio a pagar por ser sus discípulos. El que sigue a Jesús debe tener un compromiso incondicional con Jesús: aborrecer a los demás, cargar nuestra propia cruz y seguirlo. También debemos tener una entrega incondicional. Debemos dejar lo que poseemos.

Hacer lo contrario, nos vuelve esa sal insípida que solo sirve para la basura. Vuelve a leer la porción de ella y considera el costo de ser un discípulo de Jesús. ¿Has calculado el costo de construir en tu vida un edificio espiritual? ¿Has entrado a la guerra con buenos consejeros? ¡Vale la pena seguir a Cristo!

Oh, Dios mío, ¡quiero ser sal en la tierra!

YF

28 DE JULIO

LA HISTORIA DE UNA OVEJA

¿Quién de ustedes, si tiene cien ovejas y pierde una de ellas,
no deja las otras noventa y nueve en el campo y va en busca
de la oveja perdida, hasta encontrarla?
Lucas 15:4 (DHH)

¿Cuál oveja se perdió? Eran cien. ¿Cuál decidió extraviarse? ¿La más gorda? Entonces por eso el pastor fue por ella. ¡Valía más! Pero eso no es lo que dice la Escritura. ¿La más bonita? Como su consentida, el pastor dejaría a las demás y la buscaría. Pero eso no dice la Biblia. La oveja era una oveja cualquiera. En otras palabras, quizá cualquier otro pastor la hubiera dado por perdida, pero no el de esta historia.

¿Y cómo se perdió? Se apartó del rebaño que estaba en el desierto. ¿Cómo se le ocurre? El desierto es peligroso. Hay animales salvajes y falta el agua. El calor aturde y el frío congela. Con todo, la oveja se marchó sola, exponiéndose a los elementos y a los depredadores, descendiendo por las arenas. ¿Qué hizo entonces el pastor? Ir tras ella y ensuciarse de la misma miseria. Sudar igual, titiritar igual, sufrir igual, arriesgarse igual.

¿Por qué lo hizo? ¿Por qué dejó las noventa y nueve? Porque esa "una" valía la pena. Porque esa "una" necesitaba rescate. Porque esa "una" estaba perdida. La buscó hasta encontrarla y la puso sobre sus hombros pues quizá estaba herida, asustada o débil. Con ternura la trajo de regreso a su casa, al rebaño y a su presencia.

¿Cómo termina la historia? Con una fiesta. El pastor invitó a sus vecinos y amigos para celebrar por esa "una" que se marchó. ¿Por qué? Porque este pastor simplemente es así: da su vida por las ovejas.

"Hay una oveja perdida detrás de cada disfraz", Señor. ¡Gracias por
rescatarme!

KO

29 DE JULIO

BUENAS ADMINISTRADORAS

Rinde cuentas de tu administración...
Lucas 16:2b (NVI)

¿Sabías que puedes estudiar administración del hogar? En dicho curso te enseñan a crear una rutina realista para tu familia. Te muestran cómo formar un plan de ataque para no abrumarte con el lavado de ropa. ¿Quieres una cocina organizada y limpia? ¡Te dirán cómo hacerlo! ¿No suena maravilloso?

Si bien hoy es la mujer la que en muchos casos organiza el hogar, en algunas épocas, las familias acostumbraban a tener mayordomos que administraban muchos aspectos de la vida diaria. El dueño confiaba en ellos completamente para llevar el control de sus asuntos y dinero. Si esta persona no era responsable en su deber, podía echar a perder toda la empresa familiar.

En esta parábola de Jesús, el patrón le pide a su administrador o mayordomo que le rinda cuentas. Aquí y en otras enseñanzas, el mensaje para los cristianos es que somos responsables de lo que nos encomienda el Señor: el tiempo, los recursos materiales, los talentos y los dones que nos ha dado. A fin de cuentas, nada es "nuestro" sino que nos fue prestado por Él para glorificar a nuestro Patrón celestial.

Si somos mamás, hay una época en la cual somos especialmente responsables de los hijos; las prioridades cambian con el tiempo. Si tenemos un empleo, allí también Dios espera que hagamos lo mejor que podamos como representantes suyos. Nuestras posesiones realmente son de Él; podemos usar nuestro hogar y nuestro vehículo para servir a los demás. Aunque todos tenemos veinticuatro horas al día, también debemos considerar que nuestro tiempo es del Señor.

Gracias, Señor, por todo lo que me das. Permíteme administrarlo fielmente.

MHM

30 DE JULIO

PROMESAS QUE FORTALECEN

çLos apóstoles le dijeron al Señor: —Muéstranos
cómo aumentar nuestra fe.
Lucas 17:5 (NTV)

¿Cómo puedes aumentar tus riquezas? Pregúntale a un asesor financiero. ¿Cómo puedes aumentar tu peso? Habla con un nutriólogo. ¿Cómo aumentar tu coeficiente intelectual? Lee libros al respecto. ¿Y cómo aumentar tu fe? Los discípulos acudieron al Señor Jesús en busca de una respuesta.

¿Qué les contestó? *Lee más tu Biblia. Entra a estudiar a un seminario. Ora porque tu fe aumente. Da más limosna. Ayuda a los pobres. Controla tu carácter. Conviértete en pastor de tu congregación.* Realmente no dijo ninguna de las anteriores. De hecho, por más que busqué en el pasaje no encontré una contestación concreta. Lo que hizo Jesús fue corregir la demanda.

No se trataba del tamaño de la fe. Jesús dijo que aún la fe fuera del tamaño más microscópico lograría mover una montaña. ¿Entonces? La fe no se mide, sino que se experimenta. Como muchos han dicho, no se trata de cuánta fe tienes sino en quién la depositas. Yo puedo creer con todo el corazón que mi auto me ama, pero jamás recibiré de él un abrazo. He puesto mi fe en una tontería.

Sin embargo, cuando ponemos nuestra confianza en el Todopoderoso, incluso una gota de fe alcanza para lograr lo imposible, y la prueba mayor es nuestra salvación. Seguramente, como yo, cuando conociste a Jesús viniste a Él titubeante y sin saber mucho de su persona, pero, segura que Él es quien dice ser, creíste en Él. ¿Cuánta fe tenías entonces? ¿Qué es lo importante? Poner tu fe en Jesús.

Señor, creo.

KO

GRATITUD

Cayó rostro en tierra a los pies de Jesús y le dio las gracias,
no obstante que era samaritano.
Lucas 17:16 (NVI)

Malintzi, nombre que significa "hierba" en el idioma náhuatl, era el nombre de la mujer que fungió como intérprete de Hernán Cortés quien sometió al Imperio azteca. Gonzalo Rodríguez Ocaña, uno de los conquistadores, dijo: "Después de Dios, la mayor razón para el éxito de la conquista fue Marina". En el México actual, su nombre se asocia con la traición y si alguien es atraído por alguna cultura extranjera se le da el nombre de "malinchista".

En el tiempo del Señor Jesús, los samaritanos eran considerados "malinchistas" por haberse mezclado con otros pueblos. Eran indignos de acercarse al Dios de Abraham, Isaac y Jacob. Sin embargo, detectamos en las Escrituras que el Señor interactuó con estos despreciados muchas veces. Esta historia bíblica nos habla de diez hombres que también eran menospreciados debido a la lepra. Entre ellos uno experimentaba un doble desprecio por ser samaritano.

Un día feliz, los diez encuentran al Maestro y le piden misericordia. Siempre dispuesto a favorecer a la raza humana, les concede su petición y el único que se sintió obligado a regresar para agradecer lo que Jesús había hecho fue ese samaritano "malinchista". ¿Cómo es que los otros nueve no siguieron su ejemplo?

En cierto modo, todos hemos sido traidores que hemos abandonado a Dios y hemos amado más la cultura del pecado que de la fe. Jesús, como a esos hombres, nos ofrece la sanidad espiritual. ¿Cómo reaccionamos a sus regalos? Espero que, con gratitud, como aquel samaritano.

Señor, caigo a tus pies agradecida por lo que has hecho.

YF

1ro de agosto

El Dios de justicia

¿Acaso Dios no hará justicia a sus escogidos, que claman
a él día y noche? ¿Se tardará mucho en responderles?
Lucas 18:7 (NVI)

Al día que escribo, mi querida amiga Betty lleva más de quinientos días luchando por la libertad de sus primos, presos políticos en su amada Cuba. Me admira su tenacidad y su entrega para luchar a favor de sus seres queridos, exigiendo una justicia que parece tan lejana e improbable. Sin embargo, alguien escucha sus oraciones.

En la parábola de hoy, una viuda, una de las personas con menos influencia, privilegios y derechos en la comunidad judía del siglo I, se acerca a un juez para pedir justicia. El juez, a final de cuentas, dictamina a su favor debido a la insistencia de esta mujer, pero Jesús hace un paralelismo entre este juez y Dios que no debemos pasar por alto.

El juez de esta historia no temía a Dios. Tampoco se preocupaba por la gente. No hacía caso de las peticiones de esta viuda hasta que se le agotó la paciencia. Entonces Jesús concluye que Dios no es así. "¿Acaso no creen que Dios hará justicia a su pueblo escogido que clama a él día y noche? ¿Seguirá aplazando su respuesta? Les digo, ¡que pronto les hará justicia!" (v. 7-8, NTV).

Espero que mi amiga Betty pronto reciba un veredicto justo para sus seres queridos. Si nosotras, como ella, tenemos un conflicto, no nos demos por vencidas y sigamos orando. Dios, el Juez Justo, totalmente opuesto al personaje de esta parábola, nos escucha y se interesa en nosotras y, tarde o temprano, hará grandes cosas a nuestro favor.

Señor, gracias porque eres un Dios de justicia.

KO

2 DE AGOSTO

¡BIENVENIDOS, NIÑOS!

Dejen que los niños vengan a mí, y no se lo impidan,
porque el reino de Dios es de quienes son como ellos.
Lucas 18:16 (NVI)

Mi hijo era de edad preescolar cuando quise apartarme por un rato para mi tiempo devocional. Como el niño típico apegado a su mamá, insistió en acompañarme. Supuse que no entendería que yo estuviera orando en silencio, así que decidí orar en voz alta y a pedir por varias personas conocidas. De repente, él empezó a mencionar nombres: su tía, su primo y otros. Se derritió mi corazón al comprender que, con todo y su edad tierna, también era capaz de hablar con Dios a su manera.

Tendemos a subvalorar las capacidades de los niños. Sin embargo, sobre todo en la primera niñez, se ha dicho que en realidad son como esponjas, capaces de absorber todo tipo de información. De hecho, algunos países comunistas y otros han prohibido que se lleve a los pequeños a la iglesia para no inculcarles enseñanzas cristianas a temprana edad.

Cuando la gente empezó a llevar niños pequeños a Jesús para que los tocara, los discípulos reprendieron a los adultos. Pero Jesús llamó a los niños y declaró: "Dejen que los niños vengan a mí, y no se lo impidan, porque el reino de Dios es de quienes son como ellos" (v. 16, NVI). Reconocía que los niños son sensibles a las verdades espirituales y son ejemplo para los adultos.

¿A veces sientes que los niños son un estorbo? Ciertamente piden mucha atención, lo cual puede ser cansado. Sin embargo, con la ayuda del Señor, podemos reconocer que son una prioridad en sus ojos y pueden abrir nuestros ojos a realidades espirituales.

Padre, hazme paciente con los niños y hazme sensible a ti.

MHM

3 DE AGOSTO

MIRÓ HACIA ARRIBA

Cuando Jesús pasó por allí, miró hacia arriba y le dijo: "Zaqueo, bájate ahora mismo, porque quiero hospedarme en tu casa".
Lucas 19:5 (TLA)

Proxemia es un término acuñado por el estadounidense Edward T. Hallju que analiza, entre otras cosas, la influencia de la posición que ocupa una persona en relación al lenguaje no verbal. Por ejemplo, si la silla de un comensal es más baja que las demás, puede hacer sentir incómoda a la persona que la ocupe. Detalles así, tienen efectos en cómo nos sentimos y en nuestra interacción con los demás.

La manera en la que ocurrió el primer encuentro entre Jesús y Zaqueo es muy interesante. Como era un hombre de baja estatura, había subido a un árbol para ver al Maestro, quien, mirando hacia arriba, lo llamó por su nombre. ¿Casualidad? Zaqueo miró hacia abajo, y se encontró con el amoroso y amigable rostro del Salvador. No se sintió intimidado, bajó con gozo y presteza para llevar a Jesús a casa.

Jesús tuvo la delicadeza de permitir que Zaqueo estuviera en una posición más alta, y le brindó confianza llamándole por su nombre. Le comunicó interés al expresarle su deseo de ir a su hogar y finalmente Jesús platicó con él de manera profunda, haciéndole comprender que lo había buscado para salvarlo.

Quizá Zaqueo había mirado hacia arriba toda la vida. Por primera vez miró hacia abajo y se encontró con aceptación. Así es nuestro Dios. Él está cercano y se aproxima a nosotros para recordarnos que nos ama y nos quiere salvar. Como Zaqueo, estemos dispuestas a invitarlo a casa y dejarlo que cambie nuestras vidas.

"Cuando de rodillas te miro, Jesús, veo tu grandeza y mi pequeñez".

MG

4 DE AGOSTO

NO LE RECONOCIERON

Al acercarse a Jerusalén, Jesús vio la ciudad delante
de él y comenzó a llorar.
Lucas 19:41 (NTV)

Más de veinte millones en Ciudad de México, más de catorce millones en Buenos Aires, más de diez millones en Bogotá. Ciudades vibrantes, complicadas, peligrosas. Cunas de arte e historia, pero también escondites de criminales. Si vives en una ciudad, ¿qué sientes por ella? ¿Desdén y desprecio? ¿Amor y compasión?

Antes de morir, Jesús lloró por la ciudad de Jerusalén. Lamentó que hubieran desechado la paz y profetizó que no pasaría mucho tiempo antes que la destruyeran. En el año 70, Tito, el general romano, sitió a Jerusalén debido a una revuelta empezada por los zelotes. La fiesta de la Pascua había recién terminado y Jerusalén estaba saturada de visitantes. Sin agua y sin comida suficiente, los judíos se vieron obligados a comer heno, cuero y a sus propios hijos.

Pronto, Tito logró penetrar en la ciudad y se cumplió lo que dijo el Señor: mataron a sus habitantes e incendiaron y destruyeron el templo sin dejar una piedra encima de otra. El Señor sabía lo que su gente amada iba a sufrir por su insensatez y lloró con gran tristeza. ¡No habían querido reconocerle como el Mesías!

¿Qué podemos hacer hoy por las grandes ciudades del mundo? Clamemos por ellas. Lloremos por ellas. Oremos por quienes sabemos que no han reconocido al que dio su vida por ellos. Roguemos por esas grandes urbes donde la gente necesita oír de Jesús, y si vivimos en ellas, seamos luz en donde estemos.

Señor, ¡levantamos nuestro clamor por los que no te conocen!

YF

5 DE AGOSTO

LA PIEDRA

Todo el que tropiece con esa piedra se hará pedazos,
y la piedra aplastará a quienes les caiga encima.
Lucas 20:18 (NTV)

Una roca enorme puede presentar un reto y una aventura para los buenos escaladores, o se puede volver una amenaza. Esto sucedió en enero del 2022 cuando parte de la pared de roca del cañón en un lago en Brasil se desprendió y cayó sobre tres lanchas cercanas y dejó sin vida a diez personas.

Jesús se comparó con una piedra grande. Cuando estuvo en el templo, los fariseos cuestionaron su autoridad y Jesús, entonces, tal vez contemplando los cimientos, les recordó un pasaje en los Salmos. Ningún constructor rechazaría la piedra central de un edificio. ¡Pero eso estaban haciendo los religiosos de la época! Dios había profetizado que pondría una piedra de cimiento en Jerusalén, una piedra sólida y probada, sobre la cual se construiría con seguridad. Y "el que crea jamás será sacudido" (Isaías 28:16, NTV).

Sin embargo, ahí estaba Jesús, recibiendo de parte de los israelitas menosprecio y repudio. Entonces Jesús advierte dos posibles consecuencias. Algunos de nosotros tropezaremos con esta piedra. Nos sacudirá el darnos cuenta de que somos pecadores y no merecemos el perdón de Dios, pero seremos retados a confiar en el sacrificio de Cristo. Nuestro orgullo y nuestras buenas obras se harán pedazos, pero solo para recibir después la sanidad. ¿Somos parte de este grupo?

El segundo corre más peligro. Debido al rechazo, la piedra un día los aplastará. ¡No podrán escapar del juicio! Así que, pensemos, ¿escalaremos la roca o dejaremos que nos destruya? Que la Roca se convierta en nuestro refugio y protección, y no en un peligro.

Señor, Tú eres mi roca y mi salvación. En ti encuentro refugio.

KO

6 DE AGOSTO

PREGUNTAS CAPCIOSAS

Y ya no se atrevían a hacer más preguntas.
Lucas 20:40 (NBLA)

"Busca la respuesta en el mismo lugar desde donde vino la pregunta", reza un proverbio sufí. Podemos tomar en cuenta quién hizo la pregunta, desde qué contexto y por qué la hizo. ¿Son preguntas sinceras que reflejan una búsqueda de la verdad, o solo son preguntas capciosas? Una pregunta capciosa busca confundir al interlocutor o atraparlo. Según la Real Academia Española, significa: "cuestión formulada arteramente con el objeto de provocar el error o la confusión del deponente".

En este pasaje encontramos varias interrogaciones. Varias de ellas son completamente capciosas y expresan más bien astucia, lo cual no engaña para nada a Jesús. Los líderes religiosos hacen una pregunta sobre los impuestos a Roma, porque piensan que Él quedará mal ya sea con los judíos o con los romanos. Él no cae en la trampa. "Y no podían sorprender a Jesús en palabra alguna delante del pueblo; y maravillados de su respuesta, se callaron" (v. 26, NBLA).

Luego los saduceos hacen una pregunta que creen que probará que la resurrección no existe. También fallan, y luego nadie se atreve a hacer más preguntas. En medio de todo esto, Cristo mismo les hace preguntas a los líderes. En dos ocasiones, no le contestan nada, pues no quieren reconocer lo que dicen las Escrituras del Mesías.

Cuando nos hacen preguntas acerca de nuestra fe, ¿solo quieren "rompernos el globo"? No tenemos que contestar las preguntas capciosas ni conviene meternos en discusiones. Respondamos a las dudas sinceras o, si es necesario, busquemos las respuestas en amor.

Señor, dame de tu Espíritu para contestar a los que realmente quieren saber sobre mi fe.

MHM

7 DE AGOSTO

ÉL VE Y SE FIJA

Jesús se detuvo a observar y vio a los ricos que echaban
sus ofrendas en las alcancías del templo. También vio
a una viuda pobre que echaba dos moneditas de poco valor.
Lucas 21:1-2 (NVI)

En "Escándalo en Bohemia" de *Las aventuras de Sherlock Holmes* del autor Arthur Conan Doyle, Sherlock y Watson dialogan una noche en la sala de la casa en Baker Street. Sherlock dice: "Usted ve, pero no se fija. Por ejemplo, usted ha visto con frecuencia los escalones para subir desde el vestíbulo a este cuarto. ¿Como cuántas?". Watson responde que centenares de veces. Entonces Sherlock le pregunta cuántos escalones hay y Watson guarda silencio.

"¡Lo que yo le decía!", responde Sherlock. "Usted ha visto, pero no se ha fijado. Pues bien: yo sé que hay diecisiete escalones, porque los he visto y, al mismo tiempo, me he fijado". La capacidad de observación de este detective es impresionante, pero es ficción.

Jesús, sin embargo, observa de manera real y profunda; Él mira el corazón y puede discernir sus intenciones. Él observó con qué actitud ofrendaban los ricos y la viuda pobre. La mujer no pensó en impresionar a nadie, ni dio para recibir más a cambio.

Cuando vamos a la iglesia los domingos, nos vestimos bien. Pero debemos estar más conscientes de que hay otros detalles que nuestro Señor observa.

La próxima vez que llegue la hora del ofertorio, recuerda que Jesús te ve, y también se fija. Él conoce tus finanzas y necesidades; se agrada del corazón que lo pone a Él como prioridad. Y como Sherlock, Él lleva la cuenta de muchas cosas, pero no con el afán de juzgar o reclamar, sino de bendecir y conducir a cosas mejores.

Señor, quiero ofrendar con gratitud y corazón alegre.

MG

8 DE AGOSTO

NAVEGANDO POR LA VIDA

El cielo y la tierra desaparecerán, pero mis palabras
no desaparecerán jamás.
Lucas 21:33 (NTV)

Los cristianos somos como un grupo de marineros que nos subimos a una nave para surcar el océano de la vida. A veces viajamos de día, pero en otras lo hacemos durante la noche. Sabemos bien cuál es nuestro puerto de destino, pero como a veces navegamos en las sombras, necesitamos un faro que nos ayude a evadir los peligrosos arrecifes o los terribles icebergs.

Las profecías bíblicas sirven como esas luces y señales que nos acompañan en el viaje. ¿El destino? La venida del Hijo del hombre, es decir, cuando Jesús venga por segunda vez a reinar sobre la tierra. En este pasaje tenemos algunas señales: guerras, terremotos, plagas y cosas aterradoras y grandes en los cielos.

Además, un tiempo de gran persecución y Jerusalén rodeada por ejércitos enemigos. También habrá señales en el sol, en la luna y en las tierras. Las naciones del mundo estarán en caos y habrá temor. Pero, más que asustarnos por el futuro, este pasaje nos recuerda algo inminente: el fin de la historia es el reino de Dios sobre este mundo, ¡y esa es una gran noticia!

La Palabra del Señor se cumple. Si esto vale para lo desagradable, también vale para lo bueno. La pregunta es: ¿confiamos en Él? Debemos estar expectantes de las señales en las tinieblas, sin olvidar que no importa cuán tenebrosa parezca la oscuridad, Cristo no es solo nuestro destino, sino también el Capitán de la barca y la llevará a buen puerto.

Confío, Señor, en lo que dices.

KO

9 DE AGOSTO

EL PAN DE VIDA

También tomó pan y, después de dar gracias, lo partió,
se lo dio a ellos y dijo: —Este pan es mi cuerpo, entregado
por ustedes; hagan esto en memoria de mí.

Lucas 22:19 (NVI)

El teólogo Alexander Schemman nos dice que Dios creó al hombre hambriento y lo invitó a comer "del fruto de cualquier árbol del huerto" (Gn. 2:16, NTV). Desde el principio, el pan llegó a ser una de las comidas básicas para satisfacer un instinto tan primitivo, pero también se convirtió en un símbolo de festividad y compañerismo.

Antes de morir, Jesús reunió a sus discípulos para festejar una de las fiestas judías más importantes: la Pascua. No faltó el pan. Jesús, de hecho, ya les había dicho a sus discípulos: "Yo soy el pan de vida. El que viene a mí nunca volverá a tener hambre" (Juan 6:35, NTV). Y en esta ocasión, Jesús tomó el pan, dio gracias, lo partió y se los dio haciendo referencia a su muerte.

Todos los seres humanos padecemos de hambre espiritual. Hemos nacido con un vacío interior que nos hace buscar diferentes satisfactores. Pero solo podremos encontrar saciedad en el Pan de vida, quien nos invita a venir a Él para no tener hambre jamás. Para eso murió en la cruz, siendo como ese pan desmigajado que nos trajo salvación. ¿Has aceptado su invitación?

Si es así, entonces ahora puedes participar del compañerismo en la mesa de Jesús, donde el pan se convierte en un símbolo. Cada vez que comemos del pan en la Mesa del Señor, celebramos el sacrificio de Cristo y nos acordamos de quién es Él para nosotros. ¿Lo más increíble? Un día celebraremos con Él, cara a cara, y juntos compartiremos el pan.

Pan de vida, sáciame, Señor Jesús.

KO

10 DE AGOSTO

¡BASTA!

Pero Jesús dijo: "Basta". Y tocó la oreja del hombre y lo sanó.

Lucas 22:51 (NTV)

México está en primer lugar mundial de la difusión de la pornografía infantil. También es el país que tiene más adolescentes embarazadas. Durante la pandemia que inició en 2020, aumentó 200% el índice de incesto. Una de cada cuatro niñas y uno de cada seis niños sufrirá abuso sexual antes de los 18 años, pero solo uno en cada diez lo cuentan. Estas y más estadísticas siguen gritando que están en gran peligro los niños en muchos países del mundo.

Una mexicana fundó una organización cristiana que se llama "Ya basta" para luchar en contra del abuso sexual infantil. Representantes en diferentes ciudades dan pláticas a grupos de niños; ofrecen dinámicas y actuaciones con botargas para enseñarles a respetar sus cuerpos y defenderse. Al reconocer este terrible pecado en la sociedad, en vez de ser indiferentes, actúan para tratar de disminuir los casos de víctimas inocentes.

Jesús mismo no se defendió físicamente cuando lo atacaron, ¡pero defendió a los enemigos que vinieron a apresarlo! Cuando un discípulo reaccionó con violencia y le cortó la oreja de un siervo del sumo sacerdote, "Jesús dijo: 'Basta'… y lo sanó" (v. 51, NTV). No les guardó rencor. No se vengó. Más bien, la injustica para con otros le dolió y procuró hacer lo correcto.

A diario ocurren la violencia y el abuso en nuestro derredor, ya sea física, sexual, verbal o de otro tipo. ¿No simporta? ¿Solo nos libramos de responsabilidad diciendo "voy a orar", y ni eso hacemos? Cuando nos sea posible, también actuemos para defender a los que sufren y digamos: "¡Ya basta!".

Padre nuestro, abre mis ojos a los que sufren injusticia y abuso.

MHM

11 DE AGOSTO

UNA CHISPA PELIGROSA

Y comenzaron a acusar a Jesús, diciendo: "Hemos hallado que éste pervierte a nuestra nación, prohibiendo pagar impuesto a César, y diciendo que Él mismo es Cristo, un Rey".

Lucas 23:2 (DHH)

¿Sabías que de acuerdo a estudios realizados por David Sloan Wilson, de la Universidad Estatal de Nueva York, tanto hombres como mujeres, dedican aproximadamente entre el 50% al 60% de sus conversaciones del día a "contenido chismoso"? Las personas que cuentan algún chisme suelen hacerlo por interés, envidia, celos, enojo o venganza, para generar alianzas o influir sobre la opinión de los demás.

Un ejemplo de esto fue la manera en la que los religiosos miembros del concilio murmuraron chismes en contra de Jesús. Entre otras cosas, lo calumniaron diciendo que se oponía al pago de impuestos, lo que era mentira, pues Él dijo: "Dad a César lo que es de César". Los rumores se transmitieron y las personas los creyeron al grado de pedir que lo crucificaran.

Es como el chispazo que genera un incendio devastador. Debemos ser muy cuidadosas de no participar de malas conversaciones a la hora del café y mucho menos hablar de otros; esto es como llevar el incendio a otra parte. En el caso de Jesús, lo que empezó como murmuración, terminó como un *vía crucis*.

Cuando de manera irresponsable alguien murmura en nuestra contra, mezclando verdad con mentira, oremos que Dios transforme sus motivaciones y no actuemos de la misma manera. Dios nos defenderá y la verdad, tarde o temprano, triunfará. Por otra parte, no prestemos atención a las murmuraciones. No sea que, sin saber cómo, terminemos formando parte de la turba que grita: "crucifícale".

Señor, líbrame del chisme.

MG

12 DE AGOSTO

UNGÜENTO PERFUMADO

Y vueltas, prepararon especias aromáticas y ungüentos;
y descansaron el día de reposo, conforme al mandamiento.
Lucas 23:56 (RVR60)

Mandy Aftel, escritora y perfumista, nos dice que la canela representa la aventura, la menta nos remonta al hogar, el incienso nos eleva a lo espiritual, el ámbar gris apela a nuestra curiosidad y el jazmín nos hace anhelar la belleza. Los aromas, en pocas palabras, tocan nuestra memoria y nuestras emociones.

Desde la antigüedad, los mejores regalos se presentaban por medio de ungüentos y esencias. De hecho, la "Ruta de las especias", que pasaba por Medio Oriente antes de llegar a Europa, traía deliciosos ingredientes, como el azahar y la mirra. También se contaban increíbles leyendas sobre cómo las obtenían. El Rey de reyes, Jesucristo, recibió ungüentos y especias al entrar y al salir de este mundo. ¿Recuerdan que los magos de Oriente ofrecieron al recién nacido Rey de Israel incienso y mirra?

Envolver a los muertos en especias y ungüentos era una práctica de los judíos para que, al descomponerse el cuerpo, se disimulara el hedor. El cuerpo era lavado y envuelto en lienzos de lino untados con los ungüentos. Al morir el Señor Jesús, Nicodemo, vino trayendo un compuesto de mirra y de áloes, como cien libras para sepultarle. Las mujeres de nuestra historia, también querían honrar al Señor Jesús como el Rey, pero lo que prepararon no se usó porque el Señor resucitó.

¿Qué ungüento de amor tienes para el Rey? ¿Qué le has preparado para sorprenderlo? ¿Traes aventura o el sabor del hogar? ¿Elevas oraciones o preguntas de asombro? ¿Produces belleza en lo que tocas? Ofrécele lo mejor de ti.

Que mi vida sea ungüento perfumado de amor para ti, Señor.

YF

13 DE AGOSTO

EN EL CAMINO

Sucedió que mientras hablaban y discutían entre sí,
Jesús mismo se acercó, y caminaba con ellos.
Lucas 24:15 (RVR60)

El Camino de Santiago es una serie de rutas de peregrinación en el norte de España que ha inspirado y atraído a cientos y miles de cristianos desde el siglo ix. Hoy en día no solo se usa en el sentido religioso, sino espiritual. Sin importar la religión o profesión, cientos de peregrinos "caminan" solos o en grupo buscando respuestas.

Dos hombres anduvieron por lo que se ha vuelto otro camino muy importante, el de Emaús. Andaban cabizbajos, hablando entre sí de las terribles cosas que habían sucedido. El profeta que había hecho milagros poderosos y era un gran maestro había muerto en la cruz. Ellos, que habían creído que se trataba del Mesías, se preguntaban si se habían equivocado. Pero ¿qué de esas noticias que recién habían escuchado sobre la resurrección de Cristo?

Entonces Jesús se apareció y empezó a caminar con ellos. Escuchó lo que tenían para decir, luego los guio por los escritos de Moisés y de todos los profetas, explicándoles que el Mesías tenía que padecer y que Jesús había cumplido todas las profecías. ¿Y dónde ocurrió esa importante lección teológica? ¡En el camino! No con pantallas ni libros, sino entre campos de trigo y cielos despejados.

No es necesario ir al Camino de Santiago para buscar respuestas a los vacíos del alma o a los dolores de la vida. Jesús todavía camina con nosotros. Él quiere acompañarnos en nuestro peregrinaje en esta tierra. ¿Cuándo fue la última vez que realizaste una caminata para orar y conversar con Dios? ¡No lo pospongas! Sal a la naturaleza y encuentra a Jesús en el camino.

Señor, quiero caminar contigo.

KO

14 DE AGOSTO

PUERTAS CERRADAS, MENTES CERRADAS

*Entonces les abrió el entendimiento, para que
comprendiesen las Escrituras.*
Lucas 24:45 (RVR60)

Un día una vecina que provenía de una región tropical de México me confesó que consideraba que los de nuestra región del altiplano somos muy fríos. De hecho, los que estudian las culturas han notado que en países o regiones de clima frío las personas tienden a ser más cerradas y formales. Donde el clima es más caluroso, la gente suele ser más informal y abierta. Por ejemplo, suelen dejar abiertas las puertas de sus casas, como invitando a los demás a entrar.

Cerramos las puertas cuando tenemos miedo de que nos roben o nos hagan daño. Cerramos las puertas cuando queremos escondernos o hablar de algo en secreto. También las cerramos si nos gusta la privacidad.

Después de la muerte de Jesús, los discípulos se encontraban con las puertas cerradas por miedo de los judíos. Pero esas puertas no fueron impenetrables para el Jesús resucitado, que repentinamente apareció entre ellos. Estaban espantados y atemorizados. Sus mentes también estaban cerradas; no entendían las profecías. Entonces Jesús les abrió el entendimiento para que comprendiesen las Escrituras y explicó lo que no habían entendido: que era necesario que muriera por sus pecados y resucitara.

Antes de que Dios nos abra los ojos espirituales, tenemos las puertas de nuestra mente cerradas. Puede ser por temor o por ignorancia o por la forma en que nos criaron. En algún momento, su Espíritu Santo nos abre el entendimiento, generalmente por medio de las Escrituras. ¡Abramos las puertas a su influencia en nuestras vidas!

Señor, entra en cada rincón de mi vida, aun en los rincones "cerrados".

MHM

15 DE AGOSTO

APARIENCIAS VS. REALIDAD

Yo no busco la aprobación de los hombres, sino la aprobación de Dios. No busco quedar bien con los hombres. ¡Si yo quisiera quedar bien con los hombres, ya no sería un siervo de Cristo!
Gálatas 1:10 (DHH)

Con varios bultos de arena y una piscina que compró en el supermercado, una jovencita simuló unas vacaciones en la playa en sus fotografías en Instagram. Otra chica, haciendo uso de Photoshop, posteó su fotografía teniendo como fondo la torre Eiffel. Quisieron impresionar, pero sus seguidores se dieron cuenta de la mentira.

La psicóloga Celia Rodríguez dice: "Algunas personas pasan mucho tiempo y dedican muchos esfuerzos en conseguir agradar a los demás. Los intentos por dar una buena imagen, por ser aceptados, valorados y queridos por los demás, pueden convertirse en una verdadera obsesión que dirija la conducta hasta límites muy peligrosos".

Posiblemente en algunas iglesias de Galacia se predicaba un evangelio diferente con tal de agradar a las personas, por lo que Pablo enfatiza que a él no le importaba quedar bien con los hombres. El apóstol buscaba solamente la aprobación de Dios. Comprendió que no se podía agradar a los hombres y a Dios al mismo tiempo.

Haciendo una autoevaluación honesta de nuestras motivaciones y conductas, ¿estamos buscando agradar a las personas en vez de agradar a Dios? En nuestra vida cotidiana y aun dentro de la iglesia, en el desarrollo de nuestros dones y ministerios hagamos todo como para el Señor y no para los hombres. Usemos las redes sociales sabiamente, y oremos para que el Señor nos ayude a liberarnos de la presión por poseer o hacer algo que no necesitamos únicamente para agradar a otros.

Jesús, si te tengo a ti, tengo todo lo que necesito.

MG

16 DE AGOSTO

AYUDA A LOS POBRES

*La única sugerencia que hicieron fue que siguiéramos ayudando
a los pobres, algo que yo siempre tengo deseos de hacer.*
Gálatas 2:10 (NTV)

Ammar y su esposa, con sus cinco niños, conocen lo que es desplazarse de un campamento de refugiados a otro. Después de ser pescador durante treinta años, debió dejar su aldea debido a la guerra en Yemen. Sin embargo, la situación empeoró cuando su hijo más pequeño empezó a mostrar señales de desnutrición. Sin embargo, ¿a dónde acudir cuando ya no tenía empleo ni estaba cerca de los hospitales?

Afortunadamente, Ammar ha podido acudir a clínicas móviles que un organismo cristiano de ayuda ha colocado en diversas ciudades. Estas clínicas gratuitas atienden a niños y a mujeres embarazadas, principalmente. ¿Y sabes cómo se sostienen? Mediante donaciones de miles de cristianos alrededor del mundo que, si bien no pueden ir a Yemen, pueden apoyar a los médicos y enfermeras que trabajan ahí.

Las cifras de pobreza en el mundo nos escandalizan. ¿Cómo puede existir tanta desigualdad? Sin embargo, Pablo nos da una gran lección. Él también se rodeaba de personas de todos los estratos sociales, pero se propuso no olvidar a los pobres. Aún más, aunque tenía muy en claro que había sido llamado para ser "apóstol de los gentiles", no dejó a un lado la labor social.

¿Qué hacemos por los pobres? Seguramente podemos hacer mucho más. Piensa y ora cómo puedes servir a la gente de escasos recursos en tu ciudad o tu comunidad. ¿Cómo podemos abrirles las puertas para que, una vez que atendamos a sus necesidades esenciales, podamos hablarles del evangelio? Seamos las manos y los pies de Jesús en esta tierra.

Señor Jesús, que no me olvide de los pobres.

KO

17 DE AGOSTO

TRES MALAS NOTICIAS

No desecho la gracia de Dios; pues si por la ley fuese la justicia,
entonces por demás murió Cristo.
Gálatas 2:21 (RVR60)

Imagina recibir tres malas noticias. Primero, el que te arrenda tu casa decide anular tu contrato. Segundo, tu jefe rechaza tu propuesta de un aumento. Finalmente, tu esposo desecha tu vestido favorito pensando que ya no te cabe. Nota ahora los tres verbos: anular, rechazar, desechar. Todos ellos se usan para describir la palabra *atheto* que usa el versículo de hoy.

¿Es posible frustrar la gracia de Dios? Así lo hizo Pedro. Desde niño, aprendió que la salvación pertenecía a los judíos, así que sus padres lo circuncidaron para identificarlo con el pueblo de Dios. Después llegó Jesús y Pedro comprendió que había venido a salvarlo de sus pecados. Luego Dios le habló por medio de una visión y Pedro reconoció que Jesús no había muerto solo por los judíos, sino por los gentiles también. ¿El problema?

Algunos empezaron a decir que aceptaban a los gentiles siempre y cuando se circuncidaran. Pedro les tenía miedo, así que Pablo lo confrontó y le recordó que Jesús no había venido a judaizar a las personas sino a salvarlas. El único requisito era la fe. Hacer lo contrario implicaría tomar la gracia de Dios como algo inútil o sin sentido.

El mensaje sigue siendo el mismo. A veces, nos cuesta trabajo pensar que la salvación es solo por fe y no exige más. Si creemos que nuestras buenas acciones nos aseguran la salvación es peor que anular un contrato, rechazar una solicitud o desechar un objeto de valor. ¡Es poner a un lado la gracia! ¡Cuidado!

Gracias, Señor, porque me has justificado solo por fe.

KO

18 DE AGOSTO

HIJAS DE ABRAHAM

Por tanto, sepan que los que son de fe, estos son hijos de Abraham.
Gálatas 3:7 (NBLA)

Un conocido nuestro se graduó de un seminario y se convirtió en pastor antes de que comprendiera la salvación por fe y tuviera una experiencia personal con Cristo. De alguna manera todavía confiaba en la ley, en las buenas obras y en el conocimiento bíblico como base de la salvación.

Personalmente, cuando era joven y estudié acerca de las religiones del mundo, me pareció que todas eran atractivas pero imposibles por las demandas que hacían. Todavía creía que era necesario cumplir con muchos mandatos para ser aceptada por Dios.

Es común decir que el Antiguo Testamento enseña la ley y el Nuevo Testamento la gracia. Sin embargo, en Gálatas, Pablo dice lo contrario. Antes de que Dios les diera la ley a los israelitas por medio de Moisés, llamó al primer patriarca de los judíos, Abraham. Aun antes de que Dios hiciera un pacto con él, que se confirmó por medio de la circuncisión (un ritual u obra), "Abraham creyó a Dios y le fue contado como justicia" (v. 6, NBLA). En otras palabras, ¡tampoco el Antiguo Testamento enseña que somos justificados solo por guardar la ley!

Tal vez vengas de un trasfondo que te hizo sentirte siempre juzgada por Dios. Estabas muy consciente de tus pecados y de lo imposible de siempre guardar los mandamientos de la Biblia, u otros añadidos por los hombres. Si es así, confía que puedes ser "hija de Abraham", ¡salva por fe en Cristo y por lo que hizo en la cruz! Solo debes creer.

Jesucristo, ¡creo en ti y en la única "buena obra" que me pudo salvar!

MHM

19 DE AGOSTO

PAPÁ CELESTIAL

Así que ya no eres esclavo, sino hijo; y si hijo, también
heredero de Dios por medio de Cristo.
Gálatas 4:7 (RVR60)

En ocasiones los animales adoptan bebés que han quedado huérfanos, incluso de otra especie. Un gorila llamado Koko que aprendió a comunicarse mediante lenguaje de signos, adoptó un gatito, al que llamó "Bolita". Lo cuidó con amor hasta que un día el gatito fue atropellado y murió. Koko lloró mucho por esta pérdida.

La adopción es un gran regalo para quien lo recibe. Quien adopta está dispuesto a suplir necesidades, a dar, a cuidar y a amar. Eso hace un padre. Pablo nos explica en nuestra porción de hoy, que hemos sido adoptados y ya no somos siervos sino hijos. Dios desea amarnos y cuidarnos. Jesús está preparando un lugar para que podamos estar siempre con Él.

Todos los hombres son creación de Dios, pero no todas las personas son hijos de Dios. Somos adoptados por medio de la fe en Jesucristo. La fe es la que nos da el regalo de poderle llamar "Abba". Abba es una palabra perteneciente a la lengua aramea cuyo significado es "papi", "papá" o "papito". Según el teólogo Joachim Jeremías, es la palabra que usaría un padre que tiene estrecha relación con su hijo pequeño.

Podemos estar orgullosas de nuestros logros y nuestros títulos, pero nada puede compararse al privilegio de ser llamadas hijas de Dios. Tal vez no tengas una relación cercana con tu padre terrenal o posiblemente ya no está, pero las hijas de Dios tenemos a nuestro Abba, nuestro papito celestial. Él anhela estar tan cerca de ti, que escogió morar en tu corazón.

Gracias por ser mi Padre y haberme adoptado como hija.

MG

20 DE AGOSTO

PLAN B

Porque está escrito que Abraham tuvo dos hijos;
uno de la esclava, el otro de la libre.
Gálatas 4:22 (RVR60)

Teníamos muchas lindas actividades planeadas para el día del campo. Llevábamos balones y raquetas, manteles y comida. Entonces, empezó a llover. ¿Qué hacer ahora? ¡No teníamos plan B! Siempre debemos tener plan B, o eso nos han enseñado. El plan B implica que el plan A no funcionó, así que estamos preparados.

En un episodio de su vida, Abraham, llamado el "padre de la fe", no la ejerció como es debido. Dios le prometió un hijo, pero, pensando en la vejez de ambos, Sara se permitió "ayudar" a Dios, dándole a Abraham su esclava para que tenga un hijo con ella, y nace Ismael. Catorce años después, nace Isaac, hijo de Sara.

Abraham tuvo dos esposas y, por consiguiente, dos hijos. El primero nació mediante esfuerzos humanos. El segundo nació por obra de Dios. Pablo nuevamente insiste en la idea central de este libro mediante el ejemplo de Agar y Sara. Desde que el Señor Jesús murió, ha habido quienes quieren "completar" la salvación que Él logró, añadiendo "algo que hacer". Le quieren ayudar. La epístola a los Gálatas fue escrita para este tipo de personas.

Si quieres cumplir la ley escrita por Moisés, no puedes hacerlo. Estas usando el plan A que solo te dejará agotada, frustrada y sin salvación. El único que cumplió la ley fue Jesús y no necesita la ayuda de nadie para completar la salvación de los hombres. ¡Gracias a Dios por el plan B! Somos hijos de la mujer libre, no de la esclava. Todo lo hizo Jesús.

Señor, confío plenamente en tu obra perfecta.

YF

21 DE AGOSTO

DENTRO O FUERA

Pero si sois guiados por el Espíritu, no estáis bajo la ley.

Gálatas 5:18 (RVR60)

¿Qué tienen en común las siguientes palabras: autoayuda, autocontrol, autoestima y autotransformación? Todas usan el prefijo "auto" que significa "de o por sí mismo". Seguramente las has oído usar en muchos contextos, pero principalmente en sicología y superación. Todas ellas nos invitan a encontrar dentro de nosotros mismos el secreto del cambio. Pero, si como dice la Biblia, somos pecadores, ¿cómo lo logramos?

Pablo ha venido hablando sobre el tema de la circuncisión durante varios capítulos. Con muchos ejemplos les ha mostrado a los gálatas que los gentiles no deben circuncidarse ni seguir la ley judía para ser salvos. Pero la pregunta quizá aún ronda las mentes de muchos de nosotros. Si Jesús nos transforma cuando creemos, ¿cómo entonces se logra vivir una nueva vida que nos haga más parecidos a Cristo?

Pablo es tajante: no por los esfuerzos humanos. La única forma de mostrar amor, alegría, paz, dominio propio, fidelidad y otras características de Cristo viene cuando andamos en el Espíritu. El Espíritu Santo nos debe guiar. No depende de nosotros, sino de Dios mismo. ¿Nuestro rol? Dejar que Dios haga su obra.

A nosotros nos toca ponernos bajo las órdenes del Espíritu. El secreto no está en el "auto". Por nuestras acciones no lograremos producir el fruto del Espíritu. Por lo tanto, la clave está dentro y fuera de nosotros. Dentro, porque el Espíritu mora en nosotros. Fuera porque no depende de nada que nosotros podamos hacer. No nos dejemos influir por la autoayuda. ¡Que sea el Espíritu quien nos guíe!

Espíritu Santo, guíame y produce en mí tu fruto.

KO

ALIGERANDO LAS CARGAS

Ayúdense unos a otros a llevar sus cargas,
y así cumplirán la ley de Cristo.
Gálatas 6:2 (NVI)

Hace años, mi esposo y yo sufrimos un accidente aparatoso. Su cadera se rompió en cuatro partes, así que estuvo postrado en cama por varios meses. Vivíamos en un departamento de primer piso y se nos complicaba abrir la puerta de abajo si llegaban visitas. Un amigo se ingenió una cuerda que abriera desde arriba. Alguien más nos trajo comidas caseras. Se acabó el agua que nos llegaba de la calle; otro hermano en Cristo le pidió agua a una vecina y nos la trajo.

Después de ver estas y otras obras de servicio, nuestra vecina preguntó si esas personas eran familiares. Le respondimos que no, pero le explicamos que pertenecían a la familia de la fe. Se maravilló de ese amor en acción.

En este pasaje el apóstol Pablo nos exhorta a respetarnos y ayudarnos mutuamente. "Ayúdense unos a otros a llevar sus cargas" (v. 2, NVI). Añade que "así cumplirán la ley de Cristo", la ley que ahora debe regir en nuestra vida. Las cargas físicas y espirituales se aligeran al compartirlas. Cristo mismo lo modeló al decir: "Carguen con mi yugo y aprendan de mí, pues yo soy apacible y humilde de corazón, y encontrarán descanso para su alma" (Mateo 11:29, NVI).

¿Cómo puedes llevar las cargas de alguien más el día de hoy? Quizás sea orar con alguien, compartirle un versículo que le dé ánimo, escuchar su historia, darle una ayuda económica o cubrir una necesidad de manera práctica. Sin duda sentirá más ligera la carga y recibirá "descanso para su alma"

Padre, enséñame cómo puedo ayudar a otra persona con sus cargas
el día de hoy.

MHM

EL PLAN DE ESTUDIOS

Es más, dado que estamos unidos a Cristo, hemos recibido una
herencia de parte de Dios, porque él nos eligió de antemano
y hace que todas las cosas resulten de acuerdo con su plan.

Efesios 1:11 (NTV)

Marco mide casi dos metros y presume unos brazos musculosos. Nacido en República Dominicana, practicó el béisbol desde pequeño. Después de la preparatoria, ingresó a la universidad para estudiar economía. Aunque, en realidad, la universidad lo eligió primero a él, pues descubrió su talento y le ofreció una beca completa para jugar primera base en el equipo.

Como Marco, cursamos la universidad de la vida donde Dios tiene un plan para transformarnos en quien Él tiene en mente. Para llegar a ser esa persona, tendremos que aprender lecciones, pasaremos por pruebas y desvelos. Dios hará que las cosas resulten de acuerdo con su plan. La Biblia dice que Él nos va perfeccionando y en la graduación habrá un siervo fiel que heredará una herencia incorruptible.

Por otro lado, al igual que Marco, la universidad nos eligió a nosotras primero. Dios nos predestinó, es decir, nos escogió para pertenecer al pueblo santo de Dios. ¿No es maravilloso? Incluso antes de formar el mundo, Dios nos amó y decidió adoptarnos en su familia. Él quería hacerlo y le dio gusto hacerlo.

No hay cosa más hermosa que estar unidas a Cristo. Las buenas noticias abundan en la carta de los Efesios pues Dios nos ha bendecido con toda clase de bendiciones espirituales. Por dicha razón, hoy me uno a la oración de Pablo y pido por ti: "Que hoy entiendas la increíble grandeza del poder de Dios para ti y que crezcas en el conocimiento de Dios". Amén.

Dios, te doy gracias por haberme escogido.

MG

24 DE AGOSTO

SOLO GRACIA

Porque por gracia sois salvos por medio de la fe;
y esto no de vosotros, pues es don de Dios.

Efesios 2:8 (RVR60)

"Ese libro no nos gusta. Solo nos hace sentir mal", dijeron los niños y me quedé boquiabierta. Cierto, cada historia enfatizaba leer la Biblia más que ver video juegos, orar más en lugar de jugar en el patio. Cuando estudié cómo dar clases en la Escuela Dominical, me enseñaron que mis lecciones siempre debían tener una aplicación, algo práctico. Pero ¿será que solo estamos dando una lista de cosas para hacer?

Qué refrescante leer entonces Efesios 2. Qué descanso comprender el mensaje central de la Biblia, que no es cómo comportarnos, sino las dimensiones de la gracia. ¡Gracia! ¡Una de las palabras más poderosas de la Escritura! ¿Entiendes qué es gracia? Gracia es el ambiente con el que Dios rodea a una persona provocando que tenga fe, llegue al arrepentimiento y reconozca a Jesucristo como Señor de su vida para ser salvo.

Dios nos ha elegido para rodearnos de su gracia: contamos con quién nos enseñe, tenemos al Espíritu Santo en nosotras y somos la obra maestra de Dios. ¡Estamos rodeadas de gracia! No es un premio que merecemos, sino un regalo de Dios: la oportunidad de acercarnos a Él.

Analicemos qué estamos predicando, enseñando o leyendo. ¿Mostramos un concepto de cristianismo como una serie de reglas de cómo vestir, cómo vivir y cómo hablar? ¿O anunciamos que es una relación con Dios inmerecida y solo posible por Su amor?

Gracias, Señor, porque nos amamos tanto que, a pesar de nuestro peca-
do, nos has dado vida.

YF

25 DE AGOSTO

CASITAS PARA RATONES

*Entonces Cristo habitará en el corazón de ustedes a medida
que confíen en él. Echarán raíces profundas en el amor de Dios,
y ellas los mantendrán fuertes.*

Efesios 3:17 (NTV)

Desde el 2016, un grupo colectivo de artistas suecos llamado
Anonymouse, ha estado creando casas miniaturas para ratones en
Suecia, Francia y otros lugares. Aparecen de manera repentina
en diferentes ubicaciones, en calles de ciudades importantes, y
despiertan la imaginación de niños y adultos. Búscalos en Instagram y disfruta su creatividad.

Mi hija quedó fascinada con una de las fachadas de un pequeño
restaurante italiano. Bien podía imaginar a un ratón llegando
para cenar. Pero eso nos hizo pensar en que Jesús también habita
nuestros corazones, algo que hizo que ella se rascara la cabeza.
¿Cómo puede Jesús caber en nuestra caja torácica? Ciertamente
es un misterio. Y a Pablo le gustaban los misterios.

El capítulo de hoy, habla del misterio más grande del mundo.
No se trata de quién cometió un crimen, sino del plan que tenía
Dios desde el principio y no se vio con claridad hasta que Jesús
resucitó: hacer un pueblo de todas las razas y etnias, lenguas y
generaciones, como parte de su gran familia.

Pablo, sorprendido ante esta gran noticia, dobla sus rodillas.
Reconoce que, al creer en Jesús, el Espíritu viene a nuestras vidas. En otras palabras, Jesús mora por la fe en nuestro interior.
¿No es maravilloso? Seamos igual de creativas y detallistas en
preparar nuestra mente para que Jesús se sienta como en casa.
De hecho, no es una visita, sino el dueño de la propiedad, así que
¡digámosle bienvenido!

Señor, gracias por hacerme tu morada.

KO

26 DE AGOSTO

FORTALEZA EN LA UNIÓN

*Y por Cristo el cuerpo entero se ajusta y se liga bien mediante la
unión entre sí de todas sus partes; y cuando cada parte funciona
bien, todo va creciendo y edificándose en amor.*
Efesios 4:16 (DHH)

En el año 1970 despegó la nave Apolo 13 rumbo a la Luna, pero nunca llegó. Después de varios días de viaje tranquilo, los tripulantes enfrentaron fugas de oxígeno, fallas en el suministro de agua y explosiones por un corto circuito que pusieron en peligro su vida. Aunque los nombres que recuerda la historia son los de los astronautas, el personal del centro de control tomó decisiones importantes que los salvaron.

¿Qué hubiera pasado si los astronautas no obedecen las órdenes? ¿Qué hubiera sido de ellos sin la ayuda del centro del control que tenía otro panorama de las cosas? El trabajo en equipo resultó clave pues: lograron llegar al Océano Pacífico, cerca de Samoa.

En este pasaje Pablo les ruega a los efesios que "procuren mantener la unidad que proviene del Espíritu Santo, por medio de la paz que une a todos" (Efesios 4:3). Les recuerda que constituyen partes de un cuerpo cuya cabeza es Cristo. Cada uno tiene dones diferentes que trabajan en conjunto para crecer y edificarse en amor. Cada parte del cuerpo es importante y contribuye al bien de todos.

Cuando cada quien busca su propio bienestar y actúa sin la colaboración de los demás, el resultado puede ser caótico. Como cristianos, nos debe importar más el éxito del equipo, el cuerpo de Cristo, y sobre todo el fin: ¡exaltar al Señor! "Debemos crecer en todo hacia Cristo" (v. 15, DHH) y poner en práctica nuestros dones, seamos líderes o seamos de los siervos menos visibles.

*Señor, quiero funcionar bien en tu cuerpo para contribuir
a su crecimiento.*

MHMxx

27 DE AGOSTO

DALE CUERDA A TU CAJITA

*En cambio, usa tus manos en un buen trabajo digno y luego
comparte generosamente con los que tienen necesidad.*

Efesios 4:28 (NTV)

La escritora Hada María Morales escribió: "Las mujeres llevamos por dentro una cajita de música a la que hay que darle cuerda para que podamos seguir en pie". Aun cuando Dios es nuestro motor en la vida, en ocasiones nuestra melodía se hace más lenta, como si se nos estuviera acabando la cuerda.

Una de las maneras para darle cuerda a la cajita es ocuparnos en un proyecto personal gratificante y pensar más en las necesidades de otros. En el pasaje de hoy, Pablo nos recuerda que debemos vivir como hijos de luz. Nos insta a permitir que el Espíritu renueve nuestros pensamientos y a ponernos la nueva naturaleza. A los que antes robaban, por ejemplo, los anima a trabajar dignamente y compartir.

Tengo un antiguo recuerdo de mi mamá y mi abuelita tejiendo monederos de rafia en el salón social de la iglesia. Después de la reunión femenil, las hermanas sacaban sus materiales, tejían y entablaban amenas conversaciones. Vendieron sus creaciones y con ese dinero compraron una preciosa cocina integral para la iglesia. Ese proyecto les dio tanta cuerda, que la melodía se escucha hasta hoy, pues esa cocina sigue recordándonos su entusiasmo.

Si percibes los horribles síntomas de la amargura, la furia, el enojo o la mala conducta, quizá te falta Dios. Si lo tienes, y de todos modos percibes algunas actitudes erróneas solo necesitas cuerda. Inicia un ministerio nuevo, busca una necesidad y crea un proyecto para satisfacerla. Tu melodía llegará hasta el cielo y puede ser contagiosa.

Señor, ayúdame a recordar que hay felicidad en dar.

MG

28 DE AGOSTO

CUIDADO CON EL FRASCO

Así que tengan cuidado de cómo viven.
Efesios 5:15 (NTV)

Patricia, ilusionada con su boda, quiso ahorrarse lo que le cobraría la maquillista. Con su vestido de boda ya puesto, quiso usar el maquillaje que tenía un frasco de vidrio. La boca del frasco solo dejaba entrar un dedo. Metió el dedo en el frasco, pero ya no lo pudo sacar. Desesperada, intentó todo lo que tuvo a su alcance hasta que llegó al hospital.

Los médicos trataron todo, pero finalmente decidieron que romperían el frasco con un martillo. El dedo de Patricia corría peligro. Entonces ella gritó: "¡Esperen! Voy a intentar sacarlo otra vez". Ya anestesiado, pudo manipular el dedo de tal manera que salió. Todos expresaron su alegría y ella pudo llegar a la boda.

Somos las prometidas de Jesús y nos espera una boda en el cielo. Pero, quizá como Patricia, por ahorrarnos algunos pasos en la vida de la fe, metemos el dedo en el lugar incorrecto. Por eso, Pablo nos recuerda que debemos imitar a Dios y apartarnos del pecado. No debemos practicar el pecado, ni justificarlo. Debemos, más bien, averiguar qué le agrada al Señor y sacar a la luz las cosas malas.

Patricia quería usar bien el tiempo, pero un frasco estorbó su intención. Siempre que tengamos una meta definida algo nos estorbará. ¡Los días son malos! Por eso, no actuemos sin pensar, sino que procuremos entender lo que el Señor quiere que hagamos. Antes de meter el dedo en el frasco, pensemos dos veces.

Señor, ayúdame a reconocer los obstáculos que no me dejan honrarte.

YF

29 DE AGOSTO

INTIMIDAD ESPIRITUAL

Grande es este misterio; mas yo digo esto respecto
de Cristo y de la iglesia.
Efesios 5:32 (RVR60)

Me casé después de los treinta años, así que tuve mucho tiempo para imaginar cómo sería la vida matrimonial. Observé a muchas parejas, leí libros al respecto, pero nada me preparó para la realidad de lo que es la intimidad entre dos personas. La unión física y emocional de una pareja se presta para el asombro.

Bien dijo el proverbista: "Hay tres cosas... no, son cuatro las que no comprendo: ... cómo ama el hombre a la mujer" (Proverbios 30:18-18, NTV). Cuando un hombre se casa con una chica no aparece un sello o un tatuaje que diga que ahora le pertenece. Fuera del anillo y su estado civil, ¿qué puede revelar que está enamorada? Pudiera ser el nuevo brillo en su mirada o la sonrisa perpetua en los labios.

¿Hizo Dios entonces el matrimonio para ayudarnos a comprender la valiosa relación que existe entre Cristo y la iglesia? Así lo explica Pablo. El marido es Jesús, quien amó tanto a la iglesia que se entregó por ella. La apartó, la limpió y la purificó; la ha hecho gloriosa para la boda. Además, la ama como a sí mismo, por lo que la sustenta y la cuida.

¡Qué gran misterio! Jesús vino a rescatar a cientos y miles de personas que hoy son parte de la iglesia. Su amor y la intimidad que podemos experimentar en esta relación supera al matrimonio, pero también lo ejemplifica. Así que no importa si somos casadas o divorciadas, viudas o solteras, somos amadas profundamente por Jesús.

Tú me amas, oh, ¡qué bien! Te amo yo a ti también.

KO

30 DE AGOSTO

DISCIPLINA CON AMOR

Padres, no hagan enojar a sus hijos con la forma en que los tratan.
Efesios 6:4 (NTV)

Los estudiosos indican que hay diferentes causas del enojo en los niños. Entre ellas están las etapas de desarrollo, la ansiedad, la frustración y el mismo temperamento del individuo. Aun en los jóvenes, su sistema emocional no ha madurado completamente. Los papás también sabemos que el hambre y el sueño afectan el humor de chicos ¡y grandes!

Pero en ocasiones los padres podemos contribuir a la ira, ya sea por tener expectativas no realistas de los hijos a cierta edad o por no tenerles paciencia. Además, en ocasiones nuestro propio enojo sirve de modelo para los niños. Perdemos los estribos, gritamos y exigimos de forma abrupta, así que responden de la misma manera.

Solemos reforzar en el hogar y en la iglesia el mandamiento de obedecer a los padres, pero tendemos a saltarnos las palabras que nos hablan de nuestra responsabilidad. Pablo nos dice que no debemos hacer enojar a los niños sino criarlos "con la disciplina e instrucción que proviene del Señor" (v. 4, NTV). La disciplina tiene el propósito de corregir y guiar; si no se hace con amor, comunica solo juicio.

A fin de cuentas, la autodisciplina es esencial antes de disciplinar a otros. Mientras que los "arrebatos de furia" (Gálatas 5:20, NTV) resultan de la naturaleza pecaminosa, el fruto del Espíritu incluye el "control propio" (Gálatas 5:23). Permitamos que el Espíritu Santo nos controle para poder ser ejemplos para los niños y corregirlos con amor.

Padre, hazme más como tu Hijo para que actúe con control propio
al disciplinar a mis hijos.

MHM

31 DE AGOSTO

SOLO IMAGINA

En realidad, no sé qué es mejor, y me cuesta mucho trabajo elegir.
En caso de seguir con vida, puedo serle útil a Dios
aquí en la tierra; pero si muero, iré a reunirme
con Jesucristo, lo cual es mil veces mejor.
Filipenses 1:22-23 (TLA)

Si solo pudiera imaginar es el nombre en español de la cinta que cuenta la historia de "I Can Only Imagine", la canción cristiana contemporánea más escuchada de todos los tiempos, compuesta por Bart Millard, entonces de dieciocho años. La película cuenta la historia de cómo Bart se inspiró para escribir la hermosa canción después de enfrentar la muerte por cáncer de su agresivo padre.

El joven imaginó su encuentro con Jesús y escribió: "Solo me imagino lo que será caminar junto a ti, lo que será ver tu rostro". Si tan solo pudiéramos imaginar, nuestro corazón anhelaría con mayor fervor el encuentro con Jesús y consideraríamos como Pablo, que cuando tenemos que partir, en realidad salimos ganando.

Con esto en mente, Pablo, en su carta, agradece a los filipenses por sus oraciones. Podemos deducir que Pablo, quien había estado encarcelado, había temido la muerte. Probablemente en el encierro acarició la idea de que pronto vería a su Señor. Pero al salir libre, recibió una nueva oportunidad y comprendió que Cristo quería que siguiera trabajando para Él, ayudando a otros a crecer y a experimentar la alegría de su fe.

Conduzcámonos como Pablo, recordando que sea que vivamos o muramos, nuestras vidas darán honor al Señor. Mientras estemos aquí, actuemos con valor para Cristo. Y en los días que experimentemos temor, enfermedad y desesperanza, hagamos una pausa, respiremos y solo imaginemos cómo será estar con nuestro amado Señor.

Jesús, no puedo verte, pero imagino tu mirada llena de amor.

MG

1RO DE SEPTIEMBRE

HONOR AL REY

Y toda lengua confiese que Jesucristo es el Señor,
para gloria de Dios Padre.
Filipenses 2:11 (RVR60)

Miles de rusos despidieron a Gorbachev cuando murió en el 2022. Un joven trajo un girasol y dijo: "Gorbachev nos dio treinta años de luz". Unos días después, millones dieron sus respetos a la reina de Inglaterra, Elizabeth II. Cientos de mensajes en las redes sociales mostraron su gratitud a la reina que lideró su nación.

Sin embargo, a la tumba de Jesús solo asistieron unos cuantos. Nadie se formó para mostrar agradecimiento. Por lo menos, no en ese momento histórico. Sin embargo, hoy hay cientos de miles que cada fin de semana se reúnen para alabar a Dios. ¿Entonces por qué Jesús es diferente? ¿Por qué olvidamos a los líderes humanos y seguimos honrando a Jesús?

Porque es Dios. No hay duda. Él era Dios, pero no consideró aferrarse a su posición de gloria, sino que se despojó, es decir, renunció a sus privilegios divinos. Adoptó la humilde posición de un esclavo y se limitó a un cuerpo humano. Nació como uno de nosotros. Experimentó la fragilidad. Peor aún, murió como un criminal, como un malhechor. Todo esto era necesario para que tú y yo nos salváramos.

¿Qué hizo Dios entonces? Lo elevó al lugar de máximo honor. Le dio un nombre que está por encima de todos los demás. ¿Y qué nos toca a nosotros? Doblar la rodilla delante de Él. Confesar que es el Señor. Aceptar que Él es soberano y supremo. ¿Qué haremos hoy tú y yo para honrar al Rey de reyes?

Tú eres el Rey de reyes y Señor de señores. Agradezco
que seas mi Señor.

KO

2 DE SEPTIEMBRE

¿EN QUÉ TE OCUPAS?

Todos los demás solo se ocupan de sí mismos
y no de lo que es importante para Jesucristo.
Filipenses 2:21 (NTV)

En muchos países de Latinoamérica nos quejamos por tener gobernantes que usan de las plataformas de poder para enriquecerse. Bromeamos sobre cómo llegan a la silla presidencial para ver cuánto se roban. Sus familiares cercanos también se benefician personalmente, en lugar de velar por los intereses de la nación y de los muchos que votamos por ellos.

Tristemente, en el pueblo de Dios a veces sucede lo mismo. Nuestra atención se centra en nuestras necesidades, nuestros anhelos, nuestros problemas y nuestras ambiciones y olvidamos preocuparnos por lo que es importante para nuestro Señor Jesús. Por esa razón, Timoteo y Epafrodito son grandes ejemplos de aquellos que se preocupan genuinamente por el bienestar de los intereses divinos.

Timoteo, por ejemplo, servía al lado de Pablo para predicar el Evangelio. Estaba dispuesto a viajar y visitar las iglesias para llevar y traer noticias de ánimo. Epafrodito se caracterizaba por ser un colaborador y un compañero de lucha. Aunque estuvo a punto de morir por cuidar de Pablo, Dios tuvo misericordia de él y lo sanó. En palabras de Pablo, mercía honor de parte de los filipenses.

¿En qué nos ocupamos? ¿En nosotras mismas o en lo que es importante para Jesucristo? ¿Y qué le interesa a Él? Las personas. Invirtamos en ellas, ya sea compartiéndoles de Dios, amándolas y sirviéndolas, u orando por ellas. Como Timoteo y como Epafrodito, seamos siervas que no buscan sus propios intereses, sino los de su Amado Señor.

Padre, quiero ser útil a tu reino y no solo pensar en mí misma.

KO

3 DE SEPTIEMBRE

PÉRDIDAS Y GANANCIA

Pero todo lo que para mí era ganancia, lo he estimado
como pérdida por amor de Cristo.
Filipenses 3:7 (NLBA)

En un pueblito de Tanzania, Yaro era un maestro islámico, versado en el Corán. Se preguntaba por qué no enseñaban sobre Jesús, ya que el Corán lo menciona bastante como un profeta de mucha virtud. Cuando expresó esta inquietud a sus líderes, le dijeron que no hiciera ese tipo de preguntas peligrosas.

Después Yaro conoció el Evangelio y lo siguió de corazón. Lo interrogaron y lo golpearon. No quiso negar su nueva fe, así que perdió su empleo y todo lo que poseía, ya que todo pertenecía a la mezquita. Su familia fue rechazada por todos, pero en otro pueblo los cristianos les ayudaron a empezar de nuevo.

Tal vez el apóstol Pablo no perdió tanto en lo material, pero se dio cuenta de que sus conocimientos, sus logros como judío respetado y sus esfuerzos por guardar la ley eran "como basura" (v. 8, NBLA). Lo que antes tenía valor, lo llegó a considerar "como pérdida por amor de Cristo" (v. 7, NBLA). Había aprendido que, los títulos y las obras nunca pueden ganar la aceptación de Dios ni hacernos justos ante sus ojos. Por Cristo estaba dispuesto a perderlo todo.

Quizás tú y yo no hayamos perdido bienes materiales por seguir a Jesús, pero sin duda varias hemos perdido amistades y posiblemente el trabajo. En ocasiones hemos sufrido rechazo. Sobre todo, hemos llegado a saber que la religiosidad no vale nada. Ni los títulos universitarios ni el conocimiento bíblico nos acercan al cielo, sino solo la gracia de Cristo.

Padre amado, gracias porque en ti he ganado lo más importante.

MHM

4 DE SEPTIEMBRE

¿LO DESEO O LO NECESITO?

No es que haya pasado necesidad alguna vez, porque
he aprendido a estar contento con lo que tengo.
Filipenses 4:11 (NTV)

La Red de Soluciones de Desarrollo Sostenible de las Naciones Unidas (SDSN), hizo público su Informe Mundial de la Felicidad 2022. El reporte analiza los datos de encuestas globales sobre cómo las personas evalúan sus propias vidas. Los tres primeros lugares corresponden a Finlandia, Dinamarca e Islandia. Se evaluó la esperanza de vida saludable, la generosidad, la libertad, la corrupción, el apoyo social y la economía.

Con toda seguridad, el apóstol Pablo no disfrutó del bienestar que ofrece el vivir en los países mejor calificados en la lista. En realidad, padeció muchas penalidades. El apóstol habla del contentamiento como algo que aprendió. Tuvo la capacidad de vivir con poco y también vivir con abundancia.

El contentamiento es estar conforme con lo que se tiene. Es tener paz aun cuando no se pueda disponer de todo lo que se desea. Algunas cosas son muy necesarias, pero otras no. Lo importante es que podamos poseer paz aunque no lo tengamos todo.

Max Lucado dice: "Si tu felicidad proviene de algo que gastas, manejas, tomas, o digieres, entonces enfréntalo; eres un prisionero, estás en la cárcel… la prisión del querer". Queremos algo y cuando lo obtenemos se nos ocurre que deseamos algo más. El problema es cuando el tema nos genera frustración. La próxima vez que te sientas ansiosa por poseer algo, cuenta tus bendiciones, respira hondo y ora. El Señor es tu Pastor, nada te falta.

Señor, gracias te doy por todo lo que me das.

MG

5 DE SEPTIEMBRE

IMAGEN DE DIOS

Él es la imagen del Dios invisible, el primogénito de toda creación.
Colosenses 1:15 (RVR60)

La efigie más alta de Cristo Rey está en Świebodzin, Polonia; mide 36 metros de altura más 16.5 metros de pedestal. Para armar tan complicada estatua, primero se colocaron lo que serían las piernas y el torso, luego los brazos extendidos y por último la cabeza con una corona dorada de tres metros de altura. Sobre esta estatua, un comentario dice: "Diseñada para inspirar a los cristianos en el camino hacia la fe".

En Rio de Janeiro, Brasil, se encuentra el Cristo Redentor que es el monumento más famoso, reconocido como una de las Siete maravillas del mundo moderno; mide 38 metros más 8 metros de pedestal. En el 2018, en Tamaulipas, México, se ha proyectado el Cristo de la Paz como la figura de Jesucristo más alta del mundo, con 77 metros de alto, pero no se ha llevado a cabo.

Cuando queremos comparar estas estatuas tan hermosas e imponentes con el Jesucristo real, nos encontramos que el Jesús de la Biblia es la verdadera imagen de Dios. En Él vemos a Dios actuar, reírse, tener compasión, sanar, enseñar, perdonar y ¡dar la vida por los que ama! Nos ha dado a conocer el carácter de Dios por muchos siglos escondido.

Si queremos saber cómo es Dios, tenemos que conocer a Jesús. ¿Te gustaría tener comunión con el Cristo vivo de la Biblia? Su persona es suficiente para impactar nuestra alma y tener fe. Las estatuas son impresionantes, pero no tienen vida. Él, sin embargo, ¡vive y quiere conocerte!

Señor, reconozco que Tú eres la imagen de Dios mismo.

YF

6 DE SEPTIEMBRE

EL BOLETÍN

Y vosotros estáis completos en él, que es la cabeza
de todo principado y potestad.
Colosenses 2:10 (RVR60)

¿Qué calificación obtendríamos si en lugar de Matemáticas y Ciencias alguien nos evaluara por decir la verdad, mostrar amabilidad y servir a los demás? Seguramente nuestras notas no llegarían a lo más alto. Sin embargo, Cristo, quien obtuvo las notas perfectas en todo mientras estuvo en la tierra, ofrece intercambiar con nosotros la boleta.

En otras palabras, Él tacha nuestro nombre y pone el suyo en nuestro boletín reprobatorio. ¡Sí! ¡Él cobra las consecuencias de nuestro pecado! Luego tacha su nombre de su boletín y coloca ahí el nuestro dándonos "sus calificaciones". ¡A eso se le llama gracia! Pero entonces, si ya tenemos A+, ¿podemos hacer algo para mejorar nuestras notas? ¡No! Sin embargo, parece que nos empeñamos en hacerlo.

Pablo no conoció personalmente a los colosenses. Era, por así decirlo, su abuelo espiritual pues supieron de Jesús por medio de Epafras, amigo suyo. Sin embargo, les escribe porque una serie de ideas falsas confundían a la iglesia. Algunos falsos maestros hablaban de ángeles y de filosofías, de rituales y de celebraciones que se requerían para la vida en Cristo.

Pablo, tajantemente, dice: ¡no! ¡Mil veces no! En cada capítulo de esta bella carta nos recuerda que solo se necesita a Cristo para estar bien con Dios. Aunque los seres humanos nos esforcemos por ganarnos la salvación, ¡ya tenemos 100! En Cristo estamos completos. Él es nuestro todo. No hay forma de mejorar las notas perfectas que recibimos por medio de Cristo y esa es ¡una increíble noticia!

Señor, en ti lo tengo todo.

KO

7 DE SEPTIEMBRE

UNA PERSPECTIVA DIFERENTE

Concentren su atención en las cosas de arriba, no en las de la tierra.

Colosenses 3:2 (NVI)

Nos asaltaron a mano armada. A mi amiga le quitaron valores importantes y documentos de identificación. Pasamos un día yendo a varias delegaciones hasta encontrar el lugar correcto para hacer la denuncia. Mi amiga tuvo que iniciar el largo proceso de reponer los documentos perdidos.

El temor amenazaba con vencernos y queríamos quejarnos con todo el mundo de la inseguridad que prevalece en el país. A la vez, teníamos que concentrarnos en los aspectos positivos, sobre todo al pensar en cómo pudo haber sido peor la situación. Por ejemplo, físicamente, no nos lastimaron, ¡gracias a Dios! Y pude decir unas palabras acerca de Jesús a uno de los ladrones.

Como seres humanos, solemos fijarnos en lo negativo, pero Pablo nos exhorta a concentrar nuestra atención "en las cosas de arriba, no en las de la tierra" (v. 2, NVI). En otras palabras, debemos tener los ojos espirituales puestos en Dios, en su presencia, en sus características y en sus promesas. Al hacerlo, podemos tener paz en este mundo dominado por el mal: "Que gobierne en sus corazones la paz de Cristo… y sean agradecidos" (v. 15, NVI).

Tenemos preocupaciones y, sin duda, algunos problemas. Vivimos en un mundo caído. En ocasiones la injusticia y la corrupción nos agobian. Aun así, podemos tener otro enfoque si hacemos caso a estas palabras: "Que habite en ustedes la palabra de Cristo con toda su riqueza" (v. 16, NVI). Así se fortalece nuestra fe y podemos tener paz. ¡Levantemos los ojos al Señor!

Gracias, Señor, por tu paz que sobrepasa todo entendimiento.

MHM

8 DE SEPTIEMBRE

LA PELOTA EN EL AIRE

Que su conversación sea siempre amena y de buen gusto.
Así sabrán cómo responder a cada uno.
Colosenses 4:6 (NVI)

Recuerdo cuando jugaba volleyball con mi mamá. No importaba quién ganaba pues ni siquiera llevábamos un marcador. Simplemente disfrutábamos el mantener la pelota en movimiento. Así es una buena plática: hay diálogo, todo fluye. No hay "clavadas" o indirectas incómodas, no hay "faltas" o agresiones, no hay ganador ni perdedor.

El apóstol Pablo enseña la importancia de cuidar lo que decimos en nuestras pláticas cotidianas. También nos recuerda un poco antes que debemos vivir sabiamente entre los que no creen y aprovechar al máximo cada oportunidad. Nuestra forma de conversar puede tener un efecto adecuado con aquellos que todavía no ponen su fe en Jesús.

¿Conoces a alguien cuya conversación disfrutas? El tiempo compartido con una persona alegre y encantadora nos motiva. Los viajes, las experiencias, la lectura y aun estar al tanto de las noticias nos proveen de herramientas para una buena charla.

Siempre habrá provocaciones del enemigo para reaccionar con enojo o indignación ante una crítica o un mal comentario.

Necesitamos del Espíritu Santo para conservar la paz y el amor, el gozo y la mansedumbre. Podemos decir por favor, gracias, y no hacer bullying; no tenemos que opinar de todo o juzgar a las personas. En lugar de buscar ganar el argumento o lograr que el otro pierda en la discusión, esforcémonos por mantener la pelota en movimiento. A final de cuentas, Pablo nos recuerda un poco antes que debemos vivir sabiamente entre los que no creen y aprovechar al máximo cada oportunidad. ¡Juguemos con inteligencia!

Señor, por favor dame sabiduría y gracia.

MG

9 DE SEPTIEMBRE

MOTIVACIÓN

*Acordándonos sin cesar delante del Dios y Padre nuestro de la
obra de vuestra fe, del trabajo de vuestro amor y de vuestra
constancia en la esperanza en nuestro Señor Jesucristo.*
Tesalonicenses 1:3 (RVR60)

Tengo un alumno de ocho años de lento aprendizaje. Desvía mucho su atención y a veces quiere hacer las cosas a su manera, sin seguir reglas. Se desespera cuando se equivoca continuamente y si eso llega a suceder, permito que salga un momento, que respire y se tome un descanso. Para ayudarlo, he recurrido a recompensas o premios cuando cumple alguna meta. Además, trato de siempre hablar primero de sus aciertos que de sus desaciertos.

Pablo siempre comenzaba así sus cartas. Antes de exhortar o reprender a los creyentes, primero enumeraba las razones por las que amaba y apreciaba a cada grupo de creyentes. En este pasaje, honra la conducta de los miembros de la iglesia de Tesalónica y la lleva ante Dios para que el Señor bendiga sus esfuerzos a favor del apóstol y a favor del reino de Dios.

Notemos el patrón usado por Pablo en sus cartas e imitemos su cariño y diplomacia. Después de saludar, Pablo solía dar gracias. Cuando te enfrentas a una situación difícil con tus hijos o tus colegas, ¿das primero gracias por ellos? Después suele acordarse de cómo conocieron el Evangelio. ¿Puedes recordar con cariño cómo conociste a tu cónyuge, por ejemplo?

Hasta el final, Pablo enumera sus buenas acciones. ¿Tienes hijos o alumnos difíciles? Pide al Señor su ayuda y paciencia e intenta reconocer lo que hacen bien y recompénsalos con regalos, pero sobre todo con palabras. Aprendamos a apreciar a los que nos rodean.

Señor, ayúdame a ser paciente y a actuar con sabiduría.

YF

10 DE SEPTIEMBRE

CUIDADO PATERNAL

*Los hemos animado, consolado y exhortado a llevar una vida
digna de Dios, que los llama a su reino y a su gloria.*
1 Tesalonicenses 2:12 (NVI)

Cuando un bebé hipopótamo quedó huérfano después de un
tsunami en 2004, encontró una nueva "mamá" en un parque natural en Kenia. Una tortuga gigante de 130 años llamada Mzee
se acercó y lo ayudó a integrarse a su nuevo hábitat. Durante
dos años, el hipopótamo y la tortuga se volvieron inseparables.
Comieron juntos, nadaron juntos y jugaron juntos. Mzee se com-
portó como un verdadero progenitor.

Pablo, como padre espiritual, sentía una increíble carga por los
tesalonicenses. Los había tenido que dejar muy pronto debido a la
persecución. Y para colmo, los tesalonicenses enfrentaron gran
rechazo de parte de sus vecinos. Por más que Pablo lo intentaba,
se cerraban las puertas para que los visitara, por lo que les escribió
una carta.

En ella les recuerda lo que hace un padre espiritual. Primero,
trata con delicadeza a los más jóvenes. Amamanta, es decir, alimenta con el Evangelio a los pequeños y los protege de todo
peligro. Trabaja de día y de noche, comportándose de una forma
santa, justa e irreprochable. También enseña con las Escrituras
e incluso abre su propia vida. Sobre todo, anima, consuela y exhorta a que los demás lleven una vida que Dios considere digna.

Inevitablemente seremos "madres" espirituales de alguien en
algún momento de nuestras vidas. Un pequeño "hipopótamo"
aparecerá en el horizonte y tendremos la alternativa de criarlo o
de abandonarlo. Seamos sabias madres adoptivas como Mzee y
alentemos en todo momento, roguemos por los otros y amemos
profundamente, como lo haría una verdadera madre.

Señor, quiero ser una buena madre espiritual.

KO

11 DE SEPTIEMBRE

REGANDO LAS SEMILLAS

Hermanos, a pesar de todos nuestros problemas y sufrimientos,
nos alegra saber que siguen confiando en el Señor Jesús.
1 Tesalonicenses 3:7 (TLA)

Cuando mi compañera en la universidad me habló de Cristo, decidí entregar mi vida a Él. Ella me regaló un Nuevo Testamento y me invitó a un retiro donde quedé más segura de mi nueva fe. Me llevó a una iglesia a la que seguí asistiendo. Me empezó a dar estudios bíblicos también.

Aunque regresó a su país, siguió ayudándome con cartas largas y me mandaba una revista cristiana que me aclaró muchas dudas. Con el tiempo, perdí el contacto con mi amiga, pero Dios siguió obrando en mi vida. Me encantaría que ella supiera que las semillas que sembró y los brotes que regó, ¡sí fructificaron!

Pablo y sus compañeros se vieron forzados a salir de Tesalónica antes de terminar su enseñanza en la iglesia recién formada. Por lo tanto, él se preocupaba por saber si seguían firmes en su nueva y frágil fe. "Como ya no pude resistir más, envié a Timoteo, pues necesitaba saber si ustedes seguían confiando en Dios" (v. 5, TLA). Temía que los problemas los hubieran alejado de la fe, pero se regocijó al saber que seguían firmes en el Señor.

Probablemente hemos tenido y tendremos oportunidades de compartir el evangelio y ver que algunas personas lo acepten. Hagamos todo lo posible por regar esas plantitas, enseñar y animar a esos nuevos creyentes. Si no están cerca, procuremos seguir en contacto y asegurar que reciban la influencia de cristianos maduros para poder crecer. Así podremos decir: "Nos alegra saber que siguen confiando en el Señor Jesús" (v. 7, TLA).

Bendito Señor, permíteme ser un instrumento para llevar a otros a ti.

MHM

12 DE SEPTIEMBRE

BORDANDO EL DÍA

Y que procuréis tener tranquilidad, y ocuparos en vuestros negocios,
y trabajar con vuestras manos de la manera que os hemos mandado.
1 Tesalonicenses 4:11 (RVR60)

El setenta por ciento de las mujeres en Tenango, en el estado de Hidalgo en México, se dedica al bordado. Sus creaciones son coloridas y hermosas. El origen otomí de sus creaciones rinde honor a su comunidad y plasma la cultura de la localidad. De hecho, al municipio de Tenango de Doria se le conoce como la "cuna del bordado". ¿Y sabes cómo empezó esta empresa?

Cuando en los sesenta una sequía afectó la agricultura y devastó al pueblo, el municipio buscó otra forma de obtener ingresos y decidió trabajar en lo mejor que sabían hacer: la artesanía textil. De este modo, las mujeres contribuyeron al sostenimiento de sus hogares y han dado fama a su comunidad.

En el capítulo de hoy, Pablo hace varias recomendaciones con el fin de llevar una vida agradable a Dios. De la misma manera que exhorta a vivir en santidad, recomienda ocuparse y trabajar de manera honrada. Relaciona el tener una vida tranquila con la estabilidad que brinda el trabajo y una buena administración de las finanzas.

La falta de ocupación desequilibra, pero la satisfacción del deber cumplido nos hace sentir útiles. No demos lugar a la pereza o la pasividad. Eso acarrea pobreza. Mantengamos nuestros espacios limpios y organizados. Empezamos temprano bordando nuestros días con energía y entusiasmo. Pongamos colores con alegría y variedad de actividades. Con nuestras propias manos, vayamos tejiendo un tapiz que sea agradable a los ojos de nuestro Creador. Seamos como las mujeres de Tenango.

Señor, gracias te doy por mis manos, bendice a quienes no las tienen.

MG

13 DE SEPTIEMBRE

PREPARADAS

*Porque vosotros sabéis perfectamente que el día del Señor
vendrá así como ladrón en la noche.*
1 Tesalonicenses 5:2 (RVR60)

Un día, regresaba de visitar a mi hermana en otra ciudad. Ella me había dado un dinero que yo necesitaba mucho. Llegando a la terminal de autobuses, tenía el tiempo justo para llegar al consultorio de la dentista. Llevaba conmigo una bolsa colgada al pecho con mi Biblia, mi teléfono, mi monedero, mi pasaporte y otras tarjetas importantes.

Tomé el autobús y cuando casi tenía que bajarme, subieron tres asaltantes llevando pistola y armas punzocortantes. Cuando me di cuenta, traté de sacar el dinero de la bolsa y esconderlo entre mi ropa, pero uno de los asaltantes me vio y me quitó la bolsa. Fue tan rápido que ni siquiera pudimos llamar a la policía y los tipos huyeron. Me sentí desconsolada y por mucho tiempo pensé "¿Y si hubiera yo hecho ...?".

Un asaltante ataca por sorpresa y en forma inesperada; quizá por eso el Señor Jesús comparó su venida con un ladrón que viene de noche. En cierto modo, jamás estamos preparadas para un atraco. ¿Cómo podemos estar listas para su venida? ¿Cómo podemos evitar los "si hubiera"? Pablo nos sugiere no dormir sino velar. Debemos estar listas con la coraza de la fe y de amor, y con la esperanza de salvación como yelmo.

En este pasaje encontramos muchos buenos consejos: orar sin cesar, estar siempre gozosas, dar gracias en todo. Que no se nos sorprenda en pecado, sino que nos presentemos irreprensibles delante de Él. ¡Qué podamos estar preparadas para ese gran día!

Solo Tú, Señor, eres lo más importante de mi vida.

YF

14 DE SEPTIEMBRE

EN EL INFIERNO

*Serán castigados con destrucción eterna, separados
para siempre del Señor y de su glorioso poder.*
2 Tesalonicenses 1:9 (NTV)

Cuando Corrie ten Boom llegó al campo de concentración nazi, pensó que descendía al mismo infierno. Sin embargo, su hermana le dijo: "Aun en el foso más profundo, el amor de Dios es aún más profundo". Tenía razón. En cualquier lugar, desde el hogar más violento hasta el cuarto de torturas más terrible, estamos a una oración de distancia de Dios.

Sin embargo, Pablo nos recuerda que esta realidad cuenta con fecha de expiración. Hoy, como en la época de las tesalonicenses, muchos creyentes padecen persecución, pero un día Jesús aparecerá desde el cielo y traerá descanso a los que sufren. También traerá juicio a "los que no conocen a Dios" y se niegan a obedecer su Palabra (v. 8, NTV).

Leamos con solemnidad el castigo que aguarda a los que rechazan a Jesús: "destrucción eterna". ¿Y a qué se refiere? A estar separados para siempre del Señor y de su poder. Esto es algo que no experimentamos hoy. Sin importar el mal día que hayamos tenido, recibimos la lluvia fresca o un abrazo espontáneo. Pero ¿cómo será cuando esto no suceda?

Hoy Dios está muy cerca de cada ser humano. Sus muestras de amor se palpan en la naturaleza y en los actos de bondad de los hombres. Solo basta una oración para que Él nos ayude y consuele. Sin embargo, un día se apartará de los que han elegido menospreciarlo. Todo lo que hoy conocemos como "bueno" no existirá más. Será, ciertamente, el infierno. Mejor elijamos estar con Él.

Señor, líbrame del infierno. Quiero estar para siempre contigo.

KO

15 DE SEPTIEMBRE

ESTEMOS EN ALERTA

¡Nadie os engañe de ninguna manera!
2 Tesalonicenses 2:3 (RVR1995)

En 2007, treinta y cinco personas de un grupo de fieles se encerraron en una cueva en la región de Peza, en el centro de Rusia, a la espera del fin del mundo. Su líder predijo que en abril o mayo de 2008 todo terminaría. La mayoría salió cuando vieron que en marzo la gruta empezó a erosionar. Curiosamente, el líder de la secta no se unió a ellos en la cueva. Desafortunadamente, dos mujeres murieron.

Algunas de las predicciones apocalípticas han nacido de alguna religión es particular o de una secta falsa. Otras surgen por razones ecológicas o tecnológicas. Estos anuncios resultan en temor, por un lado, pero por otro lado tienden a causar que las personas piensen más que nunca en asuntos espirituales.

La Biblia nos enseña que la fecha del regreso de Jesucristo es impredecible pero a la vez que habrá señales que lo preceden. Los que no están preparados serán sorprendidos, pero los que siguen firmes al Señor estarán listos para encontrarse con Él. Aquí Pablo advierte a los tesalonicenses a no ser engañados fácilmente por falsas alarmas de que Cristo ya haya regresado y menciona algunas profecías acerca de este suceso que deberían ponerlos en alerta.

No nos toca hacer predicciones, sino más bien estudiar la Palabra para comprender qué nos enseña acerca de los últimos tiempos. Aún más importante, debemos dedicarnos a obedecer al Maestro en nuestro diario vivir para estar preparadas para su regreso.

*Señor, ayúdame a ser constante en seguirte hasta el día
en que me llames.*

MHM

16 DE SEPTIEMBRE

PROMESAS DE AMOR

Pero el Señor Jesucristo les dará una firme confianza
y los protegerá del mal, porque él siempre cumple lo que dice.
2 Tesalonicenses 3:3 (TLA)

Cuando el maestro lo regañó, el niño decidió rayar el automóvil del adulto. Días después, el chico, arrepentido, le dijo a su abuela: "Cuando sea grande y famoso, le compraré un carro". ¡Lo cumplió! El ahora joven y exitoso cantante Christian Nodal le dio la sorpresa a su profesor. Le obsequió una nueva camioneta azul. El profesor narra que no sabía si gritar o llorar cuando recibió el regalo. ¡No se lo esperaba!

Si en el corazón humano hay nobleza y la intención de cumplir con la palabra que se ha dicho, ¡cuánto más en el corazón de Dios! En la Biblia hay más de tres mil promesas. Algunas de ellas ya se cumplieron, otras, se cumplirán. Dios las ha puesto ahí para alentarnos, y para que conozcamos las bendiciones que tenemos como hijas de nuestro Padre. Un Padre que siempre cumple lo que dice.

"El Señor es fiel", dice Pablo (v. 3, NTV). Como cumple lo que promete, puede fortalecernos en el día de la duda, o puede protegernos del maligno. La pregunta entonces es, ¿confiamos en el Señor? ¿Creemos que lo que ha dicho se hará? Que así sea. ¿Y qué de nuestras promesas?

Quizá, como Christian Nodal, nos hemos dado cuenta de cuán terrible es nuestro pecado y cuánto hemos ofendido a Dios. Si es así, que Dios nos guíe a un entendimiento total y a una expresión plena del amor de Dios. Que perseveremos con paciencia en la carrera de la vida y abramos los brazos para recibir las promesas de Dios.

Jesús, confío en ti, puedo vivir en paz.

MG

17 DE SEPTIEMBRE

NUEVA PERSONA

*Habiendo yo sido antes blasfemo, perseguidor e injuriador; mas fui
recibido a misericordia porque lo hice por ignorancia, en incredulidad.*
1 Timoteo 1:13 (RVR60)

Con un padre espiritista y una madre médium, Nicky Cruz nace
en Puerto Rico en una familia de dieciocho hijos. Su madre le
decía que no era su hijo, sino hijo del diablo, el brujo más famoso.
Por su mal comportamiento, su padre lo envió a Nueva York, con
su hermano Frank. Sin respetar a ninguna autoridad, dejó la casa
de su hermano y se metió en problemas con los pandilleros.

Conseguía dinero robando y pronto llegó a ser el líder de una
pandilla. Maltratado por Nicky, el predicador David Wilkerson
oraba por él y estaba resuelto a llevarlo al Señor. Por fin, Nicky
Cruz entregó su vida al Señor Jesús y fue transformado totalmente. Estudió teología y empezó un trabajo de evangelismo
entre los pandilleros que conocía. Nicky ahora está a cargo de
una organización que capacita a creyentes para alcanzar a adolescentes y drogadictos.

Cuánta similitud hay entre la vida de Pablo y Nicky Cruz. Los
dos habían sido blasfemos y perseguidores de los que amaban al
Señor. En sus vidas podemos ver con nuestros ojos lo que Dios
puede lograr en las personas: ¡una transformación total! La misericordia de Dios es mucho más grande que nuestra maldad.
Siempre tendremos la oportunidad de venir a Él, aunque nos
consideremos de lo peor.

Si tú crees que no hay remedio para ti, prueba al Dios Todopoderoso. Él es especialista en casos imposibles. Su gracia y misericordia pueden hacer de ti una nueva criatura. Permite al Señor
transformarte; Él te está dando otra oportunidad.

Señor, ¡hazme una nueva persona!

YF

18 DE SEPTIEMBRE

EL PUENTE DE DIOS

Porque hay un solo Dios, y un solo mediador entre Dios
y los hombres, Jesucristo hombre.
1 Timoteo 2:5 (RVR60)

Cuenta la historia que una comunidad junto al río Escanela en la Sierra Gorda de Querétaro, México, se quedó atrapada. Las lluvias torrenciales elevaron el nivel del agua y no podían cruzarlo sin poner en peligro sus vidas para ir a otro pueblo en busca de provisiones. Valientes exploradores del pueblo se dieron a la tarea de buscar río arriba alguna ruta, hasta que encontraron un paso estrecho al que llamaron Puente de Dios.

En el pasaje de hoy, Pablo nos recuerda que los seres humanos estábamos separados de Dios por un impetuoso río de pecado. Las turbias aguas de nuestras rebeliones hacían imposible franquear el espacio pues se necesitaba un mediador, un sustituto, un salvador. Jesús entonces "se dio a sí mismo en rescate por todos" (v. 6, RVR60). ¿Y qué debemos hacer con esta verdad?

En primer lugar, tenemos que entender que Dios quiere que todos los hombres sean salvos y crucen el puente de Dios. Su corazón anhela que la verdad se dé a conocer en todos los ámbitos y todos disfruten de su presencia. Por eso, nos pide a nosotras que roguemos por todos los hombres, incluso nuestros gobernantes, para que estas buenas noticias se puedan compartir.

¿Cuándo fue la última vez que hablamos de Jesús como el único camino a Dios? Seamos esos valientes exploradores que no solo han cruzado el puente, sino que vuelven a los suyos con las provisiones de la fe, con la intención de mostrarles el camino a la vida eterna. Señalemos al Puente de Dios.

Señor, quiero compartir tus buenas noticias con otros. Dame valor.

KO

19 DE SEPTIEMBRE

LA MALDICIÓN DEL ORO

No debe ser... amigo del dinero.

1 Timoteo 3:3 (NVI)

Jim Bakker, el más famoso televangelista norteamericano, recibió una condena de 45 años de cárcel y una multa de quinientos mil dólares en 1987. ¿Su delito? Utilizar el dinero de sus seguidores para financiar sus caprichos personales. Tristemente, todavía podemos encontrar maestros, predicadores y pastores que llenan sus bolsillos con las ofrendas. Son hombres que aman el dinero.

Pero, también hay mujeres que lo hacen. La esposa de Bakker, Tammy, participó junto a su marido en sus diversas estafas. Luego se divorció y se casó con un socio de Jimmy que también entró en prisión. Ella murió en el 2007 víctima del cáncer. El dinero no pudo evitar su sufrimiento y muerte.

Al aconsejar a Timoteo sobre las personas aptas para el liderazgo en la iglesia, Pablo menciona que no deben ser amigos del dinero, "ni codiciosos de las ganancias mal habidas" (v. 8, NVI). Sabía de lo atractivo de las riquezas y cómo nos pueden desviar la mirada de obedecer a Dios. De sus esposas dice además que "deben ser dignas de respeto y no calumniar a nadie. Deben... ser fieles en todo lo que hagan", (v. 11, NTV). Esto incluye el dinero.

El deseo de tener más bienes es una tentación común, pero la felicidad que ofrecen es pasajera. "Den, y se les dará: se les echará en el regazo una medida llena, apretada, sacudida y desbordante" (Lucas 6:38, NVI). Confiemos en Dios para proveer lo necesario y aún más. Busquemos en Él nuestra satisfacción verdadera y no seamos amigas del dinero.

¡Quiero que Tú seas mi mayor riqueza, mi mayor satisfacción!

MHM

20 DE SEPTIEMBRE

OCÚPATE EN LA LECTURA

Entre tanto que voy, ocúpate en la lectura,
la exhortación y la enseñanza.
1 Timoteo 4:13 (RVR60)

De adolescente quería ser como *Tere* y comportarme como una linda *Mujercita*. Dejé atrás mi *Orgullo y Prejuicio* y soñé con ser una *Luz que no se apaga*. En mis años de juventud encontré a mi *Principito* y construí *La casa en la pradera*. Hoy solo sueño con tener *Una vida con propósito* y ser *La esposa virtuosa* que mi marido necesita.

Si me comprendes, es que te has ocupado en la lectura. Jorge Luis Borges dijo: "Somos lo que somos por lo que leemos". Los libros dejan huellas en nuestro ser. Pablo, un hombre culto, indica a Timoteo que debe ocuparse en la lectura, principalmente de la Palabra de Dios. Pablo lo anima a dedicarse a leer las Escrituras a los creyentes. ¿La lees a tus hijos? ¿A tus nietos? ¿A tus amigos?

Sin embargo, hay otros libros que también nos nutren y nos estimulan a mejorar. Las biografías nos animan en tiempos difíciles y las memorias nos invitan a no repetir los errores del pasado. ¿Te gustan las narraciones históricas o la fantasía que nos propone cómo sería un mundo diferente?

Es hermoso estar en sintonía con cientos de mujeres en diferentes lugares que al igual que tú están leyendo hoy este libro devocional. Es simplemente maravilloso que la manera en la que Dios nos habla sea precisamente por medio de la lectura. Justin Peters dijo: "¿Deseas que Dios te hable mucho, mucho, mucho? Abre tu Biblia y léela mucho, mucho, mucho". ¿Leemos?

Gracias, Dios, por tu palabra.

MG

21 DE SEPTIEMBRE

BENDECIDAS POR EL LIDERAZGO

*Los ancianos que gobiernan bien, sean tenidos por dignos de doble
honor, mayormente los que trabajan en predicar y enseñar.*
1 Timoteo 5:17 (RVR60)

Esteban Montgomery influyó en mi vida cristiana profundamente. Como extranjero, abrazó nuestra cultura junto con su familia, haciéndose uno de nosotros. Es uno de los pocos que conozco que hablaban el español casi perfecto. Le conocí anunciando el inicio de un programa de entrenamiento para misioneros. Con ese gran entusiasmo que siempre inspiraba, me animó a tomar la capacitación.

De él aprendí enseñanzas profundas y a orar de una manera diferente. Su fervor por Dios era grande y tenía una gran humildad. Siempre con ánimo para compartir la Palabra, alentaba a los jóvenes para ir al centro de la ciudad a evangelizar. Organizó conferencias misioneras y varias iglesias fueron establecidas por su trabajo. Cuando enfermó de cáncer, miles clamamos por su sanidad. Finalmente, el Señor lo llevó a casa.

Pablo nos estimula a honrar a los que trabajan en predicar y enseñar. Si han puesto en alto el nombre del Señor Jesús, él nos ordena darles doble honor. Muchos otros hombres de Dios se han levantado para guiar al pueblo del Señor con veracidad. ¿Puedes pensar en algunos? No es fácil estar al frente de una iglesia ni proveer para los suyos al mismo tiempo. ¿Cómo podemos bendecir a estos servidores de Dios?

Si has sido bendecida con el liderazgo de alguien que ama al Señor con todo su corazón, no tardes en darle el honor que merece. Dios nos pide que lo hagamos, seguramente para seguir siendo bendecidas por ellos.

Pido, Señor, por mis líderes: que sean guiados por ti.

YF

22 DE SEPTIEMBRE

NECESITAMOS UN GUÍA

Algunos se han desviado de la fe por seguir semejantes tonterías.
1 Timoteo 6:21 (NTV)

En muchos lugares de belleza natural se necesita ir con un guía. ¿Por qué? En primer lugar, porque el guía nos muestra cómo no dañar el ecosistema. Hay multas fuertes por lastimar el paisaje. Segundo, el guía nos advierte de peligros, como la hiedra venenosa. Finalmente, nos muestra lo que la mayoría ignoramos. Cuando muchos veríamos sólo árboles, el experto nos indica cuál es el álamo blanco.

Muchas veces pasamos por alto las ricas instrucciones que Dios nos dejó en las epístolas, pero Dios las ha puesto como guía. Por ejemplo, en este pasaje, Pablo nos indica cómo no dañar nuestro ecosistema al tener respeto por nuestros jefes, pelear la buena batalla de la fe y ser ricos en buenas acciones.

También nos advierte de los peligros: gente arrogante que contradice el evangelio, individuos que le dan la espalda a la verdad y el amor al dinero, que es la raíz de muchos males. Finalmente, nos muestra las bellezas del sendero que solemos pasar por alto. ¿Por qué no amar el dinero? Porque nada nos llevaremos al otro mundo.

Cada vez que analicemos una epístola, no corramos. Seamos humildes y reconozcamos que "no sabemos" cómo luce una vida piadosa. Al igual que cuando entramos al santuario de mariposas monarcas, observemos, vigilemos y aprendamos de la mano de nuestros guías, pues así sabremos cómo vivir conforme a la voluntad de Dios. No sea que nos desviemos del camino y "acabemos" con la belleza de la santidad, perdiéndonos así del gozo de disfrutarla.

Señor, gracias por las epístolas que me muestran cómo luce vivir para ti.

KO

23 DE SEPTIEMBRE

FE GENUINA

Traigo a la memoria tu fe sincera, la cual animó primero
a tu abuela Loida y a tu madre Eunice, y ahora te anima a ti.
De eso estoy convencido.
2 Timoteo 1:5 (NVI)

"Te vas de casa. Ya no estaré contigo para asegurarme de que comas tus verduras, arregles tu habitación, leas tu Biblia y te congregues con otros cristianos. Ahora depende de ti hacer decisiones correctas y confirmar que tu fe en Jesús sea verdadera y personal". Algo así escribí a mi hijo cuando partió para la universidad.

Los padres podemos inculcar a los hijos valores y hábitos, y en especial la fe cristiana, pero a fin de cuentas ellos son seres independientes que pueden o no aceptar esas enseñanzas. Por eso es tan importante que tengan un encuentro personal con Jesucristo y no consideren que el haber crecido en un hogar donde los padres son creyentes los convierte en cristianos.

En su segunda carta a Timoteo, Pablo recordó su fe sincera y la de su abuela y su madre. Estaba convencido de que esa misma fe genuina podía animar a su discípulo. No se trataba de imitar las prácticas de su familia, ni de fingir que creía. Tampoco implicaba ritos exteriores, sino que nacía de la presencia del Espíritu Santo en él. Por lo tanto, era una fe resistente.

Oremos por nuestros hijos u otros discípulos que Dios nos haya dado. Hablemos y actuemos de manera que absorban una fe real. Aun cuando crezcan, sigamos alentándolos en su caminar con Cristo. Hoy en día, seguir en contacto es mucho más fácil que en los días de Pablo. Nuestro ejemplo y nuestras palabras tienen impacto en otros.

Padre, te pido por mis hijos y también mis hijos espirituales,
que puedan seguirte de corazón.

MHM

24 DE SEPTIEMBRE

DIOS RECONOCE TU CANTO

A pesar de todo, el fundamento de Dios es sólido y se
mantiene firme, pues está sellado con esta inscripción:
"El Señor conoce a los suyos", y esta otra: "Que se aparte
de la maldad todo el que invoca el nombre del Señor".
2 Timoteo 2:19 (NVI)

Los pingüinos son monógamos. Aun cuando se separen hasta dos mil kilómetros uno del otro, vuelven a reunirse para aparearse pues cada uno memoriza muy bien el canto del otro. Cuando la hembra pone el huevo, se lo da a su pareja, quien lo incuba mientras ella va a alimentarse. Cuando regresa a la colina, ambos empiezan a cantar y logran localizarse.

Si eso sucede entre estos hermosos animalitos, imagínate la manera en que nuestro Creador reconoce a sus hijos. Dios te conoce profundamente. Distingue tu voz entre muchas y sabe cuál es tu canto en medio de la alabanza de la congregación el domingo por la mañana.

Pablo, por lo tanto, le cuenta a Timoteo que, si bien algunos han abandonado el camino de la verdad y han desviado a otros de la fe, hay dos fundamentos que nos muestran que nosotras seguimos firmes en Él. Primero, el hecho que Dios nos conoce. Segundo, la realidad que quien pertenece al Señor se aparta de la maldad.

¿Tienes estos dos fundamentos en tu vida? El primero debes aceptarlo por fe. Agradece que Dios te ha elegido y descansa en esta promesa. El segundo basta que lo analices en tu propia vida. ¿Hay algo dentro de ti que te impide pecar y que te molesta tanto que solo lo acallas hasta que te apartas de lo malo? Dios conoce tu canto. ¿Tú amas tanto a Dios que, como los pingüinos, solo buscas en Él a tu pareja y a nadie más?

Gracias por tu amor garantizado. Sé que nunca te olvidarás de mí.

MG

DIFERENTES AL MUNDO

Y también todos los que quieren vivir piadosamente
en Cristo Jesús padecerán persecución.
2 Timoteo 3:12 (RVR60)

Maia, una chica española, colgó un video en YouTube en protesta por ser discriminada por creer en la Biblia. Ella comenta que mientras otros exigen respeto, parece que los creyentes no pueden. Cuenta que en una clase, el maestro preguntó sobre las creencias de cada uno. Algunos se declararon ateos, otros creyentes en Buda. Uno creía en los "reptilianos" (dioses extraterrestres que controlan a la humanidad) y la respuesta de la clase fue: "¡Qué interesante! Te respeto".

Cuando le tocó el turno y dijo que creía en Dios y en la Biblia, los comentarios fueron: "Pensé que eras lista", "En Dios, sólo los débiles". Maia comenta: "He estado en seis institutos toda mi vida y os puedo asegurar que no he estado en ninguno que al enterarse que creo en Dios no se han reído de mí y dicho cosas hirientes".

Cuando expresa que no practica el sexo porque espera hasta el matrimonio, que no se debe practicar el aborto, que ella no fuma, no se droga, no se embriaga y no ve pornografía, nadie le dice: "Te respeto". Al contrario, recibe ofensas y humillaciones. Pablo, desde hace mucho, nos advierte que padeceremos persecución si queremos vivir piadosamente. Él lo supo en carne propia.

Por lo tanto, como aconsejó Pablo a su amigo Timoteo, persistamos en lo que hemos aprendido. Podemos confiar en que es verdad y podemos confiar en las personas que nos han enseñado el camino del Señor. Quizá recibamos discriminación y ofensas, pero recordemos que es parte de seguir a Jesús.

Señor, que sea yo diferente al mundo por obedecerte.

YF

26 DE SEPTIEMBRE

DESPEDIDA

En cuanto a mí, mi vida ya fue derramada como una ofrenda
a Dios. Se acerca el tiempo de mi muerte.
2 Timoteo 4:6 (NTV)

Hamilton, el musical de Broadway, habla de la vida de Alexander
Hamilton, un personaje crucial en la independencia de Estados
Unidos. Antes de morir en un duelo, le escribió una carta de despedida a su esposa Eliza. Finalizó diciendo: "Vuela al pecho de tu
Dios para ser consolada… atesoro la dulce esperanza de verte en
un mundo mejor".

En el pasaje de hoy leemos la última carta de Pablo. Dirigida a
Timoteo, finaliza con un capítulo conmovedor. Después de instar a Timoteo a predicar fielmente y no seguir el ejemplo de los
falsos maestros, habla de su propia vida. Sabe que su muerte se
aproxima, pero puede decir: "He peleado la buena batalla, he terminado la carrera y he permanecido fiel" (v. 7, NTV).

Reconoce que le espera un premio, pero primero, pide que Timoteo trate de reunirse con él en Roma y da unas últimas instrucciones. Finalmente se despide de sus amigos más entrañables: Priscila, Aquila, Erasto, Trófimo, y concluye: "Que el Señor esté con
tu espíritu, y que su gracia sea con todos ustedes" (v. 22, NTV).

Después de Jesús, Pablo está entre los personajes bíblicos sobre
quien más se ha escrito y cuyos textos han sido ampliamente estudiados. Qué gran ejemplo nos dejó, pues no tuvo miedo de sufrir
por el Señor, además se ocupó en decirles a otros el evangelio y
llevó a cabo todo el ministerio que Dios le dio. No nos queda más
que decir como hizo Hamilton: "Atesoramos la dulce esperanza de
verte en un mundo mejor".

Señor, gracias por tus fieles siervos que escribieron tu Palabra.

KO

27 DE SEPTIEMBRE

ENSEÑAR CON DIENTES

Reteniendo la palabra fiel que es conforme a la enseñanza,
que sea capaz también de exhortar con sana doctrina
y refutar a los que contradicen.
Tito 1:9 (LBLA)

Según Martín Lutero: "Un predicador tiene que ser tanto solda-do como pastor. Tiene que nutrir, defender y enseñar; tiene que tener dientes en la boca y poder morder y pelear". Me pregunto si Lutero fue un predicador como los de hoy, ameno y divertido, popular y "a la moda". Algo me dice que no. Más bien se preocu-pó por enseñar la verdad de Dios, que incluye la exhortación y la corrección.

Los verdaderos pastores hacen lo mismo. Defienden la verdad cuando es necesario, aunque no sea del agrado de todos. Se atre-ven a llamar al pecado, pecado. Además, llevan una vida de de-voción y disciplina; su ejemplo habla más fuerte que sus palabras. Son, como Tito lo fue, verdaderos hijos en la fe.

Pablo, de hecho, le encargó a Tito poner en orden a las iglesias de Creta. Le pidió que nombrara ancianos o líderes en cada igle-sia y da una lista de características que debían tener. Entre ellas incluye que sean fieles a la enseñanza de "sana doctrina" que han recibido y que sepan "refutar a los que contradicen" (v. 9, NVI). También debían ser hombres piadosos para que mostraran su obediencia a las Escrituras.

Si nos toca enseñar la Biblia, hagamos lo que Pablo pidió. Por so-bre todas las cosas, tengamos una fuerte creencia en el mensaje que predicamos. Solo así podremos animar a otros y podremos mostrar el error a quienes estén desviándose. Fomentemos la clase de vida que refleja esta sana enseñanza.

Maestro divino, ayúdame a enseñar tu Palabra de manera fiel.

MHM

UN HONOR

Esas mujeres mayores tienen que instruir a las más jóvenes.
Tito 2:4 (NTV)

La palabra *kuleana* en hawaiano significa "responsabilidad", aunque va más allá de eso. Implica aceptar responsabilidad con humildad y usar los recursos disponibles para cuidar de alguien. Esta responsabilidad se considera un honor. Es un regalo. ¿No se refiere a esto el apóstol Pablo cuando escribe a Tito?

Después de hablar de las características de los líderes y los que están en autoridad, habla de las mujeres. Le pide a Tito que enseñe a las mujeres mayores a vivir de una manera que honre a Dios. Esto incluye no calumniar ni tener vicios. Luego les da una gran instrucción: estas mujeres deben enseñar a otros lo que es bueno.

Pablo detalla el currículo con precisión. Las mujeres mayores deben enseñar a las menores a amar a sus esposos, a amar a sus hijos, a vivir sabiamente, a ser puras, a trabajar en sus hogares, a hacer el bien y a someterse a sus esposos. Sin embargo, no explica el cómo. Aquí surge la libertad. Puede ser a través de la amistad no planeada o a través de una mentoría intencional. Se puede dar por medio de conversaciones casuales o lecciones bíblicas.

Lo importante para nosotras es recordar lo siguiente: siempre seremos una mujer "mayor" para una más joven, sin importar que tengamos dieciséis o sesenta y un años. ¿Aceptaremos esta *kuleana*? ¿Asumiremos con humildad y usando los recursos disponibles esta gran responsabilidad de enseñar a otras mujeres? Veamos esta oportunidad como un regalo y un honor, más que como una carga. Abracemos nuestra *kuleana*.

Señor, ¿a quién enseñaré hoy?

KO

29 DE SEPTIEMBRE

LUZ ENTRE NOSOTROS

A no hablar mal de nadie, sino a buscar la paz y ser respetuosos,
demostrando plena humildad en su trato con todo el mundo.
Tito 3:2 (NVI)

Cuesta mucho laborar en un ambiente donde eres una de las únicas mujeres. Roxana lo sabía bien y había recibido faltas de respeto en su trabajo. Sin embargo, había un hombre que nunca se había mostrado irrespetuoso. No la miraba con lascivia ni le hacía comentarios de mal gusto. Un día, platicando con él, este hombre le dijo que era cristiano.

Ella se sintió muy feliz de tener a alguien que compartiera con ella la misma fe y que, además, había sido un ejemplo entre tantos descarados. "Me sentí segura y ahora sé que tengo alguien en ese lugar en quien puedo confiar", comentó.

Pablo recomienda a Tito que enseñe a la congregación a no calumniar a nadie, sino a mostrar amabilidad y verdadera humildad en el trato con otros. ¿La razón? Pablo nos recuerda que todos solíamos ser necios y desobedientes, llenos de maldad y de envidia. ¡Nos odiábamos unos a otros! Pero cuando Dios dio a conocer su bondad, nos salvó por su misericordia. Nos lavó, nos quitó nuestros pecados, nos dio una nueva vida. ¡Qué maravilla! Hoy somos diferentes.

Si vives una situación incómoda, con personas que molestan con su mirada o con sus comentarios, pide al Señor que te dé una persona que sea "luz del mundo" ahí donde estás. También pide que tú misma lo seas para otros y que se sientan seguros a tu lado. Como dijo Pablo: "Que todos los que confían en Dios se dediquen a hacer el bien" (v. 8, NTV).

Ayúdame, Señor, a ser "luz del mundo" en medio
de este mundo malvado.

YF

30 DE SEPTIEMBRE

UNA DIMENSIÓN MAYOR

*Ya no como a esclavo, sino como algo mejor: como
a un hermano querido, muy especial para mí, pero mucho
más para ti, como persona y como hermano en el Señor.*
Filemón 1:16 (NVI)

Tengo dos hermanas que son dos veces mis hermanas. Son mis hermanas de sangre, pues compartimos el ADN de nuestros progenitores. Sin embargo, también somos hermanas en la fe por la salvación en Cristo. Lo mismo sucede con otras personas. Además de ser padres, amigos o trabajadores podemos tener una relación que ofrece una dimensión eterna.

Filemón aprendió esto cuando Pablo le envió una carta con Onésimo, un esclavo fugitivo. No sabemos por qué motivo Onésimo dejó a su amo, pero de acuerdo con las leyes de la época, Filemón podía haberlo castigado con dureza. Sin embargo, Pablo le ruega que lo reciba con misericordia pues Onésimo ahora era un hermano en la fe.

Aunque no sabemos qué hizo Filemón al respecto, podemos deducir que perdonó a su esclavo fugitivo y lo trató como a un hermano, ya que leemos en Colosenses que Pablo manda saludar a "Onésimo, querido y fiel hermano" (4:9, NVI). Así que podemos aprender una gran lección: la familia de la fe provee el lazo más fuerte.

Si bien es cierto que Dios nos ha provisto de la paternidad y el matrimonio ¡incluso estas relaciones adquieren un doble lazo cuando se comparte la fe en Cristo! Qué pensamiento más sobrio el reconocer que esa otra persona que también ha puesto su fe en Jesús es nuestro hermano o hermana, a quien debemos lealtad y cariño, y con quien pasaremos una eternidad. Alegremos el corazón de nuestro Padre al tratarnos como una familia que se ama.

Señor, dame amor por mis hermanos en la fe.

KO

1RO DE OCTUBRE

UNA PALABRA, VARIOS SIGNIFICADOS

Entonces la Palabra se hizo hombre y vino a vivir entre nosotros.
Juan 1:14 (NTV)

Un *banco* puede ser un asiento, una empresa comercial o un grupo de peces. ¿Alguna vez has tenido un concepto de una palabra en particular, y de repente te das cuenta de que tiene otro significado? Eso ocurre en esta porción del Evangelio de Juan con el término traducido "Palabra", en otras versiones "Verbo".

La palabra griega *logos* es compleja e implica el pensamiento y el habla. Para los filósofos griegos significaba también la razón o el principio racional del universo. En la Biblia puede significar "mensaje". Quizás Juan usó este término como puente entre los conceptos filosóficos de la época y la verdad del Evangelio.

El *logos* griego era generalmente una idea abstracta e impersonal. Sin embargo, el Dios judío creó el mundo por medio de su palabra y aquí vemos que era Dios. Además, de forma asombrosa, revela el evangelista: "Entonces la Palabra se hizo hombre y vino a vivir entre nosotros" (v. 14, NTV). Estas ideas parecieron revolucionarias tanto para los griegos politeístas como para los judíos monoteístas.

Nuestras ideas preconcebidas nos pueden cegar a la verdad. ¿Qué piensas tú cuando escuchas que Jesús es el Verbo de Dios? Dios es mucho más que un ente nebuloso y lejano. Su mensaje es vivo y real. Se comunicó de muchas maneras, y la de más impacto fue por medio de su Hijo, que se encarnó para vivir entre nosotros y morir en nuestro lugar. Jesús no solo trajo un mensaje, ¡Él fue el mensaje!

¡Gracias, Señor, por comunicarte con nosotros de manera tan personal!

MHM

2 DE OCTUBRE

TE SIGUE

El siguiente día quiso Jesús ir a Galilea,
y halló a Felipe, y le dijo: Sígueme.
Juan 1:43 (RVR60)

El futbolista portugués Cristiano Ronaldo es la persona mas seguida en Instagram; cada segundo alguien da click al botón "seguir" de su cuenta. ¿A cuántas personas sigues tú en Instagram? ¿Cuántas te siguen? Cuando Jesucristo inició su ministerio, escogió a sus discípulos diciéndoles a cada uno de ellos una sola palabra: "Sígueme". Inmediatamente, ellos, le siguieron.

Los seguidores de Jesús creyeron que Él era el Mesías, el Hijo de Dios; le amaron y estuvieron dispuestos a padecer y trabajar incansablemente a su lado. Hasta hoy, los seguidores de Cristo son conocidos como cristianos; cada segundo alguien deposita su fe en Él y su nombre es anotado en el Libro de la Vida, donde están inscritos todos sus seguidores.

En algún momento de nuestra vida, a todos Jesús nos ha mirado a los ojos y nos ha invitado a seguirle. Los que creemos en Él seguimos también sus enseñanzas y sus mandamientos. Estamos pendientes cada día de esas historias contenidas en su Palabra que nos impactan y nos hacen amarlo y admirarlo más cada día.

Algo maravilloso de Jesús es que ¡Él te sigue a ti! ¡Te conoce! Está pendiente de lo que te sucede y sabe lo que necesitas. No lo hace de manera virtual; realmente te acompaña y provee todo lo que necesitas. Si no lo has hecho, dale "seguir" en tu corazón. Si ya eres una seguidora, comparte su historia con otros. ¿Conoces a alguien cuyo nombre todavía no está escrito en el Libro de la Vida?

He decidido seguirte, Señor. No vuelvo atrás.

MG

3 DE OCTUBRE

EL INVITADO DE HONOR

Y fueron también invitados a las bodas Jesús y sus discípulos.
Juan 2:2 (RVR60)

Elena y Darío celebraron sus bodas de rubí hace poco: ¡cuarenta años de amor! En la recepción, se agradecieron el uno al otro por el cuidado y el amor que se han mostrado todos estos años, por la paciencia que se han tenido y porque han aprendido a soportar el carácter de cada uno. Las lágrimas no faltaron, en medio de sonrisas, juegos y baile. Como invitados, verlos tan felices, nos llenaba de ánimo y gozo.

No puedo imaginar la felicidad de los contrayentes y de los invitados a la boda en Caná. ¡El Señor Jesús estaba ahí! ¿Habrán sabido los novios la bendición que era tener al Rey de reyes en su boda? Su sola presencia, aprobaba la unión y la bendecía.

De hecho, las bodas judías se organizaban por el padre del contrayente y él decidía a quien invitar. Así que, invitó a Jesús y a sus discípulos. ¿Qué lazo uniría al Señor con el padre del novio? ¿Amistad? ¿Lazos familiares? ¿Algún trabajo de carpintería? Por cierto, no hay otro relato en los evangelios sobre el Señor asistiendo a una boda.

Cada vez que se aproxime una fecha especial, asegúrate de que el Señor Jesús sea el invitado de honor en tus celebraciones. Ciertamente si Él ocupa la primera fila, habrá cosas que deberás pensar dos veces antes de incluir, pero también bendecirá de forma abundante y sorprendente la ocasión y muchos estarán maravillados de la felicidad que rodeará la fiesta.

Tú eres mi invitado de honor, Señor.

YF

4 DE OCTUBRE

SOY NICODEMO

El ser humano sólo puede reproducir la vida humana,
pero la vida espiritual nace del Espíritu Santo.
Juan 3:6 (NTV)

Yo soy Nicodemo. Como él, crecí en una familia devota, seguidora de Jesús, y desde el principio intenté "ser buena" para ir al cielo. Soy Nicodemo, porque me sentí cómoda entre los ritos religiosos y las bancas de la iglesia, donde no solo encontré mi identidad, sino una relativa paz. Soy Nicodemo también porque un día me estremecí cuando oí del verdadero Jesús —no el que me había imaginado— y tuve que acudir a Él de noche.

Soy Nicodemo porque le dije lo mismo a Jesús: "Sé, Señor, que eres un maestro bueno, excelente, el ejemplo perfecto de vida. Eres mejor que todos los demás". Y soy Nicodemo porque Jesús me contestó lo mismo. No me pidió que estudiara más la Biblia ni que aumentara mis conocimientos. No me dijo que empezara de nuevo. No. Me dijo que tenía que empezar de cero. En sus palabras, nacer de nuevo.

Soy Nicodemo porque me costó trabajo entender que no se trata de una religión, sino de una relación. Sobre todo, porque no depende, en lo más mínimo, en lo que yo pueda hacer, decir o sentir, sino que todo el trabajo corresponde al Espíritu Santo, que viene y va a donde quiere.

Soy Nicodemo porque Jesús tuvo que apuntar al cielo y recordarme que tendría que ser levantado en una cruz para morir por mis pecados. Como a Nicodemo, Jesús declaró que Dios me ama y que lo único que basta es creer, porque el que cree no es condenado. ¿Y tú? ¿Has nacido de nuevo?

Gracias por ayudarme a nacer de nuevo, Espíritu Santo.

KO

5 DE OCTUBRE

ESPERANZA PARA LOS QUE SUFREN

¿Cómo se te ocurre pedirme agua, si tú eres judío y yo soy samaritana?
Juan 4:9 (NVI)

Una amiga mía recién se mudaba a una nueva ciudad. Una noche salió a comprar algo en la tienda y, de regreso, vio a un joven sentado en el parque, llorando. "Tenía una mochila en la espalda, las manos cruzadas abrazando sus piernas y un semblante muy triste". Ella venció el temor y con el corazón en la mano preguntó si podía ayudarle.

"Pude darle mi testimonio de vida, de fe, de milagros y hablarle de un Dios vivo, real, que está al pendiente y tiene planes y propósitos para nuestras vidas". Le habló del amor de Cristo, le dio un abrazo. Después le trajo café y algo de cenar. Se encendió una luz de esperanza en él.

La mujer samaritana también se sentía rechazada. Tal vez fue al pozo al mediodía para evitar a las mujeres que iban temprano. "¿Cómo se te ocurre pedirme agua?", le preguntó a Jesús (v. 9, NVI). No comprendía cómo un judío le pedía agua, ya que los samaritanos eran rechazados por su religión que combinaba doctrinas judías con otras gentiles. De hecho, los judíos procuraban darle la vuelta a Samaria al viajar, aunque les costaba más tiempo hacerlo.

Tendemos a evitar el contacto con la gente que está en la calle, como si nos pudieran contaminar. Hablar con desconocidos es riesgoso. Pero el Espíritu Santo puede tocar nuestro corazón para decirnos: "Háblale, consuélalo, ayúdalo". Como a mi amiga, puede darnos palabras de esperanza para los que no conocen su luz. ¡Seamos sensibles a su voz!

Quiero que tu Espíritu me use y hable por mí.

MHM

6 DE OCTUBRE

PORTENTOSA OMNISCIENCIA

Vengan a ver a un hombre que sabe todo lo que he hecho
en la vida. ¡Podría ser el Mesías!
Juan 4:29 (TLA)

Johanna Mazibuko es una mujer sudafricana que ha llegado a la edad de ciento veintiocho años o 46,720 días. Es la mujer más longeva del mundo, pues nació en 1894 y se encuentra en buen estado de salud. Su alimentación principal ha sido a base de leche, langosta y espinacas silvestres. ¿Puedes imaginar todo lo que ha vivido?

Tal vez Johanna no recuerde muchas de sus vivencias en todo este tiempo, pero Dios sabe todo lo que ella ha hecho en toda su existencia. Si Jesús conocía la vida secreta de la mujer samaritana, también conoce la de Johanna e incluso tu vida y la mía. Podemos exclamar con admiración como lo hizo David en el Salmo 139:6: "Tal conocimiento es demasiado maravilloso para mí; elevado es, no puedo comprenderlo" (RVR60).

¿Por qué relacionó la mujer samaritana el hecho de que Jesús conociera su vida con que Él fuera el Mesías? Por lo que estaba escrito en Isaías 11:2: "Y reposará sobre él el Espíritu de Jehová; espíritu de sabiduría y de inteligencia, espíritu de consejo y de poder, espíritu de conocimiento y de temor de Jehová" (RVR60).

Él no solo conoce todo lo que hemos hecho, incluso sabe lo que haremos. ¿Recuerdas que le dijo a Pedro que le negaría tres veces? En efecto, lo hizo. Ante tal conocimiento no nos resta mas que rendirnos a Él y adorarle. El sabe con exactitud lo que es mejor para cada una de nosotras. Sus tiempos son perfectos. Puedes descansar en su sabiduría.

Todo lo sabes de mí, oh Dios. Tú sabes que te amo.

MG

7 DE OCTUBRE

LEVÁNTATE

Y había allí un hombre que hacía treinta
y ocho años que estaba enfermo.
Juan 5:18 (RVR60)

En una semana recibí el aviso de tres conocidas mías con cáncer, las tres trabajando para una organización cristiana. Aunque de edades diferentes, el prospecto de quimioterapias, cirugías y citas médicas desanimaba. ¡Cuánto más dolor debía albergar este hombre que durante treinta y ocho años había estado enfermo! No cinco, no diez, no veinte años, ¡sino casi cuarenta!

Jesús entonces hace una pregunta extraña: "¿Quieres ser sano?" Sin embargo, esta interrogante da pie a que el hombre vierta su frustración. No puede llegar al agua antes. Nadie le ayuda jamás. Ha sufrido la desilusión a la par de su parálisis. ¿Y qué hace Jesús? Le pide que haga lo imposible, lo que precisamente no ha podido hacer durante cuarenta años: que se levante.

Si bien mis amigas con cáncer deben pasar por una prueba de fe, la realidad es que yo también he estado enferma más de cuarenta años de algún patrón de pecado en mi vida. Pudiera ser mentira o chisme, rebelión o avaricia. Entonces Jesús me pregunta: "¿Quieres ser sana?". Y yo me excuso: nadie me ayuda, todos se adelantan. La pregunta en realidad se resume en si quiero verdaderamente dejar mi adicción a la aprobación de los demás o a mis intentos de control.

¿Qué me pide entonces Jesús? Que me levante. Que haga precisamente eso que tanto me cuesta: hablar verdad o rendirme a su voluntad o dejar de mirar telenovelas. Al instante puedo ser sanada. ¡Puedo andar! La cuestión, sin embargo, sigue rondando en la pregunta: ¿quiero?

Mi Dios, sí quiero. Líbrame de mi pecado.

KO

8 DE OCTUBRE

RECIBIR HONOR

¡Con razón les cuesta creer! Pues a ustedes les encanta
honrarse unos a otros, pero no les importa la honra
que proviene del único que es Dios.
Juan 5:44 (NTV)

Mulán es la protagonista de una conocida leyenda china que Disney llevó a la pantalla ya dos veces. La joven se disfraza de guerrero para salvar a su padre de ir a pelear, pero, en cierto modo, rompe las tradiciones. Una de las canciones de la versión animada dice: "Con fortuna y un peinado así nos vas a brindar honor".

¿Qué es el honor? Este valor no solo invade la cultura asiática, sino la latina. El honor implica no hacer nada que manche a la familia o que decepcione al clan. Ya que nadie es perfecto, uno acude al silencio, los secretos y la vergüenza cuando se enfrenta a las adicciones o a las debilidades.

Sin embargo, Jesús declaró que todos buscamos honrarnos unos a otros. Señaló a los fariseos que buscaban la aprobación de la gente y no la de Dios, a quien decían servir. ¿Y cómo se gana la honra que proviene de Dios? No al ocultar nuestros pecados o esforzarnos por ser perfectos. Dios nos dice: "Yo honraré a los que me honran" (1 Samuel 2:30, RVR60).

Podemos pasar toda la vida tratando de buscar la honra y no lograrlo. Pero Dios no nos exige la perfección, sino la sinceridad. Él desea que lo adoremos de corazón, con honestidad y cruda transparencia. Al reconocer nuestra bajeza y apreciar su majestad, le honramos. Curiosamente la única manera de recibir honor es dándoselo al único que lo merece: nuestro Señor.

Señor, a ti sea el honor por los siglos de los siglos.

KO

9 DE OCTUBRE

ACTOR DE REPARTO

Aquí hay un muchacho que tiene cinco panes de cebada y dos pescados.

Juan 6:9a (PDT)

Tom Hanks, Leonardo di Caprio, Robert de Niro, Meryl Streep, Nicole Kidman. Sin duda estos nombres llaman la atención y la mayoría de nosotros sabemos quiénes son. En una obra de teatro o una película, los nombres que destacan son los de los protagonistas. Luego están los actores secundarios, que tienen cierta relevancia en la obra, y finalmente los actores de reparto, cuyos textos no superan las veinte líneas.

Nos acordamos de los nombres de los actores principales y a veces de los secundarios, pero por lo general no de los que solo participan brevemente. No llegan a tener fama, a menos que suban los peldaños en obras posteriores.

De cierta manera, eso pasó con el discípulo Andrés, de quien rara vez oímos, aunque aparentemente fue el primero en seguir a Jesús. Aunque todos los evangelios incluyen la historia de la alimentación milagrosa de los cinco mil, solo Juan menciona a Andrés. Él encontró al niño que tenía cinco panes y dos pescados, y lo llevó a Jesús. Hizo el esfuerzo. Podemos decir que tuvo la fe de "una semilla de mostaza".

La mayoría de nosotras no seremos protagonistas en la obra de Dios. Probablemente no aparezcan nuestros nombres en la historia de la iglesia del siglo XXI. Pero a Dios no le importan las categorías humanas, sino que usa los actores de reparto a diario para llevar a cabo su obra, muchas veces con acciones sencillas que reflejan la fe. Aunque sean "veinte líneas", ¡actuemos con excelencia!

Aquí estoy, Señor. Usa mis manos y mi boca.

MHM

10 DE OCTUBRE

PAN DE VIDA Y PAN DE MUERTE

Jesús les dijo: Yo doy el pan de vida; el que a mí viene,
nunca tendrá hambre; y el que en mí cree, no tendrá sed jamás.
Juan 6:35 (RVR60)

¿Has oído hablar del "pan de muerto"? En México, durante la celebración del Día de Muertos, se adorna con papel picado de múltiples colores y la atmósfera se empapa de un aroma que es una mezcla de flores con incienso. De ese modo, se presentan ofrendas con los alimentos que le agradaban al "difunto". A un pan tradicional de hojaldra, un pan redondo y esponjado, con unos abultamientos que simulan los huesos se le conoce como "pan de muerto".

Jesús se ofrece a sí mismo como el pan de vida. Cuando acudimos a Él, nos da vida y vida eterna. Aunque enfrentemos dificultades, podemos vivir con fe y esperanza sabiendo que después de nuestra jornada terrenal nos espera una celestial. Allí no habrá llanto, ni dolor, tampoco sed ni hambre y mucho menos muerte.

La satisfacción física es temporal, pero la plenitud espiritual que encontramos en Jesucristo nos sacia y transforma. Tratamos de llenar el vacío interior con cosas materiales, adicciones y hasta con el amor humano, pero en realidad esa hambre que siente nuestra alma, es la necesidad de Dios. Ningún amor humano podrá llenarnos. Sólo su amor es perfecto.

No podemos sustituir a Dios. Cuando nos llenamos de Él, estamos tranquilas. Entonces podemos servirle con gozo y ofrecerle nuestra vida como una ofrenda, una ofrenda agradable y aceptable que tendrá un olor muy particular, no de flores ni de especias, sino de ti. Deja a un lado el pan de muerto y mejor acepta el pan de Vida que es Jesús mismo.

Señor, sáciame.

MG

11 DE OCTUBRE

¿A QUIÉN IREMOS?

Le respondió Simón Pedro: Señor, ¿a quién iremos?
Tú tienes palabras de vida eterna.
Juan 6:68 (RVR60)

"Me estoy congelando en mi celda. Mis compañeros prisioneros no me toleran por haberme convertido en un pastor evangélico. Me siento solo, pero no negaré mi fe en Jesús". Estas palabras de un pastor evangélico encarcelado en un país musulmán se repiten en otros lugares geográficos pues cuando Jesús estuvo en la tierra, nos advirtió que el costo del discipulado incluiría persecución y quizá la muerte.

Además, declaró de manera tajante que la única manera de venir a Dios es a través de Él. ¿Qué pasó entonces? Que muchos "volvieron atrás, y ya no andaban con él" (v. 66, RVR60). Por lo tanto, Jesús se dirigió a sus discípulos: ¿también ellos se marcharían? Pero Pedro respondió: "¿A quién iremos?".

Quizá deduzcamos que no tenían otra opción. Seguir a Jesús era mejor que continuar en la pesca. Sin embargo, no hemos leído bien. Pedro concluye: "Tú tienes palabras de vida eterna". No es resignación la que movió a Pedro a continuar con Jesús, ni son la falta de opciones las que hace que un exmusulmán esté dispuesto a morir. Simplemente ¡han entendido el mensaje!

Quizá nosotras no hemos vuelto atrás, pero tampoco andamos con Jesús. Carecemos de la fuerza de una vida cristiana comprometida porque no hemos entendido lo que ganamos en Cristo. Meditemos hoy si estamos en riesgo de volver atrás. Que Dios ilumine nuestros corazones y nos haga decir con Pedro: "Hemos creído y conocemos que tú eres el Cristo, el Hijo del Dios viviente" (v. 69, RVR60).

Señor, ¿a quién iré? Solo Tú tienes palabras de vida eterna.

KO

12 DE OCTUBRE

CAZATALENTOS

¡No puedes hacerte famoso si te escondes así! Si tienes poder
para hacer cosas tan maravillosas, ¡muéstrate al mundo!
Juan 7:4 (NTV)

¿Conoces a Piet de Visser? Su influencia en el fútbol soccer ha
sido innegable. ¿A qué se dedica? A tomar notas sobre las habilidades, la visión, el físico, la mentalidad y el carácter de los jugadores. De ese modo, descubrió a Ronaldo durante un viaje a Brasil
e influyó en su transferencia al PSV. Posteriormente trajo a la
fama a Hazard y David Luiz. Su lema quizá sea: "No te escondas.
¡Muestra tu capacidad!".

El mismo consejo dieron a Jesús sus hermanos, los otros hijos
de María. El Festival de las Enramadas se aproximaba, así que,
con un tanto de sarcasmo le dijeron algo así como: "No te quedes
aquí. Ve a Jerusalén donde están los grandes y realiza tus milagros. No te vas a volver famoso aquí en Nazaret".

¿Y qué hizo Jesús? Negarse y quedarse en Galilea, aunque luego decidió ir en secreto, fuera de la vista del público. ¿Por qué?
Porque los líderes judíos lo buscaban para atraparlo, pero aún
no llegaba la hora de su muerte. El plan de Dios era más importante que la fama, una que, por cierto, no le interesaba en lo más
mínimo.

¿Cómo habríamos actuado nosotras? Quizá nos halagaría que un
cazatalentos como Piet de Visser nos descubriera. Tal vez creemos que ser famosas es la meta de nuestra vida. Sin embargo,
no hagamos las cosas para ser vistas y admiradas, sino aprendamos a movernos en los tiempos de Dios. Al final de cuentas,
hemos sido "descubiertas" por el más importante cazatalentos
del universo: Dios mismo.

Señor, gracias por elegirme como parte de tu familia.

KO

13 DE OCTUBRE

EL TIEMPO CORRECTO

*Pero después de que sus hermanos se fueron
al festival, Jesús también fue, aunque en secreto,
y se quedó fuera de la vista del público.*
Juan 7:10 (NTV)

Tardé mucho en saber que uno puede programar sus publicaciones de Facebook, sobre todo si uno quiere alcanzar a muchos o quiere promover un producto. Se escoge el día y la hora; el sitio mismo te avisa las horas en que tus contactos están más activos. Así es más probable que vean tu aviso, anuncio o reflexión.

En inglés existe la palabra *timing*, que significa la elección del momento justo u oportuno para hacer algo. En la mercadotecnia tienen que estar muy conscientes de este concepto, para saber a qué horas anunciar para cuál público. ¿Podemos aplicarlo en nuestras vidas también? ¿Cómo?

En el tiempo del Festival de las Enramadas, muchos judíos se reunían en Jerusalén. Jesús fue, pero en secreto, y se quedó fuera de la vista del público. Los líderes judíos andaban preguntando por Él. Luego, en la mitad del festival, Jesús subió al templo y comenzó a enseñar. Esperó el momento y el lugar apropiados. Tuvo mucho impacto su predicación y algunos se preguntaban si era el Mesías. Los líderes quisieron prenderlo, pero "no había llegado su momento" (v. 14, NTV).

Si quieres compartir tu fe con una persona o invitarla a una plática, espera esa vocecita que te dice: "¡Ahora es cuando!". Si no está lista, confía en que Dios tiene su tiempo. Sé paciente y pídele discernimiento a Dios. Que Él te guíe para saber cuándo guardar silencio y cuándo hablar. Espera el momento oportuno.

Padre, confío en que Tú me indicarás tus tiempos.

MHM

14 DE OCTUBRE

ATRAVESANDO EL DESIERTO

El que cree en mí, como dice la escritura,
de su interior correrán ríos de agua viva.
Juan 7:38 (RVR60)

¿Qué harías si alguien te invita de vacaciones al Sahara? ¿Aceptarías? El desierto se caracteriza por tener un clima árido y seco. Llueve muy poco y las temperaturas son extremas. Con toda seguridad, si pasas un tiempo en un desierto, vas a experimentar dos cosas: sed y soledad. Nadie quisiera vivir ahí, y cuando alguien llega a un lugar así, lo más probable es que sea por error o por necesidad.

Dios permite que tengamos que atravesar por desiertos espirituales. Cuando nos encontramos en uno de ellos, experimentamos sed. Sed de amor, de estabilidad, de salud y de todo aquello de lo que carecemos, porque en el desierto no hay nada ni hay nadie. También hay soledad. Sin embargo, aprenderás, crecerás y serás mejor que antes.

Jesús fue probado en el desierto antes de comenzar su ministerio. Moisés tuvo una estancia larga allí también antes de ser el libertador de los judíos. David pasaba horas en el campo acompañado solamente de sus ovejas antes de enfrentar a Goliat. Pablo tuvo que hacer una pausa cuando quedó ciego antes de predicar el evangelio poderosamente.

En el silencio de la soledad empezamos a escuchar mejor la voz de Dios. ¿Por qué nos es tan difícil creerle a Dios? Cuando crees y tienes convicción, se abre la compuerta y ríos de agua viva correrán a raudales dentro de ti. Te sentirás tan llena y plena, que empezarás a compartirlo, te olvidarás de ti misma y entonces Dios te usará como nunca has imaginado.

Señor, sé que en los tiempos mas duros, Tú a mi lado estás.

MG

15 DE OCTUBRE

LUZ DEL MUNDO

Jesús se dirigió otra vez a la gente, diciendo:
—Yo soy la luz del mundo; el que me sigue, tendrá la luz
que le da vida, y nunca andará en la oscuridad.
Juan 8:12 (DHH)

Los científicos han descubierto una nueva propiedad de la luz llamada autotorsión. La luz, además de reflejarse y refractarse puede torcerse sobre sí misma, sin necesidad de injerencias externas. Esta característica se ha descrito como una especie de espiral o hélice alargada que puede tener enormes repercusiones en la tecnología.

Pensemos en esta nueva propiedad de la luz. Los científicos observaron que los haces de luz no solo se mueven, sino que aceleran y frenan de forma autónoma. Es decir, la torsión existe en otros elementos, pero siempre dependen de fuerzas externas. En la luz, el giro ocurre por sí mismo. ¿No es un eco a las palabras de Jesús: "Sé de donde he venido y a dónde voy"? (v. 14, RVR60).

Dios no necesita de algo externo para existir o para actuar. Él, por así decirlo, gira sobre sí mismo y por eso puede compararse con la luz que Él mismo creó. ¿No te parece que este conocimiento es demasiado maravilloso? Tenemos un Dios que es autosuficiente. No creó al hombre, como algunos piensan, porque nos necesitara o le hiciera falta el mundo.

Dios es infinitamente inescrutable y no podemos conocerle en su totalidad. Sin embargo, esa luz magnífica y misteriosa se hizo hombre. Jesús afirmó ser la luz, Dios mismo, y haber venido para sacarnos de las tinieblas y la oscuridad. Él vino para que conozcamos la verdad y seamos verdaderamente libres. Salgamos de la oscuridad y dejémonos abrazar por la luz de Jesús.

Quiero seguirte, Luz del mundo.

KO

16 DE OCTUBRE

ANTES

Jesús les dijo: De cierto, de cierto os digo:
Antes que Abraham fuese, yo soy.
Juan 8:58 (RVR60)

Mientras escribo estas líneas contemplo desde mi ventana dos de los volcanes más importantes en México. Estas majestuosas montañas coronadas de nieve se imponen sobre el valle de la ciudad de Puebla, una que ha cambiado con el paso de los siglos de ser un puñado de chozas a una ciudad cosmopolita.

Cuando Jesús viajó a Jerusalén habló de varios temas a sus seguidores y a los líderes judíos. Estos se ufanaban de pertenecer a la descendencia de Abraham, pero Jesús les hace notar varias cosas. Primero, si fueran hijos de Abraham actuarían como él, pero estas personas querían matarlo. Segundo, decían amar a Dios, pero despreciaban a su Hijo. ¿Cómo podía ser esto?

Finalmente, les dice que quizá sean hijos del diablo, el mentiroso. Molestos por esto, lo acusaron de ser un samaritano endemoniado y de no ser eterno. "¿Has visto a Abraham?", le preguntaron. Jesús respondió: "Más bien, él me ha visto a mí. Antes que él naciera, yo soy". Enfadados, trataron de apedrearlo. ¿Por qué? Porque Jesús estaba haciendo una declaración inaudita.

Jesús estaba diciendo que Él era Dios: eterno, sin principio ni fin, más permanente que las dos montañas que miro en estos momentos. Él es antes que todas las cosas. Pensar en ello, me hace sentir pequeña, indefensa y temporal. Pero qué maravilla recordar la promesa de Jesús: "El que guarda mi palabra, nunca verá muerte" (v. 51, RVR60): ¿Qué nos produce saber que, si creemos en Cristo, duraremos más que estas montañas?

Gracias, Señor, por el regalo de la vida eterna.

KO

17 DE OCTUBRE

AGUA QUE SANA LA CEGUERA

Ve a lavarte en el estanque de Siloé, (que significa "Enviado").
Juan 9:7 (DHH)

El estanque de Siloé era un punto de referencia en Jerusalén. En un trabajo impresionante de ingeniería, el rey Ezequías había mandado perforar un túnel secreto de más de quinientos metros en la roca sólida para traer agua desde el manantial de Gihón. Así, desde fuera de los gruesos muros de la ciudad, se abastecía a la ciudad aunque fuera asediada.

En el Festival de las Enramadas, se acostumbraba que un sacerdote llevara agua de este estanque al templo, acompañado por fuertes toques de trompeta, mientras el pueblo repetía las palabras de Isaías 12:3: ""Sacaréis con gozo aguas de las fuentes de la salvación" (RVR60).

Resultó ser bastante simbólico que Jesús enviara allí al que había sido ciego desde su nacimiento, y que éste encontrara no solo la salud física sino la espiritual. Dios tuvo que "perforar muros" de resistencia religiosa, desde el concepto de que el hombre sufría por ser pecador, hasta el rechazo a hacer sanidades el día sábado. El sermón más fuerte de este pasaje viene del mismo hombre sanado, que al ser cuestionado por los fariseos declaró, entre otras cosas: "Si éste no viniera de Dios, nada podría hacer" (v. 33, RVR60).

Aunque Jesús ofrece gratis el agua viva de su Espíritu, siempre habrá personas que pongan resistencia y argumentos humanos. La tradición las tiene cegadas. ¿Tienes dudas? ¿Te han hecho cuestionar la divinidad de Jesucristo? Acércate a la fuente de salvación y permite que Él te haga ver.

Señor, sáname de cualquier ceguera espiritual.

MHM

18 DE OCTUBRE

TU BUEN PASTOR

Mis ovejas oyen mi voz; yo las conozco y ellas me siguen.
Juan 10:27 (NVI)

¿Qué tienen en común Benito Juárez, David y Jesucristo? Juárez apacentó corderos hasta los doce años y llegó a ser presidente de México. David trabajó como un amoroso pastor y luego pasó a ser el rey de Israel. Jesús, nacido en humilde pesebre, y ahora sentado a la diestra de Dios, se presenta a sí mismo como el buen Pastor que da la vida por nosotros, sus ovejas.

No hay mejor pastor que Jesús quien nos conoce. Desde que David cuidaba las ovejas de su padre, siendo aun un jovencito, Dios vio en él algo especial y por ello inspiró a Samuel para ungirle. Cuando David enfrentó a Goliat, confío en que podía vencerlo. ¡Se enfrentó a un gigante! Demostró lo que Dios ya había puesto y visto en él.

Tú has sido maravillosamente creada para hacer grandes cosas. Dios te diseñó especialmente para ser lo que eres. Sin embargo, hay cualidades que solo descubrirás hasta enfrentar a tus gigantes. Como David, plántate con seguridad y fe ante tus desafíos. Tú sabes quién eres y Jesús te conoce aún más que tú misma.

No te aflijas cuando hay personas que dudan de tus capacidades; ellos no saben quién eres y el propósito que Dios tiene para ti. Pasaron trece años desde que se ungió a David hasta que se convirtió en rey; pero, ahí en el campo, Dios ya sabía que tenía un corazón de rey. ¿Cómo te ves a ti misma? No lo hagas. Mejor mira tu vida con los ojos de Dios.

Jesús, gracias por conocerme, cuidarme y haber dado tu vida por mí.
Quiero seguirte.

—MG

19 DE OCTUBRE

ÉL ES DIOS MISMO

Le respondieron los judíos, diciendo: Por buena obra no te apedrea-mos, sino por la blasfemia; porque tú, siendo hombre, te haces Dios.

Juan 10:33 (RVR60)

En el Imperio romano los emperadores erigían estatuas de ellos mismos para celebrar alguna victoria. Algunos de ellos crearon templos en su honor. Con frecuencia, cuando un emperador mo-ría, el sucesor divinizaba al fallecido con el propósito de preparar el camino para recibir la misma veneración.

Calígula, por ejemplo, mandaba traer las estatuas de los dioses griegos más adorados, les cortaba la cabeza y ponía en su lugar una imagen de sí mismo. Hizo un templo para su propio culto, con una estatua de oro de él en tamaño natural. Sin embargo, la mayo-ría de estos emperadores eran odiados por el pueblo y al morir, sus estatuas y templos se destruían. Su "deidad" duraba solo mientras ellos podían imponerla.

El Señor Jesús nunca pidió templos o estatuas en su honor. En esta Escritura, los judíos le dijeron: "Si tú eres el Cristo, dínoslo abiertamente" (v. 24, RVR60). Y Él les contestó: "Os lo he dicho, y no creéis" (v. 25, RVR60). Los judíos, tan familiarizados con la ley, reaccionaron al oír a alguien adjudicarse características pro-pias del Dios de Abraham, Isaac y Jacob. Por eso reaccionaron con amenazas y con el intento de apedrearlo.

Jesús se escapó de sus manos, pero a raíz de esto, muchos vinie-ron a Él y creyeron en Él. Jesús, que jamás erigió un templo en su honor o pidió veneración obligatoria, hoy nos abre los brazos con una invitación y una promesa: si venimos a Él y creemos en su deidad, nos dará vida eterna, no moriremos jamás y nadie nos arrebatará de la mano de su Padre. ¿Acudiremos a su llamado?

Señor Jesús, ¡creo que eres Dios mismo!

YF

20 DE OCTUBRE

LA PALABRA "AUNQUE"

Aunque Jesús amaba a Marta, a María y a Lázaro,
se quedó donde estaba dos días más.
Juan 11: 5-6 (NTV)

La palabra "aunque" es una conjunción que une dos ideas. Introduce un impedimento en la primera que resulta ineficaz para evitar lo que expresa la segunda. Con eso en mente, analicemos el texto de hoy. Primero, Jesús amaba a la familia de Marta. Sin embargo, este hecho no logra impedir la segunda acción: Jesús se quedó donde estaba dos días más.

¿Por qué? Si Jesús quería tanto a esta familia, ¿por qué no corrió a su lado para sanar a Lázaro y evitar así que muriera? ¿Por qué permitió que pasaran por tanto dolor? La respuesta está más adelante. "Nuestro amigo Lázaro se ha dormido, pero ahora iré a despertarlo" (v. 11, NTV).

Por eso, Jesús tenía que esperar. Si hubiera resucitado a Lázaro unas horas después de su fallecimiento, seguramente nosotros hoy, en el siglo veintiuno, estaríamos encontrando explicaciones científicas: un desmayo, coma inducido, parálisis, todo, menos muerte. Sin embargo, cuando Jesús llega, habían pasado cuatro días. La misma Marta declara que el olor debía ser espantoso. No había duda de que se efectuaría un milagro.

Quizá tú y yo luchamos con la palabra "aunque". No dudamos que Jesús nos ama, pero nos desesperamos porque "retrasa" su actuar en nuestras vidas. No tengamos miedo. Él quiere que veamos cosas maravillosas. Él no es indiferente, sino que se conmueve de nuestro dolor y busca que creamos en Él de verdad. En los momentos difíciles, recuerda que la palabra "aunque" es tan solo el principio de un milagro.

Señor, no quiero dudar de tu amor jamás.

KO

21 DE OCTUBRE

¿AYUDAR O ESTORBAR?

—Quítenle las vendas y dejen que se vaya —les dijo Jesús.
Juan 11:44 (NVI)

Cuando una pareja latina quiso salir al campo misionero, enfrentó decenas de barreras. Su iglesia, pequeña y pobre, pensó que no podía apoyarlos Mucha gente insistía que había gran necesidad del evangelio en su propia nación, ¿para qué ir a otro lugar? También se dificultaba entrar a un país bastante cerrado al cristianismo. De hecho, podría ser peligroso.

Si los candidatos a misioneros escucharan todas las voces negativas, ¡nunca saldrían al campo! ¿Has escuchado voces así? En esta historia, Marta objetó a que se quitara la piedra de la tumba de su hermano Lázaro. Después de cuatro días, apestaría el cadáver. "¿No te dije que si crees verás la gloria de Dios?", le contestó Jesús (v. 40).

Ella no había comprendido todo el significado de sus palabras anteriores, y ¡parecía estorbar! Cuando Jesús resucita al muerto y sale de la tumba, pide a los presentes que le quiten las vendas. Los invita a participar en el milagro. ¿Cómo actuamos nosotros con los demás? ¿Estorbamos o participamos?

¿Te ha dado Dios sueños y propósitos que quieres llevar a cabo? Sin duda hay personas que te llenan la mente de dudas. Te recuerdan que habrá demasiadas barreras y que sería mejor no arriesgarse. Mejor, júntate con los que te animan, confían en lo que Dios puede hacer y te dan la mano. Por cierto, la pareja latina de la historia eligió creerle a Dios y han visto grandes milagros. Nosotras también elijamos ver a Dios abrir tumbas.

Señor, quiero ser ayuda y no estorbo para los que quieren obedecerte.

MHM

22 DE OCTUBRE

UNA CENA DE HONOR

Allí se dio una cena en honor de Jesús. Marta servía,
y Lázaro era uno de los que estaban a la mesa con él.
Juan 12:2 (NVI)

En 1865, en el panteón de Santa Paula en Guanajuato, México, empezaron a exhumar los cuerpos de las tumbas que no tenían contratada la perpetuidad. Se descubrió entonces que estos cuerpos se habían momificado de manera natural debido a las especiales condiciones del subsuelo. Se creó entonces el famoso Museo de las Momias de Guanajuato que cuenta con ciento once cuerpos momificados.

Cuando Lázaro murió, su proceso de putrefacción fue normal. Por la falta de circulación y la presencia de bacterias, un cuerpo empieza a descomponerse a minutos de su muerte. El mal olor se puede percibir al segundo día y al tercero el cuerpo se hincha. Milagrosamente Lázaro resucitó al cuarto día, pero él y sus hermanas tuvieron que vivir ese doloroso proceso.

Afortunadamente dejaron atrás el dolor que esto causó, así como el enojo y el reproche. Más bien, se deleitaron en su amistad con Jesús. Cuando los visitó, hicieron una cena especial para Él. Se enfocaron en las bondades que habían recibido. María estaba tan agradecida y contenta que vertió un valioso perfume en los pies del Maestro.

¡Cuántas veces acumulamos en nuestra alma resentimientos, enojos y recuerdos como momias en un museo que hemos construido! Aceptemos el pasado como pasado y sigamos adelante con alegría. Pongamos nuestro enfoque en las bendiciones y olvidemos el dolor y sus cicatrices. Jesús está a la puerta dispuesto a cenar con nosotras. Como Lázaro y su familia, recibámoslo con honor y alegría.

Gracias, Jesús, por tus bondades.

MG

INCREDULIDAD

A pesar de haber hecho Jesús todas estas señales en presencia
de ellos, todavía no creían en él.
Juan 12:37 (NVI)

"Era el mejor de los tiempos, era el peor de los tiempos; la edad de la sabiduría, y también de la locura; la época de las creencias y de la incredulidad; la era de la luz y de las tinieblas; la primavera de la esperanza y el invierno de la desesperación". Así comienza la novela *Historia de dos ciudades* de Charles Dickens, y bien podría describir cualquier siglo de la historia.

En la época de Jesús hubo luz y oscuridad, fe e incredulidad. En esta porción, leemos que a pesar de todo lo que Jesús había hecho, muchos judíos no creyeron. Del mismo modo, hoy hay cientos de personas que prefieren practicar yoga que seguir a Cristo. Como escribió Dickens, caminamos "en derechura al cielo y nos extraviamos por el camino opuesto".

También hubo otro grupo, sobre todo entre los gobernantes. Muchos creyeron en Jesús, pero porque amaban más la aprobación de los hombres, no lo confesaron por temor. En palabras de Dickens, "nuestras más notables autoridades insisten en que, tanto en lo que se refiere al bien como al mal, sólo es aceptable la comparación en grado superlativo". El relativismo tal vez nos ha hecho esconder nuestras creencias y no arriesgarnos a ser señaladas.

No estemos en ninguno de estos dos grupos, ni entre los que no creen, ni entre los que lo esconden. Más bien, seamos parte de un tercer grupo. Jesús dijo: "Donde yo estuviere, allí también estará mi servidor" (v. 26, RVR60). ¡Ahí debemos estar!

Señor, quiero estar donde Tú estés y ser tu servidora.

KO

24 DE OCTUBRE

TAPETES

Luego echó agua en una vasija, y comenzó a lavar los pies
de los discípulos y a secárselos con la toalla que tenía ceñida.
Juan 13:5 (LBLA)

Las alfombras persas son famosas por sus detalles florales y patrones geométricos. ¿Sabes cuánto tarda un artesano en hacer una alfombra de calidad? ¡Más de diez años! Por eso son tan costosas y valoradas. Sin embargo, por muy hermosas que sean, su propósito sigue siendo el mismo: poner sobre ellas nuestros pies.

Antes de morir, Jesús hizo algo inaudito. Por alguna razón, los discípulos de Jesús se habían sentado alrededor de la mesa pascual con pies sucios. Al parecer, nadie se había tomado la molestia de llamar a un sirviente o quizá no había ninguno en la cercanía. Y ninguno de los discípulos consideró hacer lo que correspondía a un esclavo.

Entonces Jesús se quitó el manto, se ató una toalla a la cintura y empezó a lavar los pies de sus discípulos. Conforme a las tradiciones judías, un maestro podía exigir que sus seguidores le lavaran los pies, ¡pero nunca lo opuesto! Se acostumbraba que el sirviente más insignificante lavara los pies de los invitados. ¿Qué estaba haciendo Jesús? ¡Poniéndose de tapete!

Pedro reaccionó con dolor y rechazo. Pero más tarde entendió la lección y escribió: "Todos sírvanse unos a otros con humildad" (1 Pedro 5:5, NTV). No importa si somos bellos tapetes persas o alfombrillas de plástico, seamos como nuestro Maestro y busquemos servir a los demás aun en las labores más sencillas, e incluso a nuestros ojos, degradantes, con el propósito de mostrar amor y ser las manos y los pies de Jesús en este mundo.

Señor, dame humildad para servir a los demás.

KO

AMISTAD Y ALIMENTOS

Y después de mojar el pedazo de pan, lo tomó
y se lo dio a Judas, hijo de Simón Iscariote.
Juan 13:26 (NLBA)

En México, la tortilla de maíz sirve como cuchara, servilleta y alimento a la vez. En los pueblos es común comer sin cubiertos y envolver trozos de comida en una tortilla o "sopear" los alimentos caldosos con la misma.

En otros países, como en el Medio Oriente, no puede faltar en las comidas un pan sin levadura, llamado *pita* por algunos o pan árabe por otros. Se usa de la misma manera que la tortilla en México. En tiempos bíblicos, el que un anfitrión mojara este pan en los alimentos y lo pasara a un huésped representaba un gesto de honra. Compartir comida con otros implicaba amistad y paz.

Jesús acababa de actuar con amor y servicio al lavarles los pies a los discípulos, entre los cuales estaba Judas. En este pasaje le sigue mostrando amistad al futuro traidor al darle un poco de pan. A la vez, sirvió como una señal para Juan, el discípulo amado, quien quizá después reflexionó en la profecía del Salmo 41:9: "Hasta mi mejor amigo, en quien tenía plena confianza, quien compartía mi comida, se ha puesto en mi contra" (NTV).

En nuestros días usamos la palabra "amigos" con descuido. ¿No tenemos muchos amigos en las redes sociales? Sin embargo, no puede haber amistad sin pan, es decir, sin pasar tiempos de comunión. Compartamos alimentos con los demás y tomemos la oportunidad de conocerlos de cerca, especialmente a los hermanos en la fe. Incluso a nuestros enemigos, convidemos el pan. O la tortilla.

Señor, ayúdame a extender los lazos de la amistad.

MHM

26 DE OCTUBRE

CANTA Y NO LLORES

*La paz os dejo, mi paz os doy; yo no os la doy como el mundo
la da. No se turbe vuestro corazón, ni tenga miedo.*
Juan 14:27 (RVR60)

Catalina Martínez tenía un lunar cerca de la boca. Su esposo
Quirino Mendoza escribió en su honor la canción *Cielito lindo*,
una de las diez canciones mas populares en el mundo. Además de
mencionar el lunar, la canción intenta levantar el ánimo a un corazón dolido exclamando: "Ay, ay, ay, ay, canta y no llores, porque
cantando se alegran, cielito lindo, los corazones".

¿Alguna vez has sentido turbado tu corazón? ¡Yo sí! Y no me re-
fiero a la hipertensión. Si no has tenido un desengaño amoroso o
una herida por causa del amor, incluso del amor fraternal, tal vez
te falta mucho por vivir. Amar duele, y a veces el corazón grita:
"¡Ay!". Muchas veces he perdido la paz y aunque no lo creas, hasta el apetito pues quedo con miedo al rechazo, temor a la soledad
e inseguridad.

No podemos permitirnos vivir así porque si observamos con más
atención, la frase "no se turbe vuestro corazón, ni tenga miedo"
no es un consejo, sino un mandato. Jesús no podría ordenarnos
algo sin proveer el medio para poder cumplirlo. Él nos ha dejado
su paz. No es la paz que el mundo puede proporcionar por medio
de un calmante o un masaje, sino una sobrenatural.

Isaías 26:3 afirma: "Tú guardarás en completa paz a aquel cuyo
pensamiento en Ti persevera porque en ti ha confiado" (RVR60).
Eleva tu mirada hacia el cielito lindo en donde mora el que te
ama como a la niña de sus ojos. Canta y no llores; alábale hasta
que tu corazón se alegre.

Jesús, confío en que siempre permites lo que es mejor para mí.

MG

27 DE OCTUBRE

TANTA GENTE SOLITARIA

Nadie tiene mayor amor que este, que uno ponga
su vida por sus amigos.
Juan 15:13 (RVR60)

"Ah, mira toda la gente solitaria. ¿De dónde viene? ¿De dónde es?", escribió Paul McCartney para la canción *Eleanor Rigby*. En 2009, quizá inspirado por la canción, Tommy Steele hizo una escultura callejera en una calle de Liverpool de una mujer sentada en una banca esperando que alguien se acerque y se siente. La dedicó "a toda la gente solitaria". ¿Te identificas? ¿Tienes amigos? ¿Sientes que perteneces a un lugar o a un grupo de personas?

¿Qué es un amigo? ¿Alguien que te puede decir cualquier cosa? ¿Alguien que permanece como una roca o que te brinda una relación infinita como el mar? ¿Un verdadero amigo permitiría que seas lo peor solo por ser tu amigo? ¿Qué definición realmente puede traer paz a tanta gente solitaria?

Una frase nunca será superada por ninguna otra: "Nadie tiene mayor amor que este, que uno ponga su vida por sus amigos" (v. 13, RVR60). ¿Cuántos de tus amigos te dirían esta frase? ¿Cuántos de ellos la llevarían a la práctica? Los seres humanos no somos capaces de arriesgar nuestra vida. Somos egoístas por naturaleza y si nos vemos en peligro, nos ponemos a salvo sin pensar en los demás.

No así Jesucristo. Él es el único que puso su vida por ti para mostrarte su amistad. Él quiere ofrecerte compañerismo y amor. Sin embargo, Él también quiere que seamos amigos de su misma talla. Desea que nos amemos unos a otros. ¿Difícil? ¡Mucho! Exige sacrificio, compromiso y humildad. Pero ¡hay tanta gente solitaria! ¿Nos sentamos con ellos en el banco?

Señor, quiero ser hoy amiga de alguien que te necesite.

YF

28 DE OCTUBRE

EL LENGUAJE DEL AMOR

Entonces sus discípulos dijeron: —Por fin hablas
con claridad y no en sentido figurado.
Juan 16:29 (NTV)

Imaginemos la escena. Los discípulos han comido una abundante cena. Han escuchado cosas que jamás imaginaron, entre ellas, que uno de ellos iba a traicionar al Maestro. Del gozo por la fiesta han pasado a la tristeza de una enigmática despedida. Luego, Jesús ha comenzado a hablar de cosas que, para ellos, carecen de sentido.

¿Quién es ese Abogado Defensor que vendrá? ¿Por qué les conviene que él venga y el Maestro se vaya? ¿Por qué no lo verán más? ¿A dónde se marcha? ¿Por qué tiene que hablar todo en sentido figurado? Entonces Jesús les dice: "El Padre mismo los ama profundamente, porque ustedes me aman a mí y han creído que vine de Dios" (v. 28, NTV).

"¡Por fin!", exclaman los discípulos. Finalmente han comprendido algo: el mensaje del amor. Nadie duda que esos once hombres del primer siglo amaban a su Maestro. Aunque fallarían unas horas más tarde, todos apreciaban y admiraban a Jesús de Nazaret. Serían capaces de dar su vida por Él, lo que sucedió años más tarde.

Sin embargo, más claro que su amor por el Maestro era el amor del Maestro por ellos. De una manera inexplicable, ese hombre de treinta y tantos años les había mostrado lo que ningún ser humano jamás: aceptación total, interés genuino y amor incondicional. Por eso podían aceptar que el Padre de Jesús, Dios mismo, los amaba también. Cuando estemos en momentos difíciles, recordemos el lenguaje del amor. Dios nos ama. Así de simple. ¿Qué más podemos pedir?

Señor, gracias por amarme.

KO

29 DE OCTUBRE

REFLECTORES

*Yo te di la gloria aquí en la tierra, al terminar
la obra que me encargaste.*
Juan 17:4 (NTV)

¿Has ido a una producción teatral o a un concierto? Una parte importante en estos espectáculos es la iluminación. Los focos reflectores, en particular, tienen la función de iluminar al protagonista, al cantante o a algún detalle de importancia en cierto momento. Poseen más fuerza y concentración que otras luces porque enfocan la atención en un área limitada.

En comparación con los personajes que están bajo los reflectores, otros pueden estar en la penumbra o de alguna manera menos enfocados. Por lo menos en cierto momento, parecen de menor importancia.

En su oración en Getsemaní, Cristo declara que ha terminado la obra que le encargó su Padre y que, al hacerlo, le ha dado la gloria. Sus enseñanzas, sus milagros y su vida entera habían tenido el propósito de "enfocar la luz" o la atención en Dios. Su muerte y resurrección fueron la culminación de esta obra, la proclamación del amor, la gracia y el perdón incomparables del Señor. Luego ora: "Todos los que son míos te pertenecen, y me los has dado, para que me den gloria" (v. 10, NTV).

En otras palabras, nos ha encargado ahora a enfocar los reflectores en Él. Hay muchas maneras de hacer esto en nuestro diario vivir: obrar con honestidad, amar a los que sufren, expresar palabras de esperanza, compartir con los necesitados y sobre todo, ¡hablar de las buenas nuevas! ¿Sobre qué o quién estamos dirigiendo la iluminación de nuestra atención en las redes sociales y en nuestras pláticas? Que sea en Jesús y en todo lo bueno.

Señor, ¿cómo te puedo glorificar el día de hoy?

MHM

30 DE OCTUBRE

COMPARTE LA HISTORIA

Jesús ya sabía todo lo que le iba a suceder, así que salió al encuentro de ellos. —¿A quién buscan?—les preguntó.
Juan 18:4 (NTV)

Aunque la Biblia tiene sesenta y seis libros, todo se trata de una sola historia en la que el hilo conductor es Jesús. El problema: el pecado. La solución: la muerte expiatoria de Jesús, el Hijo del mismo Dios. Jesús enfrentaría la muerte capital más dolorosa y degradante de la época: la crucifixión. La flagelación, los clavos y una corona de espinas formarían parte de lo que Dios ya sabía por medio de su omnisciencia.

Judas llegó al monte de los Olivos con un destacamento militar. Un destacamento o cohorte tenía seiscientos soldados. Con valentía, Jesucristo, ofreciendo su vida voluntariamente, se anticipó a su encuentro. Se había angustiado previamente hasta sudar gotas de sangre y sabía todo lo que le iba a suceder, pero cuando llegó la hora, respondió "Yo soy" con tal firmeza y autoridad que estos hombres retrocedieron y se desplomaron.

Tú eres parte de esta historia de amor. Todo ello ocurrió para salvarte a ti. De tal manera te amó Dios que dio a su Hijo para que creyendo pudieras tener vida eterna a su lado. Si no lo has hecho, puedes ahora mismo hacer una oración. Pídele que more en tu corazón y perdone tu pecado. Dile que crees que Él es tu Salvador.

Si ya hiciste esa oración, comparte su historia. ¿Qué puede haber más importante que eso? La Biblia es el libro que contiene el relato. Haz el esfuerzo de obsequiar y compartir ejemplares de ella. Cuenta a otros también que pueden ser partes de la historia más grande.

Jesús, nunca podré comprender el dolor que pasaste, pero, gracias.

MG

31 DE OCTUBRE

LA VERDAD

Le dijo Pilato: ¿Qué es la verdad? Y cuando hubo dicho esto, salió
otra vez a los judíos, y les dijo: Yo no hallo en él ningún delito.
Juan 18:38 (RVR60)

En la iglesia de la Sagrada Familia en Barcelona se encuentra
una inscripción estilizada en catalán que incluye las palabras
de Pilato: ¿Qué es la verdad? Esta frase ha sido muy estudiada
y debatida. ¿Dijo Pilato estas palabras con burla o desprecio?
¿Emitió una reflexión filosófica en la que había meditado con
anterioridad?

En un caso jurídico donde escuchas dos versiones diferentes del
mismo hecho resulta todavía más complicado responder a una
pregunta así. ¿Quién tiene la razón? ¿Quién está diciendo la verdad? En el evangelio de Juan se repite la palabra "verdad" más
de cuarenta veces, el triple de lo que se usa en los otros tres
evangelios. ¿Por qué?

Juan, posiblemente, también luchó con esta pregunta y por eso
la incluyó en su relato. Notemos lo que esta pregunta no es. No
inquiere sobre quién dice la verdad o quién conoce la verdad. La
pregunta es: qué es la verdad. Sin embargo, Jesús ya había respondido a esto unos capítulos atrás cuando declaró: "Yo soy la
verdad" (Juan 14:6).

Pilato tenía la verdad frente a sus ojos, pero antes de dejar que
Jesús respondiera, salió y admitió que no hallaba culpa en ese
hombre. Quizá, entre tantas voces y opiniones, te has sentido
igual de confundida. Cada quién defiende su estilo de vida o sus
puntos de vista. Todos parecen tener la razón. Detente un rato
y habla con Jesús hoy. Deja que Él te responda y conocerás la
verdad. Y la verdad te hará libre.

Gracias por la ser la verdad, Señor.

KO

1RO DE NOVIEMBRE

LA VOLUNTAD DE DIOS

Respondió Jesús: Ninguna autoridad tendrías contra mí,
si no te fuese dada de arriba; por tanto, el que a ti
me ha entregado, mayor pecado tiene.
Juan 19:11 (RVR60)

¿Cómo te enfrentas a una situación difícil? Quizá te diagnostican una enfermedad que no esperabas. ¿Inicias una carrera frenética de consultar médicos y buscar todos los remedios posibles? ¿O guardas silencio delante de Dios, le entregas tu vida y caminas un paso a la vez en fe? Todo dependerá de tu concepto de la voluntad de Dios.

En nuestra lectura de hoy, vemos lo que Pilato hizo: tomó, salió, dijo, oyó, tuvo miedo, entró, procuró, se sentó, propuso y entregó. ¿Qué hizo Jesús? Salió, no dio respuesta, respondió y cargó su cruz. ¿Qué diferencia vemos? Pilato, inseguro, temeroso, envuelto en sus propios problemas, trató de resolver la situación en sus propias fuerzas y solo terminó agotado, frustrado y con una gran carga. Su frenética actividad no ayudó en nada.

Jesús, por otro lado, aceptó la voluntad de Dios y marchó al ritmo que el Señor estableció. Lo vemos reaccionar con serenidad, en medio de una de las situaciones más injustas e incómodas que cualquier ser humano pudiera enfrentar. Vemos en Él una calma sobrenatural que provenía de una total confianza en su Padre.

Pilato era gobernante romano porque Dios así lo quiso, pero Pilato no quiso someterse a la autoridad divina. Jesús, en cambio, siendo el mismo Dios, voluntariamente se sujetó a los designios de su Padre. ¡Qué paz surge cuando tenemos la seguridad de que todo lo que somos, logramos y experimentamos forma parte de la voluntad de Dios! ¿A quién elegimos imitar?

Señor, acepto tu voluntad en mi vida.

KO

2 DE NOVIEMBRE

FAMILIA EXTENDIDA

Cuando Jesús vio a su madre, y a su lado al discípulo a quien él
amaba, dijo a su madre: —Mujer, ahí tienes a tu hijo.
Juan 19:26 (NVI)

Desde los trece años me fui de casa a estudiar en un internado, muy lejos de mi familia. Solo iba a casa en vacaciones. Casi toda mi vida, viví a gran distancia de mis padres y mis hermanas, así que tuve que fortalecer otros lazos, especialmente en forma de amistades.

Cuando llegué a tener una nueva identidad como hija de Dios, poco a poco fui descubriendo que el cuerpo de Cristo era mi familia espiritual. Aparte de reuniones formales, pasaba muchos tiempos de comunión y de esparcimiento con esas personas. Sabía dónde acudir cuando tenía luchas o quería que oraran por mí. En ocasiones me ofrecían hospedaje o me ayudaban en lo económico.

Jesús mismo tuvo hermanos, como sabemos por varios pasajes de la Biblia. Sin embargo, en algunas ocasiones dudaban de su identidad como el Mesías. Podemos inferir que llegaron a ser creyentes porque después se dedicaron a orar con otros, pero no hay señal de que ninguno de ellos estuviera en la crucifixión de Jesús. De hecho, el único de los doce que estuvo presente era el discípulo amado, Juan. Jesús le encargó a Juan cuidar de María: "Y desde aquel momento ese discípulo la recibió en su casa" (v. 27, NVI).

En momentos, por diversas razones, nuestra familia no puede estar presente en los momentos de celebración o de necesidad. Puede ser que estén lejos o que algunos hayan fallecido. Gracias a Dios por la familia espiritual, su iglesia. Allí podemos encontrar hermanos y compañeros de lucha donde sea que vayamos.

Dios, ¡gracias por la familia que me has dado!

MHM

3 DE NOVIEMBRE

MARCAS Y CICATRICES

Después les mostró las heridas de sus manos y de su costado,
y los discípulos se alegraron de ver al Señor.
Juan 20:20 (TLA)

La palabra "escarificación" proviene del latín *scarificare*, que significa cicatrizar o producir escaras. Los huastecos y los mayas hacían incisiones dolorosas con lancetas de obsidiana y en las heridas colocaban tierra negra o carbón. Cuando las heridas sanaban, las cicatrices formaban diseños con forma de serpientes y águilas. Lucían sus escarificaciones con orgullo como símbolo de valentía y de importancia.

Cada cicatriz que portamos cuenta una historia. Las marcas de Jesús nos cuentan la más grande historia de amor y sacrificio que se haya contado. Estas heridas cambiaron a Jesús para siempre como un recordatorio permanente de su sufrimiento. No se avergonzó de ellas, más bien las mostraba como evidencia de su identidad.

En la vida cristiana tendremos aflicción. Dios permite nuestro sufrimiento porque su poder se perfecciona en la debilidad. El dolor que experimentamos nos hace heridas en el alma; incluso el apóstol Pablo menciona las suyas: "De ahora en adelante, que nadie me cause problemas; ¡yo tengo en mi cuerpo las cicatrices que demuestran que he sufrido por pertenecer a Cristo!" (Gálatas 6:17, TLA).

Así como Jesús es reconocido por sus marcas, también tú eres quien eres hoy por todo lo que has vivido. Tus cicatrices son recordatorios de que tuviste tiempos difíciles que Dios permitió para perfeccionarte. No te lamentes ni te avergüences de la historia de cada una de ellas. Muéstralas a otros como evidencia del poder sanador y transformador de nuestro Padre. El proceso ha sido una capacitación para que hoy puedas ayudar a sanar las heridas de otros.

Jesús, aunque resucitaste, llevas las marcas de tu amor por mí.

MG

4 DE NOVIEMBRE

EL DISCÍPULO AMADO

*Al volverse, Pedro vio que los seguía el discípulo a quien Jesús
amaba, el mismo que en la cena se había reclinado sobre Jesús y le
había dicho: "Señor, ¿quién es el que va a traicionarte?"*

Juan 21:20 (NVI)

En las redes sociales está la respuesta de una madre anónima a
quien le preguntan quién es su hijo favorito. Las respuestas: "Es
mi hijo enfermo, hasta que sane. El que partió, hasta que vuelva.
El que está cansado, hasta que descanse...". En pocas palabras,
todos sus hijos son favoritos.

Juan quiso hacernos saber que Jesús lo amaba de una manera
especial y, sin dar su nombre, se identifica a sí mismo como "el
discípulo a quien amaba Jesús". Seguramente el Señor amaba a
los doce discípulos, incluyendo a Judas, pero tenía un afecto especial por Juan. ¿Por qué razón el Señor tenía ese cariño por Juan?
¿Porque era el más joven o porque era tierno y amoroso como un
niño pequeño?

Probablemente Juan era un adolescente. ¿Tenía el Señor una razón especial para protegerlo y amarlo? Seguro que sí, pero no lo
sabemos. Si le hubieran preguntado a Jesús a cuál discípulo amaba más, quizá sus respuestas evocarían las de la madre anónima:
"Amo a Juan hasta que crezca, y a Judas hasta que se arrepienta, y
a Pedro hasta que se controle".

Tú y yo somos únicas. Aunque Dios tiene millones, billones, tri-
llones de hijos, nos ve a ti y a mí de manera individual. Así que,
sin temor a equivocarme, puedo asegurar que podemos poner
nuestros nombres y leer: "Y le seguía la discípula a quien Jesús
amaba". Pon tu nombre en esa frase. Te bendecirá. La pregunta
ahora es: ¿le amamos tanto que podemos reclinarnos sobre Él?

¡Muchas gracias, Señor, por amarme de la forma que lo haces!

YF

5 DE NOVIEMBRE

BACH Y HEBREOS

El Hijo irradia la gloria de Dios y expresa el carácter mismo
de Dios, y sostiene todo con el poder de su palabra.
Hebreos 1:3 (NTV)

Yuko Maruyama, una organista japonesa, solía ser una budista devota, pero gracias a la música de J.S. Bach conoció a Jesús. Al tocar por primera vez las *Variaciones de Goldberg* se interesó en el cristianismo. ¿Y qué hace la música de Bach tan especial? Que él, como el escritor de Hebreos, creía que Jesús era superior a todo y el único digno de gloria y honra.

El autor de Hebreos escribe a un grupo de judíos probablemente en Italia que sufría persecución. Posiblemente se sentían tentados a regresar al judaísmo y sus reglas, o se preguntaban si seguir a Cristo valía la pena. Entonces, el escritor, hábilmente comienza a presentar la gloria de Cristo. Jesús, les recuerda, es Dios mismo hecho carne. No solo participó en la creación de modo activo, sino que supera a los mismos ángeles.

El escritor cita el Antiguo Testamento para demostrar que, efectivamente, solo a Jesús Dios le llamó "hijo". Luego explica que los ángeles solo son servidores, que cuidan a los que amamos a Jesús y cumplen los designios de Dios.

Bach comprendió esto mismo y compuso una hermosa cantata que, en el décimo movimiento, resume, en mi opinión, el mensaje de Hebreos. "Jesús sigue siendo mi alegría, consuelo y bálsamo de mi corazón. Jesús me defiende de toda pena. Él es la fuerza de mi vida, el gozo y el sol de mis ojos, el tesoro y la delicia de mi alma; por eso no quiero dejar ir a Jesús fuera de mi corazón y de mi vista". ¿Concordamos con Bach?

Señor, eres el centro de mi adoración.

KO

6 DE NOVIEMBRE

TEMOR A LA MUERTE

Él... compartió esa naturaleza humana para... librar
a todos los que por temor a la muerte estaban sometidos
a esclavitud durante toda la vida.
Hebreos 2:14-15 (NTV)

La mayoría de nosotros no piensa frecuentemente en la muerte, pero en la pandemia del COVID-19 la muerte se convirtió en noticia diaria. Fallecieron unas catorce millones de personas por el virus entre 2020 y 2021, sin considerar los casos que nunca se reportaron. En los Estados Unidos bajó la edad promedio de vida por casi dos años. No es una exageración decir que hubo pocas personas que no perdieran por lo menos a un ser querido, un pariente o un amigo cercano.

Con todo y los cubrebocas, el guardar la sana distancia y otras medidas, muchos andaban con el temor de contagiarse. Se sabía que la muerte podía estar a la vuelta de la esquina, sobre todo para los mayores de edad, pero no exclusivamente. La fragilidad de la existencia se hizo más real que nunca.

Gracias a Dios, ¡los cristianos creemos en Aquel que venció la muerte! Jesús se hizo hombre para "librar a todos los que por temor a la muerte estaban sometidos a esclavitud durante toda la vida" (v. 15, NTV). Su resurrección nos mostró que el fin de esta vida terrenal no es el final de nuestra historia y que "la muerte que él sufrió resulta en beneficio de todos" (v. 9, NTV).

Quizás nos preocupe el dolor de dejar a los seres queridos al partir, o el dolor físico que podríamos pasar con una enfermedad terminal. Aun así, sabemos que Jesucristo ha destruido "al que tiene el dominio de la muerte" (v. 14, NTV) y que Él es más grande que cualquier temor. No tengamos miedo.

Te alabo, Señor, porque ¡ya no tengo que temer la muerte!

MHM

7 DE NOVIEMBRE

LA DECISIÓN DE CREER

Y, en efecto, vemos que no pudieron entrar porque no creyeron.
Hebreos 3:19 (DHH)

Se atribuye a Esopo el relato del pastorcito que, para divertirse, engañó en repetidas ocasiones a unos campesinos diciendo que venía el lobo. En cuanto se acercaban para ayudar, el pastorcito se burlaba de ellos. Cuando en verdad el lobo llegó, nadie le creyó y el lobo se comió todas las ovejas. Qué peligroso decir mentiras.

Cuando no le creemos a Dios ¡le estamos considerando como mentiroso! Así que el no creer se convierte en pecado, el de la incredulidad. Cuando alguien no cree en Jesús no es porque sea incapaz de entender su existencia o su deidad; es porque se niega a confiar. La falta de fe no involucra a la inteligencia, sino a la voluntad.

Hemos de tener cuidado entonces cuando nos inunda el temor. ¿Será falta de fe? ¿Incredulidad? Dios ha dicho que estará con nosotros todos los días, hasta el fin del mundo. Entonces, ¿por qué nos cuesta tanto trabajo obedecer? Como el pueblo de Israel en el desierto, nos dejamos caer deliberadamente en el pecado por alguna debilidad irresistible por no creer.

Tristemente, aquella generación incrédula además de vagar cuarenta años en el desierto tuvo que pagar otra consecuencia: no pudieron entrar a la tierra prometida. Aprendamos la lección y no juguemos con cosas serias como aquel pastorcito y como el pueblo de Israel. Que la falta de fe no nos robe las bendiciones de Dios. Confiemos en Dios con la misma firmeza que tuvimos al principio, cuando venimos a Él.

Dios, eres el mismo ayer, hoy y por los siglos.

MG

8 DE NOVIEMBRE

LA ESPADA DEL ESPÍRITU

Ciertamente, la palabra de Dios es viva y poderosa, y más cortante que cualquier espada de dos filos. Penetra hasta lo más profundo del alma y del espíritu, hasta la médula de los huesos, y juzga los pensamientos y las intenciones del corazón.
Hebreos 4:12 (NVI)

Durante la historia se han escrito leyendas de héroes y reyes que han tenido una espada con poderes especiales. El ejemplo más famoso es Excalibur, la espada del rey Arturo. La leyenda cuenta que Merlín, el mago, forjó la espada y la clavó en una roca y solo podría sacarla el futuro rey de Inglaterra. Arturo fue el único que pudo hacerlo. La espada cegaba a los enemigos y su vaina hacía que Arturo no sangrara si era herido en batalla.

Otra espada famosa fue creada por el dios Marte y entregada a Atila, rey de los hunos, quien pensó que por recibirla había sido nombrado gobernador del mundo. Su poder residía en conceder la victoria a quien la poseyera.

"La espada del Espíritu es la Palabra de Dios", nos dice Pablo. Sus poderes sobrepasan a los de cualquier espada que haya existido jamás: penetra y parte el alma y juzga los pensamientos. Tiene el poder de transformarnos y el Espíritu Santo la usa para convencernos de que la salvación solo se encuentra en Jesucristo.

Cuando nos percatamos del poder que emana de la Palabra de Dios, la atesoramos en el corazón, la hacemos nuestra y el Espíritu Santo la usará en el momento preciso para bendecirnos y bendecir a otros. ¿Lees la Palabra cada día? ¿La obedeces? ¿Cuántos versículos o capítulos puedes recitar de memoria? Cuando empieces a memorizarla, verás cómo cambia tu corazón.

¡Oh, cuánto amo yo tu ley! Todo el día es ella mi meditación.

YF

UN ANCLA

Esta esperanza mantiene firme y segura nuestra alma,
igual que el ancla mantiene firme al barco. Es una esperanza
que ha penetrado detrás del velo en el templo celestial.
Hebreos 6:19 (DHH)

Uno de los primeros símbolos cristianos, antes que la cruz, fue el ancla. Los epitafios en las tumbas de los creyentes a finales del primer siglo solían mostrar anclas junto con mensajes de esperanza. Expresiones como *pax tecum, pax tibi* o *in pacem* mencionan la paz y muestran su esperanza del cielo.

Estos hombres y mujeres que morían mártires en el Coliseo, descansaban en una gloria futura. ¿Habrían sido algunos de ellos los destinatarios de la carta a los Hebreos? En el capítulo de hoy, el autor advierte a los cristianos que deben avanzar en su fe. Les recuerda que están destinados a cosas mejores y heredarán las promesas de Dios, las que nos traen esperanza como hicieron con Abraham.

Abraham esperó con paciencia y recibió de parte de Dios una descendencia incontable y el juramento de que así sería. Estas dos cosas, la promesa y el juramento, no pueden cambiar y esto nos da una confianza plena en Dios. Él no miente ni se echa para atrás en lo que nos ha dicho. Podemos aferrarnos a esa esperanza, así como a un ancla, firme y confiable, de que Jesús ha realizado plenamente la obra de salvación y bendecirá a la familia espiritual de Abraham.

Algunos estudiosos creen que, de hecho, los primeros cristianos adoptaron como símbolo el ancla pues *ankura* en latín suena a *en kurio*, que significa "en el Señor". Qué lindo recordatorio. No solo estamos anclados en las promesas, sino en Jesús mismo.

Señor, eres el ancla de mi alma.

KO

10 DE NOVIEMBRE

REY DE PAZ

…un sacerdote distinto, no constituido conforme a la ley
del mandamiento acerca de la descendencia, sino según
el poder de una vida indestructible.
Hebreos 7:15-16 (RVR60)

Un rey es una autoridad máxima que gobierna un país y generalmente hereda su puesto y reina de por vida. Un sacerdote es una autoridad religiosa, y en la tradición judía todos los sacerdotes procedían de la tribu de Aarón. Como los reyes, no se elegían. Nos pueden parecer dos puestos completamente distintos, sobre todo en los países donde el estado y la iglesia están separados.

En la actualidad pocos países tienen reyes que en verdad ostenten el poder. Además, el término "sacerdote" en la jerarquía religiosa de algunas religiones realmente no tiene el mismo significado que en los tiempos bíblicos porque ya no ofrecen sacrificios por los pecados.

Jesucristo, a diferencia de otros, reúne las características de un rey y de un sacerdote. Sin embargo, no descendía de la tribu de Aarón sino de la de Judá. Por eso el autor de Hebreos lo asemeja a Melquisedec, quien vivió antes de los tiempos de Aarón, y que fungió como rey y como sacerdote. Procedía de Salem ("paz"), probablemente la ciudad que ahora se llama Jerusalén y se ha dicho que fue un prototipo de Jesús al ser un "rey de justicia" y "rey de paz" (v. 2, RVR60).

Jesús no ofreció cualquier sacrificio por nosotros; entregó el sacrificio máximo, su propio ser, para expiar nuestros pecados ¡por siempre! No gobernó como rey en su primera venida, pero hoy reina en los cielos y en nuestras vidas. ¡Caminemos como hijas de un Rey, purificadas por el Sumo Sacerdote por excelencia!

Gracias por tu sacrificio por mí y por reinar en mi corazón.

MHM

TODOS NECESITAMOS UN ABOGADO

Por lo cual Él también es poderoso para salvar para siempre
a los que por medio de Él se acercan a Dios, puesto que vive
perpetuamente para interceder por ellos.
Hebreos 7:25 (NBLA)

La tremenda corte, un exitoso programa radial de género cómico producido en Cuba entre los años 1942 y 1961, todavía se escucha en algunos países de habla hispana. El programa es un juicio donde el acusado Tres Patines se defiende de sus pillerías ante la corte. Casi siempre sus acusadores logran que el juez le imponga multas o días de cárcel. Finalmente la sentencia siempre es "¡A la reja!".

Aun cuando siempre es culpable, la trama hubiera sido diferente y menos divertida si Tres Patines hubiera tenido un abogado que lo defendiera. Por lo menos en alguna ocasión hubiera resultado absuelto. En tiempos del Antiguo Testamento, el sumo sacerdote intercedía una vez al año por los pecados del pueblo judío ofreciendo sacrificios.

Spurgeon dijo: "Somos perdonados por la muerte de Cristo, pero somos justificados por su resurrección. Somos salvos porque Él murió; pero esa salvación es traída y asegurada para nosotros porque Él se sienta a la diestra de Dios, y hace intercesión continuamente por nosotros". Él es nuestro Sumo Sacerdote, nuestro Abogado y Mediador ante Dios.

Ahora Cristo intercede por cada creyente continuamente y para siempre. Es nuestro abogado permanente. No tenemos que ir "a la reja" del infierno aun cuando pecamos de forma involuntaria pero cotidiana. Dios te ve a través de su Hijo y te da el estatus de "perdonada" y "redimida". ¿Cómo te hace sentir eso? Somos verdaderamente bendecidas con el mejor abogado que pudiéramos tener: Jesucristo.

Cristo, culpable soy, te necesito como mi Salvador y mi Abogado.

MG

12 DE NOVIEMBRE

NUESTRO *COHEN GADOL*

*Ahora bien, el punto principal de lo que venimos diciendo
es que tenemos tal sumo sacerdote, el cual se sentó a la diestra
del trono de la Majestad en los cielos.*
Hebreos 8:8 (RVR60)

A principios de este siglo, con miras al restablecimiento del sacerdocio, se convocó en Israel, a todos los *cohanim* o sacerdotes para encontrar al individuo perfecto que desempeñe el papel de *cohen gadol* o sumo sacerdote. En hebreo, la palabra *cohen* significa sacerdote y los descendientes de sacerdotes suelen apellidarse Cohen, Kohn, Kogan, Kahanowitz.

Por la emigración y los matrimonios con no judíos, no se podía confiar en la pureza de la línea sacerdotal solo por el apellido y en los años noventa, los genetistas buscaron una marca común en el ADN de varones con tradición sacerdotal y encontraron el "gen del Cohen" en el cromosoma Y. De esos varones, el 98% evidenció que tenían un ancestro común y que han pasado 106 generaciones, unos 3200 años, desde que apareció el dueño de ese gen, es decir, ¡el tiempo en que vivió el sacerdote Aarón!

Tristemente, estos descendientes siguen siendo hombres pecadores. Por eso, Dios planeó perfeccionar el sacerdocio, pero no a través de seres humanos como Aarón. Tenía que ser alguien divino, así que estableció un nuevo pacto a través de Jesús. Él es ahora el *cohen gadol*, el nuevo sumo sacerdote, perfecto, sin pecado y que ha hecho la propiciación, no solo por los judíos, sino por todo el mundo.

Tenemos tal sumo sacerdote, hecho más sublime que los cielos, que aboga por nosotros delante del Padre. Podemos pedir en su nombre y tendremos las peticiones que hayamos hecho. ¡Este Sumo Sacerdote nos convenía!

Señor Jesús, ¡Tú eres nuestro Gran Sumo Sacerdote!

YF

13 DE NOVIEMBRE

EL TABERNÁCULO

*Ese primer pacto entre Dios e Israel incluía ordenanzas
para la adoración y un lugar de culto aquí, en la tierra.*
Hebreos 9:1 (NTV)

A pesar de haber visto las maravillas de un Dios poderoso en las diez plagas de Egipto, y de ver un mar abrirse, los israelitas podían olvidarse de la presencia de Dios con ellos. Por esa razón, construyeron un tabernáculo. Consistía en dos salas divididas por una cortina. En la primera, había un candelabro, una mesa y un altar de incienso. En la segunda moraba el arca del pacto.

En este santo mueble se colocaba la sangre de la expiación, la que cubría los pecados del pueblo mediante los sacrificios de cada año. El tabernáculo era solo una ilustración de lo que vendría después. Era un sistema antiguo que no logró la purificación, sino que apuntó al modo en que Dios salvaría a la raza humana.

En Juan 1:14 leemos: "Y el Verbo se hizo carne y *tabernaculó* entre nosotros". Jesús es superior a cualquier sistema levítico de culto pues, en realidad, el tabernáculo solo representaba lo que Jesús haría. Él sería el cordero perfecto sacrificado por nosotros; su sangre nos limpiaría; sería nuestro sacerdote. Él también alumbraría el mundo y sería el pan de vida. Su sacrificio traería el aroma perfecto de reconciliación con Dios.

De hecho: "Cristo no entró en un lugar santo hecho por manos humanas, que era solo una copia del verdadero, que está en el cielo. Él entró en el cielo mismo para presentarse ahora delante de Dios a favor de nosotros" (v. 24, NTV). Cristo murió una sola vez y para siempre por ti y por mí. A Él sea la gloria.

Gracias, Señor, por morir en mi lugar.

KO

14 DE NOVIEMBRE

ÉL ES SUFICIENTE

*Acerquémonos a Dios con corazón sincero y con una fe
completamente segura, limpios nuestros corazones de mala
conciencia y lavados nuestros cuerpos con agua pura.*
Hebreos 10:22 (DHH)

En diferentes religiones, y en algunas que tienen raíces cristianas también, existen prácticas que supuestamente ayudan a los seguidores a borrar sus pecados o reducir la carga de ellos: ir de rodillas a algún santuario, repetir largas oraciones o hacerlo varias veces al día.

Aun nosotras podemos pensar que la persona que no falta a la iglesia, que hace sus tareas para la clase de Biblia o que memoriza muchos versículos amontona buenas obras que le permiten ser aceptada por Dios. Todavía es común la idea de que tenemos que ganarnos "aunque sea un poquito" nuestra salvación.

Si somos responsables de conquistar la aprobación de Dios, de nada sirvió lo que hizo Él en la cruz. Pablo se dirige principalmente a los judíos en esta epístola, así que entra en mucho detalle sobre los sacrificios de los sacerdotes, que se tenían que repetir constantemente para cubrir los pecados del pueblo. Para los hebreos, era un recuerdo diario de que no merecían entrar a la presencia de Dios sin estas obras. A través del sacrificio de Cristo, sin embargo, podemos acercarnos a Dios "con corazón sincero y con una fe completamente segura, limpios... de mala conciencia" (v. 22, DHH).

¡Qué alivio saber que la salvación no depende de mí! Te invito a regocijarte en esa verdad, a vivir agradecida por ese milagro y a ser testigo de este maravilloso mensaje: lo que yo haga no es suficiente, ¡pero solo Cristo basta!

*Alabado seas, Señor, porque solo Jesús me pone en la relación
correcta contigo.*

MHM

15 DE NOVIEMBRE

¡VUELA!

*Así que de este solo hombre, ya en decadencia, nacieron
descendientes numerosos como las estrellas del cielo
e incontables como la arena a la orilla del mar.*
Hebreos 11:1-12 (NVI)

A Marie Curie, premio Nobel y pionera en la investigación de la
radioactividad, le gustaba el ejercicio físico. Un año después de
conocer a su esposo Pierre, se casaron y con el dinero que les obsequiaron en la boda compraron dos bicicletas y su luna de miel
la pasaron recorriendo Francia. Ya cumplidos los cincuenta años,
aprendió a nadar, a esquiar y a patinar.

A lo largo de la historia de la humanidad, personas en su tercera o
cuarta edad, han realizado aportaciones importantes a la ciencia,
a la literatura, la pintura o cualquier área en que se lo propongan.
En la Biblia se nos narran las grandes cosas que hicieron Noé,
Moisés, Abraham, Sara y muchas otras personas que ya no eran
jóvenes pero que Dios fortaleció e inspiró con un espíritu fresco.

Dios promete en Isaías 40:31 que los que esperan en Él tendrán
fuerzas renovadas, podrán volar con poder como el águila, caminar y hasta correr sin fatigarse. Sin importar la edad que se
tenga, en ocasiones uno se llega a sentir cansado, abrumado por
el trabajo, las presiones y los problemas cotidianos. Este estado
es tierra fértil para la depresión, el aislamiento y la frustración.

No es necesario vivir de esa manera. Aprendamos del ejemplo de
Jesús; Él trabajaba arduamente y también tomaba la siesta para
descansar. Se apartaba para orar y fortalecerse espiritualmente
también. Ya "en decadencia" Dios dio a Abraham una descendencia grande. Que tu corazón se aliente con estas cosas y ¡vueles
muy alto!

Renuévame y susténtame, Padre, necesito de tu fortaleza y descanso.

MG

16 DE NOVIEMBRE

EXTRANJEROS SIN DERECHOS

Todas esas personas murieron sin haber recibido las cosas
que Dios había prometido; pero como tenían fe, las vieron
de lejos, y las saludaron reconociéndose a sí mismos
como extranjeros de paso por este mundo.
Hebreos 11:13 (DHH)

"Programa Bracero" se llamó a un acuerdo entre México y Estados Unidos entre 1943 y 1964, permitiendo a obreros mexicanos trabajar legalmente en Estados Unidos. La Segunda Guerra Mundial había acaparado a la población masculina y el país estadounidense estaba en crisis de mano de obra. En México se pagaba la jornada de diez horas a cinco pesos, mientras que la hora en "el otro lado" se pagaba.

Los centros de contratación empleaban a los más fuertes, altos y sanos, quienes eran expuestos a revisiones penosas, siendo "desinfectados" con DDT. Ya en el país vecino, sufrían discriminación y humillaciones, sin derecho a reclamar. Además el gobierno mexicano les quitó el 10% de su salario para un fondo de ahorro que nunca devolvió. Aunque los últimos gobiernos les han prometido justicia, muchos braceros han muerto y otros siguen con la esperanza de disfrutar ese dinero.

Los hombres y mujeres que menciona nuestro pasaje bíblico, no vieron cumplidas las promesas que Dios les había dado, pero sabían que Dios no miente. Se identificaron como extranjeros sin derechos y esperaron el tiempo divino para disfrutarlas.

Alguien ha dicho que en la Biblia se encuentra más de tres mil promesas. ¿Cuántas de ellas has descubierto que son para ti? Recuerda, hoy vivimos como extranjeras y peregrinas en esta tierra y quizá sufrimos discriminación e injusticia, pero Dios cumplirá cada una de sus promesas. ¡No te desanimes!

Señor, ¡gracias por tus promesas!

YF

17 DE NOVIEMBRE

CORRAMOS CON PACIENCIA

Corramos con paciencia la carrera que tenemos por delante.
Hebreos 12:1 (RVR60)

Correr cuarenta y dos kilómetros no es una opción muy factible ni siquiera para muchos corredores. Recordemos que incluso el primer mensajero que recorrió esa distancia en la antigua Grecia cayó muerto al finalizarla. El maratón es la prueba mental y física que requiere de voluntad y perseverancia. Sin embargo, no hay nada como llegar a la meta y recibir el premio mayor de todos: saber que se cumplió el objetivo.

El autor de esta epístola, al ir finalizando, recuerda a sus lectores que todos formamos parte de la carrera más importante de la vida: la de la fe. Después de mencionar a muchos grandes corredores de antaño como Abraham, Moisés y David, nos recuerda que nosotras también debemos quitarnos aquello que nos impida correr, en especial el pecado. ¿Y cómo correr la carrera?

Fijando la mirada en Jesús. Durante once capítulos, el autor nos ha recordado que Jesús es superior a los ángeles, a Moisés, a la ley e incluso a los sacerdotes. Ahora, nos dice que Jesús es la meta y quien nos acompaña en el camino. Él es quien nos inició en el deporte y no cesará hasta que logremos nuestro objetivo: estar con Él.

Pensar en la hostilidad que Él soportó, nos ayuda a no cansarnos. Al meditar en la vergüenza que la cruz representó, estaremos dispuestos a soportar la disciplina. No nos demos por vencidas. Seamos agradecidas y corramos con paciencia la carrera de la fe. Como bien se ha dicho por ahí, no es una carrera de velocidad, sino de resistencia.

Señor, pongo mis ojos en ti.

KO

18 DE NOVIEMBRE

MANTENTE FIEL

Honren el matrimonio, y los casados manténganse fieles el uno al otro.
Hebreos 13:4 (NTV)

Un estudio en los Estados Unidos indicó que el 20% de los hombres y el 13% de las mujeres indican que han sido infieles a sus parejas. Aunque parezca sorprendente, este número aumenta para personas casadas de entre 50 y 60 años y, en algunas culturas, se considera casi normal que el hombre sea infiel.

A la vez, hay nuevas formas de descubrir la infidelidad: desde las fotografías y los videos hasta los mensajes en las redes sociales. Algunas personas han descubierto un "amor secreto" en los teléfonos celulares de sus cónyuges. Pero aun cuando no hayamos tenido una aventura amorosa, sin duda muchas hemos sido infieles mentalmente, pensando en aquel exnovio o aquel artista musculoso. Quizás alguna haya imaginado: "Si se muere mi esposo, tal vez tenga otra oportunidad".

Hebreos nos habla de honrar el matrimonio y ser fieles compañeras. En este contexto, se refiere a la relación física, aunque Jesús dijo: "El que mira con pasión sexual a una mujer ya ha cometido adulterio con ella en el corazón" (Mateo 5:28, NVI). ¡Qué gran reto nos puso!

Todas corremos el riesgo de ser tentadas y recordemos que albergar malos pensamientos en nuestra mente es pecado. Por lo tanto, permite que Dios controle tu mente y te llene de amor y respeto por tu cónyuge. Dale gracias por lo que hace. Habla positivamente de él. Ora por él y mantente fiel. Vale la pena obedecer a Dios siempre. Guardemos nuestros corazones.

Señor, hazme fiel tanto en lo físico como en lo mental.

MHM

19 DE NOVIEMBRE

VIVIR PARA SERVIR

Santiago, siervo de Dios y del Señor Jesucristo:
A las doce tribus que están en la dispersión: Saludos.
Santiago 1:1 (NBLA)

Los habitantes de San Miguel de Allende donaron sus llaves para fundirlas en una estatua en memoria de Don Manuel Zavala, periodista, locutor y luchador social muy querido por la comunidad. En el monumento se lee su lema: "El que no vive para servir, no sirve para vivir". Sirvió a su pueblo y contribuyó a su unidad durante cuarenta años.

A través de su programa radial se encontraban cosas perdidas, la gente se comunicaba y se hacía la crónica de la ciudad. Se lo recuerda porque hizo realidad en su vida el mensaje que su típica frase expresaba. Seguramente ocurrió lo mismo con Santiago, que en el versículo de hoy se describe a sí mismo como siervo de Dios y se esforzó por ser congruente con esa presentación.

Doulos es la palabra griega que se usa en el Nuevo Testamento para referirse a un siervo o esclavo que aún habiendo obtenido su carta de libertad, decide servir voluntariamente a su señor por amor y agradecimiento. El anhelo de un creyente que ama a Jesucristo debería ser convertirse en su siervo y vivir para servir.

Cuando escribimos o visualizamos nuestros objetivos y metas, deseamos hacer grandes cosas y convertirnos en alguien con una buena reputación o influencia. Fungir como siervos o esclavos posiblemente no figura en nuestra lista de propósitos y mucho menos de prioridades. Pero Jesús mismo no vino para ser servido sino para servir. ¿De qué manera estás sirviendo? ¿Es para ti una prioridad diaria servir a Dios y a los demás?

Jesús, que pueda servir a otros con amor porque ello es también servirte a ti.

MG

20 DE NOVIEMBRE

PARECE MALO, PERO ES BUENO

Todo lo bueno y perfecto que se nos da, viene de arriba,
de Dios, que creó los astros del cielo. Dios es siempre el mismo:
en él no hay variaciones ni oscurecimientos.
Santiago 1:17 (DHH)

¿Alguna vez has oído sobre los escarabajos peloteros? Estas maravillosas criaturitas traen inmensidad de beneficios a nuestra tierra, pero se alimentan de excremento. Huelen el estiércol a largas distancias y llegan primero que las moscas. Sus patas en forma de espátula dan forma de pelotita a una parte del excremento y lo entierran bajo el suelo. La hembra depositará un huevo dentro de la pelota y la sellará con sus patas. Las larvas tendrán calor y alimento y el estiércol será desintegrado abonando la tierra.

Un escarabajo que come estiércol podría causarnos asco, pero países como Australia han importado esos bichitos para desintegrar el estiércol del ganado. Además, las semillas que pudieran quedar atrapadas en las heces, serán transportadas y brotarán en otro lugar.

Dios le ha dado a la tierra lo bueno y perfecto para que podamos subsistir, incluyendo a los escarabajos peloteros. Si el Señor tiene cuidado de darnos animalitos tan excéntricos ayudar al medio ambiente, ¿no crees que puede darnos lo mejor para nuestra vida personal? Quizá no vemos las tentaciones como algo provechoso, pero pidamos sabiduría a Dios para reconocerlas y enfrentarlas.

Muchas veces nos molestamos con Dios por las desventuras que nos suceden. Pero, aunque las cosas adversas parezcan muy desagradables, el Señor está pensando en bendecirnos a través de ellas. ¡Confía en Él! No te dejará ni te desamparará.

Señor mío, ¡enséñame a reconocer tus bendiciones aún
en los malos momentos!

YF

RENTA DE BANCOS

Si en verdad cumplís la ley real conforme a la Escritura:
Amarás a tu prójimo como a ti mismo, bien hacéis.
Santiago 2:8 (LBLA)

A principios del siglo xix, Charles Finney, un importante evangelista, se enfrentó a una situación vergonzosa: la renta de los bancos de iglesia en Nueva York. En esa época, en casi todas las iglesias se rentaban los bancos de iglesias y se pagaba un impuesto. Además de ayudar a cubrir los gastos eclesiásticos, los ricos elegían dónde sentarse y los pobres debían ocupar la galería o permanecer de pie.

Seguramente esta escena nos recuerda a lo que Santiago, el hermano de Jesús, escribió a la iglesia primitiva. Al parecer, si un rico entraba al lugar de reunión, los hermanos le daban un trato preferencial que incluía un buen asiento. A los pobres, sin embargo, los hacían sentarse en el piso.

Cuando les leí este pasaje a mis hijos, les pregunté qué debían de hacer los creyentes en dicha situación. "Que los ricos se sienten en el suelo", respondieron. Pero esta tampoco es la solución que Santiago, inspirado por el Espíritu Santo, ofrece. La regla es: no debemos favorecer a algunos sobre otros. A todos debemos amar como a nosotros mismos.

En un mundo de tanta discriminación y favoritismo, seamos diferentes. Como Finney que abolió esta práctica de pagos, busquemos tener lugares de reunión que den la bienvenida con brazos abiertos a todos por igual. En nuestro trato diario, recordemos amar a todas las personas por igual, así como Dios nos ha amado y aceptado. Recordemos que: "la misericordia triunfa sobre el juicio" (v. 13, LBLA).

Señor, quiero amar a todos por igual.

KO

Busca la paz

A los que buscan la paz entre las personas,
Dios los premiará dándoles paz y justicia.
Santiago 3:18 (TLA)

Muchos conocen a Gandhi como el gran héroe de la no violencia en la lucha por la independencia de la India, pero es menos conocido la influencia que tuvo León Tolstoi en él. El autor ruso de *Guerra y paz* tuvo una profunda crisis moral en la década de los 1870, seguida por un gran despertar espiritual. Inspirado en las enseñanzas de Jesús, llegó a tener una filosofía de no violencia, en la cual nadie podría ser esclavizado.

Los escritos de Tolstoi tuvieron un impacto en Mahatma Gandhi, Martin Luther King y Nelson Mandela, hombres que procuraron promover cambios de manera pacífica en sus países. El ruso y Gandhi correspondieron el uno con el otro hasta la muerte del primero en 1910.

En el Sermón del Monte, Jesús predicó que los pacificadores son "bienaventurados" o felices. Aquí Santiago declara que "los que tienen la sabiduría que viene de Dios, no hacen lo malo; al contrario, buscan la paz" (v. 17, TLA). También dice: "Dios los premiará dándoles paz y justicia" (v. 18, TLA). En otras porciones de la Biblia leemos que causar contiendas es un gran pecado. Jesús mismo no vino como el Mesías que esperaban muchos judíos, un libertador que hiciera una revolución contra los romanos.

No seremos pacificadores a nivel nacional, pero lo podemos ser en donde Dios nos haya puesto: entre los familiares, entre los vecinos, entre los compañeros de trabajo o en la iglesia. Con paciencia y con palabras sabias, podemos lograr que personas en conflicto se tranquilicen y dialoguen. Seamos sembradores de paz.

Señor, hazme un instrumento de tu paz.

MHM

23 DE NOVIEMBRE

UN LAVADO FRECUENTE

Acercaos a Dios, y él se acercará a vosotros. Pecadores, limpiad las manos; y vosotros los de doble ánimo, purificad vuestros corazones.

Santiago 4:8 (RVR60)

El 15 de octubre de cada año, se celebra el Día Mundial del Lavado de Manos. Ha sido una iniciativa impulsada por la Organización Mundial de la Salud y la UNICEF entre otras. La parte del cuerpo que más usamos para interactuar son las manos y en su superficie portamos virus, bacterias y hongos. El lavado frecuente ayuda a evitar enfermedades digestivas, respiratorias y padecimientos mortales.

Así como la suciedad enferma nuestro cuerpo, el pecado enferma nuestro espíritu. Así como se recomienda hacer del lavado de manos un hábito constante, también debemos purificar nuestro espíritu día con día. No permitamos que cosas sucias entren en nuestra mente y sentimientos corrompidos aniden en nuestro corazón.

Santiago, precisamente, nos propone algunas pautas para lavarnos las manos. En primer lugar, no podemos ser amigos del mundo y de Dios. Esta amistad con el mundo surge de nuestros malos deseos, de esa envidia que tenemos de los demás y esas luchas por obtener placer. Debemos oponernos a los malos deseos del corazón por medio de la humildad. Cuán importante es humillarnos delante de Dios e incluso derramar lágrimas por lo que hemos hecho.

¿Pasarías más de un día sin lavarte las manos? ¡Claro que no! Pero suele suceder que cuando más necesitamos acercarnos a Dios, nos alejamos de Él. Si ahora mismo el Espíritu Santo te redarguye de alguna situación pendiente, ponte a cuentas y lávate las manos. Él nos dará la gracia necesaria para que hagamos frente a los malos deseos y mostrará favor al que se humilla.

Lávame en tu sangre, Salvador, y límpiame de toda mi maldad.

MG

24 DE NOVIEMBRE

Recuerden que quien hace volver a un pecador de su extravío lo salvará de la muerte y cubrirá muchísimos pecados.

Santiago 5:20 (NVI)

Charles Haddon Spurgeon ha sido uno de los grandes predicadores de los últimos doscientos años. Conocido como el "príncipe de los predicadores" tenía una voz potente que se oía de lejos cuando el micrófono no existía. Comenzó a predicar a los dieciséis años y tuvo hasta veinte mil oyentes en un sermón. Leía seis libros por semana y su biblioteca contenía doce mil volúmenes.

Una iglesia con unas doscientas personas que lo invitó a predicar, creció hasta cinco mil seiscientos asistentes durante los treinta y ocho años de su liderazgo. Además, fue un hombre generoso que fundó orfanatos, asilos y una escuela para predicadores. Cuando murió, una larga fila de cien mil personas iba tras la carroza fúnebre. Las banderas ondearon a media asta y tiendas y bares cerraron. Londres estaba de luto. Spurgeon predicó a casi diez millones de personas.

En su testimonio, Spurgeon cuenta que, cuando tenía quince años, entró a una iglesia donde un hombre hablaba sobre Isaías 45:22, y mirándolo le dijo: "Joven, pareces miserable" y lo retó a obedecer la Palabra de Dios. Entonces Spurgeon se arrepintió y se convirtió. El hombre que predicaba nunca imaginó en quién se convertiría aquel joven.

Nuestro versículo nos alienta: Hagamos volver a un pecador del camino de perdición. ¿Te imaginas cuántas almas serán salvas de la muerte y cuántos pecados serán cubiertos si esa persona se convierte en el próximo Spurgeon? El Señor puede hacerte una emisaria de vida y de perdón. Solo permíteselo.

Señor, ayúdame a hacer volver a alguien hacia Ti.

YF

25 DE NOVIEMBRE

No pedí ser oro

*Les espera una alegría inmensa, aunque tienen que soportar
muchas pruebas por un tiempo breve.*
1 Pedro 1:6 (NTV)

"Yo no pedí ser oro. Ni siquiera ambicionaba ser plata. Me hubiera conformado con ser un metal sencillo y barato cuyo brillo pudiera aflorar de vez en cuando con el reflejo del sol", escribió mi amiga Patricia Adrianzén de Perú. Cuando sus tres hijos eran pequeños, sufrieron una serie de enfermedades debilitantes que tenían a sus padres yendo y viniendo del hospital, al tiempo que levantaban una obra misionera en la provincia de su país.

Sin embargo, a pesar del dolor y la soledad, Patricia nunca dejó de confiar en Dios. Entendió lo que el apóstol Pedro escribió en el primer siglo a los que vivían dispersos en la actual Turquía y sufrían toda clase de persecución de parte de sus vecinos paganos. Pedro afirma que Dios los protegía y su salvación sería completa como había prometido.

La alegría futura era, ciertamente, una promesa real, pero no impedía que, en la actualidad, por un tiempo breve, sufrieran. ¿Por qué? Porque "estas pruebas demostrarán que su fe es auténtica" (v. 7, NTV). Además, añade que la fe debe ser probada y purificada, al igual que el oro, para volverla más preciosa y firme.

No nos gusta pensar en las pruebas. Nos resistimos, como mi amiga Patricia, al fuego del dolor. Pero no hemos sido creadas para ser metal barato, sino oro de la mejor calidad. Por esa razón, alegrémonos en verdad porque tenemos una salvación eterna y una herencia reservada en el cielo para nosotras. Y si bien, ahora pasamos por problemas y dificultades, somos oro.

Señor, purifícame.

KO

26 DE NOVIEMBRE

COMO RECIÉN NACIDOS

Deseen como niños recién nacidos, la leche pura de la palabra,
para que por ella crezcan para salvación.

1 Pedro 2:2 (NBLA)

La leche materna ofrece tantos beneficios que no se pueden resumir en un espacio pequeño. Este regalo gratuito de Dios está lleno de propiedades, como anticuerpos que reducen la incidencia de muchas infecciones y enfermedades. Las proteínas y vitaminas que contiene son exactamente las que necesita el cuerpo del bebé. Sus lactobacilos facilitan la digestión mucho más que la leche de vaca. Además, el amamantamiento fortalece el vínculo entre la madre y el bebé.

Los recién nacidos no saben que necesitan crecer; solo saben que les urge alimentarse, y en ocasiones lo reclaman a gritos. La naturaleza provee esto y más en los brazos de mamá.

En esta epístola, Pedro asemeja esta dependencia con la situación de los cristianos nuevos, y los incentiva a desear "la leche pura de la palabra, para que por ella crezcan para salvación" (v. 2, NBLA). En este caso el hambre no siempre es automática, ¡aunque debería ser! Si amamos a Dios, la consecuencia natural es querer estar con Él, alimentarnos de su palabra y estar cerca de Él. El resultado obvio es el crecimiento espiritual. Nuestro Padre celestial desea vernos "dando fruto en toda buena obra y creciendo en el conocimiento de Dios" (Colosenses 1:10, LBLA).

Los bebés son hermosos, pero al madurar logran ser independientes y desarrollan su personalidad y sus dones. En la vida espiritual, hacemos que nuestro Padre se goce en nosotros cuando crecemos en Él y vivimos para reflejar su presencia en este mundo. Procuremos madurar, ¡y desear la leche pura de la Palabra!

Abba Padre, gracias por tu hermoso alimento, tu Palabra.

MHM

27 DE NOVIEMBRE

FLORES ETERNAS

En cambio, vístanse con la belleza interior, la que no
se desvanece, la belleza de un espíritu tierno y sereno,
que es tan precioso a los ojos de Dios.
1 Pedro 3:4 (NTV)

En los ramos de novia y en las decoraciones se está imponiendo la tendencia a utilizar flores preservadas, llamadas también "flores eternas". Las flores han sido sometidas a un proceso de deshidratación. Tras ser cortadas se sustituye la savia y el agua de la flor por un líquido preservante, así que ya no se marchita y se mantiene con aparente frescura durante años.

Cuando me casé, entré a la iglesia con un ramo de rosas rojas que sustituyeron por otro ramo blanco de flores artificiales como parte de los símbolos de la ceremonia. El ministro me aconsejó desarrollar belleza interior, pues la externa se marchita como las rosas.

Pedro habla con claridad a las esposas que tienen esposos no creyentes. Su vida recta y conducta respetuosa puede llevarlos a Cristo. Luego habla a todas las mujeres en general. Nos recuerda que la belleza interior no se desvanece; un espíritu tierno y sereno es precioso a los ojos de Dios. ¿Y cómo se logra? Al confiar en Dios y sujetarnos. ¿Y qué es sujetarse? Pedro lo explica como hacer el bien sin temer ninguna amenaza.

Busquemos ser esas flores eternas que no se marchitan. Nuestra confianza en Dios producirá en nosotros espíritus afables y apacibles. Cuando Él es nuestro "preservante" actuaremos sabiamente con nuestros cónyuges, haciendo lo que es correcto y llevando una vida casta y respetuosa. Una frase de Kate Angell lo expresa así: "La belleza exterior atrae, pero la belleza interior cautiva".

Jesús, quiero agradarte a ti.

MG

28 DE NOVIEMBRE

ÁNGELES HOSPEDADORES

Practiquen la hospitalidad entre ustedes sin quejarse.
1 Pedro 4:9 (NVI)

Iván, de diez años, hijo de Carlos y Lilia, tenía pancreatitis aguda necrosante. El tratamiento exigía un viaje a la Ciudad de México para extirpar lo necrosado. A veces podían quedarse en el hospital durmiendo en una silla, pero otros días tuvieron que guarecerse de la lluvia bajo cartones. Después de un informe médico y casi llorando, Lilia estaba leyendo su Biblia cuando un joven llamado Javier le hizo la plática. Él también era cristiano.

Cuando Carlos llegó, Javier preguntó dónde se hospedaban, y al saber que eran de lejos, les ofreció su casa para descansar. No pensaban aceptar, pero Javier esperó que salieran de la última visita y con algo de comida insistió que llegaran a su casa. Los padres y los hermanos de Javier los recibieron con gusto y durante seis meses fueron una ayuda muy preciosa para ellos. Felizmente, Iván salió del hospital. Carlos cuenta la historia con lágrimas, agradecido por esos maravillosos anfitriones.

Pedro sabía la bendición de hospedar a otros y de recibir hospedaje. Él recibió la hospitalidad de Marta y María en sus años con Jesús, luego de Simón el curtidor y de Cornelio. La Biblia nos invita a hospedar pues Jesús mismo dijo: "Fui forastero, y me recogisteis", (Mateo 25:35, RVR60).

En Hebreos 13:2 el escritor nos dice que debemos hospedar porque quizá podríamos hospedar ángeles, pero Carlos y Lilia consideran que los ángeles fueron Javier y su familia, quienes les ayudaron desinteresadamente. ¿No te gustaría que los que has hospedado hablen de ti como un ángel que el Señor usó para bendecirlos?

Señor, usaré mi casa para bendecir a otros.

YF

29 DE NOVIEMBRE

ESPERANZA

En su bondad, Dios los llamó a ustedes a que participen
de su gloria eterna por medio de Cristo Jesús. Entonces,
después de que hayan sufrido un poco de tiempo...
2 Pedro 5:10 (NTV)

Todo parece perdido en *El último jedi*. La princesa Leia se encuentra inconsciente después de un ataque a su nave, pero dos miembros de su tripulación recuerdan que solía decir: "La esperanza es como el sol. Si solo creyeras en él cuando lo puedes ver, nunca sobrevivirías la noche". Creo que esta frase explica en cierto modo lo que Pedro nos enseña sobre el sufrimiento.

En muchos versículos se nos recuerda que la esperanza de la eternidad con Cristo es fundamental para el creyente. Sam Storms escribe: "La fuerza para soportar el presente sufrimiento es el fruto de meditar en la futura satisfacción". ¿Cómo funciona esto? Los creyentes creemos en que Dios nos ha llamado a participar de una gloria eterna, y opuesto a lo que muchos creen, esto no nos hace olvidar el mundo actual.

Más bien, cuando comprendemos que una gloria celestial vendrá, logramos soportar "un poco de tiempo" el padecimiento presente. Aprendemos a valorar lo eterno y, al darnos cuenta de que las penas de hoy son momentáneas, salimos adelante. ¿Cómo sería si pensáramos en el sufrimiento como algo que solo se prolonga y no tiene fin?

Si hoy estás pasando por dificultades, acuérdate del sol. Aunque la noche más oscura parece interminable, sabes, a ciencia cierta, que las horas seguirán su curso hasta el amanecer. Y una vez que este llegue, ¡verás el sol! Del mismo modo, medita constantemente en las promesas de Dios sobre la eternidad pues son verdad. El Sol de justicia pronto vendrá y este sufrimiento pasajero terminará.

Señor, gracias por la gloria futura que me has prometido.

KO

30 DE NOVIEMBRE

GORDOS ESPIRITUALES

Esfuércense por añadir a su fe, virtud; a su virtud, entendimiento;
al entendimiento, dominio propio; al dominio propio, constancia;
a la constancia, devoción a Dios; a la devoción a Dios,
afecto fraternal; y al afecto fraternal, amor.
2 Pedro 1:5-7 (NVI)

La Universidad de Duke realizó una investigación que arrojó que el 76% de los clérigos cristianos eran obesos o tenían sobrepeso, frente al 61% de la población general. Quizás esto tengo relación con la poca atención al pecado de la gula en los círculos evangélicos, a diferencia de la adicción al alcohol o las drogas. De todas maneras, en la mayoría de los casos revela una falta de dominio propio.

Se ha hablado de otro tipo de gordura. Algunos han descrito como "cristianos gordos" a los que solo escuchan sermones y estudios bíblicos. Reciben alimento espiritual, pero no ejercitan o practican esas enseñanzas. En vez de crecer en estatura, solo engordan.

Pedro no quería que sus lectores fueran ese tipo de creyentes. Los exhortó a esforzarse y añadir otras propiedades a su fe. Muchas de ellas implican la práctica de esa fe en la vida diaria: virtud, dominio propio, constancia, devoción, afecto fraternal y amor, "porque estas cualidades, si abundan en ustedes, los harán crecer en el conocimiento de nuestro Señor Jesucristo, y evitarán que sean inútiles e improductivos" (v. 8, NVI). Un cristiano inútil e improductivo es semejante a uno gordo espiritualmente que no pone en acción su fe.

Sin duda no soy la única que ha luchado con la gula y también con la pereza espiritual. Siempre resulta más fácil recibir sin dar y escuchar sin hacer. Que el Espíritu de Dios nos dé un empujón para que entremos en acción, obedezcamos la Palabra y crezcamos en estatura.

Señor, quiero ser fiel y productiva.

MHM

1RO DE DICIEMBRE

MENSAJES

Pero precisamente por hacer lo malo, una burra lo regañó: le habló
con voz humana, y no lo dejó seguir haciendo esas tonterías.

2 Pedro 2:16 (TLA)

El 8 de junio de 1972, millares de hormigas aladas invadieron la ciudad de Tampico. La llegada de los insectos, del tamaño de una abeja, originó alarma entre la población. Horas después, lluvias torrenciales inundaron la ciudad. ¿Había sido la llegada de las hormigas un aviso de que algo no estaba bien? Se piensa que sí, pero nadie se percató de su mensaje.

La naturaleza se comunica con el hombre, no de manera sobrenatural como la burra de Balaam, sino a través de mensajes que debemos atender e interpretar. Recientemente, los habitantes de Tampico han observado con preocupación la llegada en masa de manatíes a la Laguna del Carpintero. ¿Será otro anuncio?

Los abrevaderos naturales están secos, un jabalí se refresca en una playa en Málaga, donde también los ciervos buscan fuentes de agua en la ciudad. El cambio climático es devastador para todas las especies, incluyendo la raza humana. La quema de combustibles que generan gases de efecto invernadero como el carbón, gasolina, petróleo y gas son las principales causas.

¿Te imaginas llegar un día a tu hogar y encontrarte con que ya no existe? Esto experimentan las aves al regresar a sus nidos y encontrar que los árboles han sido talados. Debemos tomar nuestra responsabilidad individual ante la agresión a nuestro planeta. ¿Qué podrías hacer y dejar de hacer para aportar un granito de arena y mandar un mensajito de amor a estos animalitos y su entorno?

Señor, ayúdame a usar sabiamente los recursos naturales
y cuidar tu creación.

MG

2 DE DICIEMBRE

Tiempo y eternidad

*Además, queridos hermanos, no olviden que para
el Señor un día es como mil años, y mil años como un día.*

2 Pedro 3:8 (DHH)

Interestelar es una película de ciencia ficción en donde un grupo
de científicos y astronautas, para salvar a la humanidad de la
tierra tan contaminada, buscan otro planeta para colonizarlo. El
astronauta Cooper, pasa una hora en el espacio por cada siete
años terrestres. Cuando vuelve a la tierra, él luce como cuando
salió de la tierra, pero su hija es una anciana moribunda.

Aunque ficción, contiene conceptos científicos interesantes, pues
entre más alejado de la gravedad de la tierra estés, el tiempo será
más lento. ¿Y qué es el tiempo? Los científicos no lo pueden explicar. Es uno de los secretos de Dios. Él, como ser omnipresente,
no sólo está en todas partes, sino también en todos los tiempos.

Él puede vivir un día en un segundo y alargar un minuto como
la eternidad porque vive en la eternidad. Por lo tanto, Pedro nos
consuela diciendo que el Señor no es lento para cumplir su promesa. Quizá para los hombres Dios no actúa demasiado rápido,
pero en realidad lo que rige el tiempo de Dios es el amor. ¿Leíste
con cuidado el versículo 9?

Dios es paciente por amor a nosotras pues no quiere que nadie
sea destruido. Desea que todos se arrepientan. Que esta realidad
nos consuele en este día. El reloj de Dios, por así decirlo, no
se para ni se estropea. Sus tiempos son perfectos y difíciles de
comprender, pero su motivación se basa en el amor que tiene por
nosotras. Demos gracias por su paciencia.

Te adoro, Señor del tiempo.

YF

3 DE DICIEMBRE

LUZ EN LA OSCURIDAD

Dios es luz y en él no hay ninguna oscuridad.
Juan 1:5 (NVI)

De niña me daba miedo la oscuridad, pero luego olvidé mis penas hasta que mis hijos empezaron a sufrir del mismo mal. Hoy es común que a medianoche escuche a uno de los dos llamarme a mí o a su papá, temerosos de salir de la cama porque no saben lo que hay por ahí. ¿Qué sospechan que ocultan las sombras? Cucarachas, arañas o monstruos. Y aunque yo sé que exageran, me miro en el espejo y reconozco mis propios miedos.

Temo la oscuridad de la soledad y de la indiferencia. Me espanta pensar que perderé mis ahorros o que una enfermedad terminal pueda sobrevenirme. ¿Acaso no gritamos a medianoche cuando la ansiedad nos domina y la herida de la traición nos traspasa? Sin embargo, Dios es luz.

Juan lo dice con una claridad sorprendente. Este anciano de más de ochenta años, escribiendo a sus hijos espirituales, nos dice con convicción que Dios es luz. Juan, de hecho, conoció y palpó a Jesús, la luz de la humanidad que resplandeció en las tinieblas. Y, aunque las tinieblas lucharon por extinguirla, no lo lograron. Al contrario, esa luz vino a alumbrar a todos los hombres.

He probado colocar pequeñas luces en los pasillos para que mis hijos no tengan miedo, pero la realidad es que en la mayoría de las ocasiones solo mi presencia les consuela. Lo mismo me pasa con Dios. No necesito luces artificiales que tenuemente disipen las tinieblas. Lo necesito a Él, la luz del mundo, para quitar todo indicio de sombras y vivir en victoria. ¿Y tú?

Señor, brilla en mi vida.

KO

4 DE DICIEMBRE

EL CENTRO DE MI VIDA

No amen al mundo ni nada de lo que hay en él.
Si alguien ama al mundo, no tiene el amor del Padre.
1 Juan 2:15 (NVI)

"Amo el chocolate". "Amo los deportes". "Amo a ese actor". Comúnmente escuchamos este tipo de expresiones, que nada tienen que ver con el amor bíblico. Más bien, podría ser copia de una expresión en inglés, cuando en español es más apto decir "me encanta" cuando algo nos gusta mucho.

El verbo griego que se usa aquí se refiere al tipo más trascendental del amor, un amor dispuesto a dar todo. No se refiere a simples gustos o preferencias. No nos está diciendo Juan que nos convirtamos en ermitaños que aborrecen todo lo material y todo contacto humano. Mucho menos quiere decir que dejemos de amar a "todo el mundo", es decir, a los seres humanos.

Aquí encontramos un eco de lo que pasó en el Edén. "Porque nada de lo que hay en el mundo —los malos deseos del cuerpo, la codicia de los ojos y la arrogancia de la vida— proviene del Padre, sino del mundo" (1 Juan 2:16, NVI). Eva vio que el fruto prohibido era bueno para comer, una tentación motivada por los deseos del cuerpo. También el fruto tenía buen aspecto, lo cual incitaba a los ojos. Finalmente, era deseable para adquirir sabiduría, de modo que tocaba el aspecto de la arrogancia de la vida.

En forma resumida, Dios nos dice que el amor de entrega total no debe ser para cosas materiales ni para los deleites mundanos. Él quiere ser el centro de nuestra atención. ¿Nos sentimos atraídas por las cosas en este mundo? Amemos al único que nos da amor sin medida.

Señor, ¡quiero que seas el centro de mi vida!

MHM

5 DE DICIEMBRE

CARA A CARA

Amados, ahora somos hijos de Dios y aún no se ha manifestado lo que habremos de ser. Pero sabemos que cuando Él se manifieste, seremos semejantes a Él porque le veremos como Él es.
1 Juan 3:2 (LBLA)

Grant Tullar disfrutaba de poner música a los poemas. En cierta ocasión, creó una hermosa melodía, pero no estaba muy satisfecho con la letra que le pondría a su composición. Entonces recibió una carta de Carrie Breck que contenía varios poemas que ella había escrito en medio de sus quehaceres y el cuidado de sus cinco hijos. El poema iniciaba: "En presencia estar de Cristo, ver su rostro, ¿qué será?"

El poema encajaba con su melodía y se convirtió en el conocido himno "Cara a cara" tradicionalmente entonado en los funerales cristianos. Su letra expresa de manera hermosa el sentir, de quienes anhelamos e imaginamos lo que será contemplar el rostro de Dios.

David lo expresó así: "En cuanto a mí, en justicia contemplaré tu rostro; al despertar, me saciaré cuando contemple tu semblante" (Salmo 17:15, NBLA). En nuestra vida terrenal, podemos disfrutar de la presencia de Dios. Su Espíritu Santo nos da propósito y las respuestas que necesitamos. Nos brinda refugio y consuelo en medio de la adversidad. Sin embargo, no estamos saciados, necesitamos más; quisiéramos verlo y estar con Él.

Ahora vemos "como en espejo" dijo Pablo, oscuramente, de manera indirecta y "tras oscuro velo". Sea lo que sea que hoy enfrentes, encuentra fortaleza e inspiración en el versículo de hoy y en las palabras de esperanza de Carrie Breck: "Cara a cara espero verle, más allá del cielo azul, cara a cara en plena gloria, he de ver a mi Jesús".

Siento tu mirada aunque no te puedo ver, pero sé que algún día podré conocerte.

MG

6 DE DICIEMBRE

DIOS Y HOMBRE

En esto conoced el Espíritu de Dios: Todo espíritu que confiesa
que Jesucristo ha venido en carne, es de Dios.
1 Juan 4:2 (RVR60)

En un estudio realizado por los ministerios Ligonier se enumeraron cinco falsas enseñanzas que muchos que se dicen cristianos creen: Jesús no es el único camino a Dios, Jesús fue creado por Dios, Jesús no es Dios, el Espíritu Santo no es una persona como Jesús o el Padre, y los seres humanos no pecan por naturaleza. Como puedes notar, tres tienen que ver con la persona de Jesús.

El apóstol Juan dejó la fórmula para saber si estamos errando en una de las doctrinas básicas de nuestra salvación: la persona de Jesús. ¿Cómo saber si todas las personas hablan de parte del Espíritu Santo o son solo guiados por espíritus caídos? Pregúntales de Jesús. ¿Qué piensan de Él?

El enemigo no quiere que nosotros sepamos que Dios puede hacerse hombre para ayudarnos. Juan, en su Evangelio, lo dejó muy claro: "La Palabra se hizo hombre y vino a vivir entre nosotros" (Juan 1:14, NTV). Jesús es el único camino a Dios, pues así lo dijo. Jesús no fue creado por Dios. Es Dios y no tiene ni principio ni fin. Jesús, por lo tanto, es Dios hecho carne.

Si Jesús no es Dios, lo que hizo en la cruz carece de valor y sentido. Por lo tanto, no nos dejemos confundir. Si hemos creído en Cristo como Salvador y le reconocemos como Dios, le pertenecemos. Su espíritu vive en nosotras y por lo tanto podemos conocer a Dios. Ayudemos a otros hablando la verdad para que no se dejen llevar por falsedades.

Señor, ¡yo confieso que eres Dios y hombre a la vez!

YF

7 DE DICIEMBRE

¿Quién me controla?

*Sabemos que somos hijos de Dios, y que el mundo
está bajo el control del maligno.*
1 Juan 5:19 (NVI)

El poema *Invictus* de William Ernest Henley se cita con frecuencia como un canto a la libertad: "Más allá de la noche que me cubre, negra como el abismo insondable, doy gracias al dios que fuere por mi alma inconquistable... No importa cuán estrecho sea el camino, ni cuán cargada de castigos la sentencia, soy el amo de mi destino, soy el capitán de mi alma".

Sin embargo, el apóstol Juan no estaría de acuerdo con la premisa. ¿Por qué? Porque no somos totalmente libres, ni somos el capitán de nuestras almas. La Biblia nos enseña que existen dos reinos, el de Dios y el de Satanás. Aquellos que nos rendimos ante el cetro de justicia de Dios, nos sometemos a Él como siervos y esclavos dispuestos a obedecer.

Los que se niegan a doblegar su voluntad a Dios, entonces se encuentran bajo el control del maligno. Podrán ser exitosos atletas, artistas o ejecutivos, pero viven en esa noche negra, el abismo insondable de la que habla el poema. Y, tristemente, sus almas no son inconquistables. Todo lo contrario, caen presa de vicios, malos hábitos y pecado.

¿La buena noticia? Dios quiere transferirnos de ese reino de oscuridad a su luz admirable. Dios nos ofrece la vida eterna y Jesús nos protege de tal forma que el maligno no podrá tocarnos. No olvidemos la promesa de 1 Juan 5:12: "El que tiene al Hijo, tiene la vida". Pero tampoco pasemos por alto la advertencia: "El que no tiene al Hijo de Dios, no tiene la vida" (NVI).

Señor, te entrego mi alma por propia voluntad. Sé mi capitán.

KO

8 DE DICIEMBRE

¡NO TE DETENGAS!

El que persevera en la doctrina de Cristo, ése sí tiene al Padre y al Hijo.
2 Juan 1:9b (RVR1995)

"Levanta la mano". "Pasa al frente". "Repite esta oración". "Firma y entrega esta declaración". En el evangelismo de nuestros días, a menudo se escuchan este tipo de frases, y se le dice a la persona que responde que ahora es hijo de Dios y tiene asegurada la vida eterna. Sin embargo, aun los grandes evangelistas han descubierto que es muy bajo el porcentaje de personas que "hacen una decisión" en una campaña evangelística y siguen firmes en ese camino.

Billy Graham reconoció en una entrevista que solo el veinticinco por ciento de los que pasaban al frente en sus cruzadas realmente se entregaba a Cristo. Otros estudios recientes revelan que es mucho menor ese número. En muchas ocasiones la gente solo reacciona de forma emocional, o piensa que ya se salvaron del infierno, y no procura conocer a Dios y su Palabra.

En esta epístola, Juan reconoce el valor de los que realmente perseveran en la doctrina de Cristo. La fe verdadera no es "una llamarada de petate", algo que se enciende de forma impresionante pero rápidamente se apaga. Advierte a sus lectores: "Cuídense de no echar a perder el fruto de nuestro trabajo; procuren más bien recibir la recompensa completa" (2 Juan 1:8, NVI). Seguir a Cristo no es hacer una respuesta superficial y momentánea; requiere constancia.

Si diste los primeros pasos de fe, ¡no te detengas! Si has llevado a una amiga a los pies de Cristo, ayúdala a crecer en esa fe. La perseverancia en Cristo da frutos eternos.

Señor, quiero ser constante y conocerte cada día más.

MHM

9 DE DICIEMBRE

UNA VIDA EQUILIBRADA

Amado, yo deseo que tú seas prosperado en todas las cosas,
y que tengas salud, así como prospera tu alma.

3 Juan 1:2 (RVR60)

La mayoría de las personas en el mundo postmoderno se afanan día tras día por alcanzar lo que se conoce como "las cinco Ps": prosperidad, posición, poder, prestigio y placer. Ron Jenson en su libro *Cómo alcanzar el éxito auténtico* nos advierte que estas metas por sí mismas no son buenas ni malas, sino neutras. La clave es lograr un equilibrio.

El deseo y oración de Juan, escritor de esta carta, era que Gayo tuviera un bienestar integral y una vida equilibrada. Menciona la esfera material, su salud física y el área espiritual. No tiene nada en contra de la prosperidad material, de hecho le desea éxito en todas las cosas, incluyendo su cuerpo y su relación con Dios.

Adinerados cantantes de rock han muerto por sobredosis de drogas queriendo llenar un vacío interior. Influyentes políticos han fracasado en su carrera a causa de su inmoralidad o corrupción. Tienen muy altas calificaciones en un área de su vida pero reprueban en otras. Las personas con mayor estabilidad son las que tienen un buen promedio general pues alcanzan notas aceptables.

Muchos ignoran el área más importante de todas: la espiritual o la "prosperidad del alma" como lo dice Juan. Una frase dice: "El que no tiene a Dios, aunque tenga todo, no tiene nada". El materialismo o la falsa espiritualidad son extremos en los que es mejor no caer. Por eso, tratemos de prosperar en todas las cosas, trabajemos, aprendamos y vivamos en integridad.

Señor, ayúdame a vivir sabiamente y prospera todos mis caminos.

MG

10 DE DICIEMBRE

¡CUIDADO!

Porque algunos hombres han entrado encubiertamente, los que desde antes habían sido destinados para esta condenación, hombres impíos, que convierten en libertinaje la gracia de nuestro Dios, y niegan a Dios el único soberano, y a nuestro Señor Jesucristo.

Judas 4 (RVR60)

¿Has leído las contraindicaciones que incluyen los medicamentos? Nos resulta fácil abrir la caja y tomarnos dos pastillas sin leer el pequeño papelito que nos advierte del mal uso del medicamento o sus posibles efectos secundarios. Del mismo modo, solemos pasar por alto epístolas como la de Judas.

Judas, el hermano de Jesús, empezó a escribir una carta para los cristianos de su época. Había pensado hablar sobre la salvación, pero decidió hablar de otra cosa: la infiltración de falsos maestros en las iglesias. Judas expone a estos maestros que solo engañan y lastiman, pues quería que los creyentes los pudieran detectar claramente.

Señala su inmoralidad y perversión, su negación de Jesús como Dios, su interés monetario más que espiritual, e incluso los compara con Balaam, Caín y Coré. Seguramente los creyentes se quedaron un poco preocupados. Entonces Judas los tranquiliza y a nosotras también: Dios se encarga de evitar que caigamos. Su propósito es que lleguemos a Él sin mancha y con gran alegría. ¡Y eso hará!

Haremos bien en conocer el contenido de esta carta para detectar a los falsos maestros, pero dediquemos nuestro tiempo a edificarnos unos a otros, a orar en el poder del Espíritu y a esperar la misericordia de Dios. Aprendamos de las advertencias y no las pasemos por alto, pero confiemos que Dios nos librará del error. ¡Que toda la gloria sea solamente para Él!

No me dejes caer, Señor.

KO

11 DE DICIEMBRE

DE LA "A" A LA "Z"

Yo soy el Alfa y la Omega, principio y fin, dice el Señor,
el que es y que era y que ha de venir, el Todopoderoso.
Apocalipsis 1:8 (RVR60)

Nadie sabe realmente quién decidió el orden de las letras en el alfabeto. Desde los fenicios en adelante, no se ha titubeado en poner la "b" antes de la "c"; solo se han añadido sonidos en diferentes idiomas. Lo cierto es que cualquier cosa conocida por el hombre tiene un nombre. Y todo nombre usa alguna letra del alfabeto.

Del mismo modo se presenta Jesús. Él abarca desde la primera letra hasta la última de cualquier alfabeto. No hay nada que Él no sepa o no comprenda. Además, no tiene principio ni fin. Él siempre ha sido y será. Tres veces en esta porción nos repite su posición como el primero y el último.

Esta descripción seguramente animó a los creyentes del primer siglo que recibieron esta carta. Se encontraban viviendo fuertes persecuciones a manos de los romanos; sus fuerzas flaqueaban y seguramente el desánimo los cubría. Entonces Juan recibe una visión, no de Jesús en la cruz, sino del Jesús resucitado y en gloria, "refulgente como un horno" (v. 15, RVR60) y "como el sol cuando resplandece en su fuerza" (v. 16, RVR60).

Esta imagen debería tener el mismo impacto en nosotros. Si viéramos a Jesús en estos instantes en toda su gloria, caeríamos como muertos a sus pies. Meditemos este día, en medio de las prisas y los problemas, en que tenemos un Dios grande y poderoso, que abarca todo nuestro concepto de tiempo y que nada escapa de su saber. El Dios de la "a" a la "z" nos ama profundamente.

Señor, gracias por revelarte, y por haberme amado y lavado
de mis pecados.

KO

12 DE DICIEMBRE

ENFOQUE "SÁNDWICH"

Has sufrido, y has tenido paciencia, y has trabajado arduamente
por amor de mi nombre, y no has desmayado.
Apocalipsis 2:3 (RVR1960)

¿Te acuerdas cuando hacíamos algo malo y de inmediato nuestros padres o nuestros maestros señalaban la falta? Muchos crecimos con la impresión de que todo lo hacíamos mal, lo que afectó nuestras actitudes y estudios. Hoy los pedagogos recomiendan hacer correcciones tipo sándwich o emparedado: mencionar algo positivo que están haciendo bien, luego el comportamiento que debe cambiar, y al final otro comentario positivo, acompañado de un "gracias".

Un ejemplo para una chica que no está participando en la clase sería: "Camila, qué bien que ya abriste tu libro. ¿Podrías buscar la página 40 y leer la primera frase? Gracias". La misma técnica se puede usar con nuestros hijos u otras personas que podrían ser sensibles a un comentario que consideran una crítica. Si esas palabras están rodeadas por cumplidos, el golpe es menos molesto.

Lo mismo hizo Jesús con los de Éfeso. Tendemos a pensar en sus faltas sin fijarnos en todo lo encomiable que se incluye aquí. Dios elogia su trabajo, su rectitud doctrinal y su persistencia. También observa que han tenido paciencia, han trabajado arduamente y no han desmayado. Ciertamente algo se debe cambiar: han dejado su primer amor. Pero unas frases después, aparece la tapa del emparedado: han rechazado la herejía de los nicolaítas.

¿Quieres que alguien modifique su comportamiento? Considera este enfoque de ensalzar las acciones y actitudes positivas de una persona antes y después de mencionar la corrección recomendada. Y no olvidemos el ejemplo de los efesios. Seamos pacientes, trabajadores, sin jamás dejar nuestro primer amor.

Gracias, Señor, por ayudarme a motivar a los demás.

MHM

13 DE DICIEMBRE

DEFENDIENDO LA CORONA

Yo vengo pronto. Aférrate a lo que tienes,
para que nadie te quite tu corona.
Apocalipsis 3:11 (NTV)

La historia nos enseña que los reyes debían defender sus coronas. Siempre había un familiar, un enemigo o un traidor dispuesto a arrebatarles el trono. Vivían siempre con el temor de perder el cetro que habían heredado de sus padres o que habían conseguido por medio de la guerra.

Los campeones de fútbol, de box o de tenis también tienen que defender su corona, ya que la pierden cuando son vencidos por su contrincante. La Biblia dice que después del juicio final, los creyentes recibirán coronas como recompensa en diversos aspectos de su fidelidad. Leemos de la corona incorruptible, la corona de la justificación, la corona de la vida, la corona de gloria y la corona del regocijo.

Según lo expresado en el versículo de hoy, los hijos de Dios también tenemos que defender nuestra corona. ¿Cómo podemos aferrarnos a ella? No cediendo nuestro lugar a otro. Siendo fieles en el ministerio que Dios nos ha dado. Ejerciendo los dones que tenemos. Sirviendo con amor, amando su venida y si es necesario incluso padecer por Jesús para predicar el evangelio.

En ocasiones se nos hace fácil abandonar nuestro ministerio en la iglesia y nos cansamos de servir. Tenemos que permanecer fieles y constantes. Si deseamos galardón, debemos ser intencionales al respecto. No cedas a otro la bendición de servir en tu lugar. Cuando dejas vacante tu sitio, lo que estás descuidando en realidad pudiera ser tu corona. ¡Defiéndela! Será esa corona la que pondrás a sus pies cuando estemos en gloria.

Señor, quiero aferrarme al ministerio que me has dado y a ti.

MG

14 DE DICIEMBRE

DIOS INDESCRIPTIBLE

Y el aspecto del que estaba sentado era semejante a piedra
de jaspe y de cornalina; y había alrededor del trono
un arco iris, semejante en aspecto a la esmeralda.
Apocalipsis 4:3 (RVR60)

Seguramente has visto alguna foto de la Venus de Milo, una de las estatuas más famosas de la antigua Grecia que representa a la diosa del amor. Si le pidieras a un niño que dibujara a Afrodita, solo bastaría que dijeras: "Pinta a una bella mujer". En cuanto al dios egipcio Ra indicarías que tiene el cuerpo de un hombre y la cabeza de un halcón. El dios indio Vishnu tendría cuatro brazos y sería de color azul.

Pero ¿qué harías si alguien te pide pintar al Dios en el que creemos? ¿Cómo podemos describirlo? Juan se topa con esta disyuntiva al subir al cielo en una visión. Con facilidad describe tronos y ángeles, ancianos y trompetas. Pero en cuanto a Dios, solo puede usar estas palabras: "semejante a", "como...", "parecido a".

De hecho, la misma descripción aparece en Ezequiel 1:26-28. Y el profeta tampoco logra describir a Dios salvo con las mismas expresiones de Juan: fuego, truenos, resplandor, esmeraldas, arco iris y piedras preciosas. No hay palabras en el lenguaje humano para describir la gloria del Señor. Tenemos un Dios indescriptible.

¿Cómo reaccionas ante algo indescriptible y magnífico? Con adoración. Esto hicieron los ancianos y debemos hacerlo nosotras también. Cantemos hoy: "Santo, santo, santo es el Señor" y "tú eres digno, nuestro Dios, de recibir gloria y honor y poder". No olvidemos que está sentado en su trono, símbolo de que todo está bajo su control, incluidas nuestras vidas.

Señor, tú eres el motivo de mi canción.

YF

15 DE DICIEMBRE

¿PÚBLICO O INTÉRPRETE?

Y cantaban un nuevo cántico diciendo: Digno eres de tomar el libro
y de abrir sus sellos; porque tú fuiste inmolado, y con tu sangre nos
has redimido para Dios, de todo linaje y lengua y pueblo y nación.
Apocalipsis 5:9 (RVR60)

Cuando contemplo una de las danzas de Elisa Carrillo, la mejor bailarina mexicana de la actualidad, me parece que improvisa. Sin embargo, sé que detrás de sus movimientos hay horas de práctica. Por eso, los bailarines de ocasión no logramos tanta gracia cuando solo nos dedicamos a dar unos pasos en eventos especiales.

Tristemente, los domingos vamos a la iglesia para improvisar. Asistimos para tener una experiencia o para formar parte del público como si fuéramos a un concierto ¡pero lo tenemos todo mal! En Apocalipsis 5 el Cordero es el centro de la adoración. Como dijo Soren Kierkegaard: "En la adoración, Dios es el público. La congregación es el artista".

No debemos ir el domingo a la iglesia para recibir, sino para dar. Se trata de declarar junto con otros que solo Jesús es digno de tomar el poder, las riquezas, la sabiduría, la fortaleza, la honra, la gloria y la alabanza. Toda la semana deberíamos pensar y meditar en quién es Jesús y qué ha hecho por nosotras. Así, podemos llegar el domingo con muchos ensayos para realmente adorar.

Cuando Elisa termina una de sus danzas no se pregunta: "¿Qué obtuve de todo esto?". Del mismo modo, el domingo deberíamos preguntarnos: ¿qué le dimos a Dios?, más que decidir si el servicio nos gustó o no. ¿Quién es el centro de adoración en nuestras iglesias? ¿Qué lugar ocupamos nosotras? Revisemos que todo esté en su lugar.

Señor, toda la adoración es para ti, el único digno de abrir el libro
y sus sellos.

KO

16 DE DICIEMBRE

FE INAMOVIBLE

Mientras yo miraba, el Cordero rompió el sexto sello,
y hubo un gran terremoto.
Apocalipsis 12a (NTV)

Cuando yo era estudiante hubo un temblor que causó grandes daños en muchos pueblos del estado de Puebla, México. Yo me encontraba de visita en uno de ellos y cuando el movimiento telúrico nos despertó en la madrugada, salimos asustados. La casa era de adobe y tenía grandes grietas. Muchas casas estaban destrozadas y en el templo católico se habían caído una torre y una imagen reverenciada.

De alguna manera, logré agarrar mi Nuevo Testamento con Salmos al salir. Yo no conocía bien la Biblia, pero Dios me permitió encontrar el Salmo 46:1-2: "Dios es nuestro amparo y fortaleza, nuestro pronto auxilio en las tribulaciones. Por tanto, no temeremos, aunque la tierra sea removida, y se traspasen los montes al corazón del mar" (RVR60). Pude tranquilizar a los demás y recordarles que Dios seguía en su trono.

En momentos de angustia, como en desastres naturales, la gente tiende a pensar en Dios y en su juicio. Algunos se acercan a Él como resultado. En Apocalipsis, se habla de un gran sismo que hace que la gente se esconda en cuevas, "porque ha llegado el gran día de su ira, ¿y quién podrá sobrevivir?" (v. 17, NTV), pero tristemente no hay muestras de arrepentimiento.

Aprovechemos los tiempos de aflicción y temor para compartir la paz que nos da el Señor. Dios sigue siendo nuestro amparo y nuestra fortaleza. Los terremotos, huracanes y tornados seguirán siendo parte de la vida, pero Dios jamás dejará de ser nuestro lugar seguro cuando en Él confiamos.

Padre, muestra tu faz en medio de la angustia.

MHM

17 DE DICIEMBRE

LÁGRIMAS

Pues el Cordero que está en el trono será su Pastor.
Él los guiará a manantiales del agua que da vida.
Y Dios les secará cada lágrima de sus ojos.

Apocalipsis 7:17 (NTV)

La leyenda de la Llorona existe en casi todos los países conquistados por España. En México, los cronistas de la época relatan la historia de una mujer vestida de blanco y con la faz cubierta por un velo. Al campanazo de las doce, peregrinaba flotando y dando lastimosos gritos diciendo: "¡Ay, mis hijos!".

La mayoría de las personas hemos llorado con mucho sentimiento en alguna ocasión. Recuerdo que cuando yo era pequeña y por alguna razón me sentía compungida, corría hacia la casa de mi abuelita que estaba junto a la nuestra. Sabía que ella enjugaría mis lágrimas, me abrazaría y yo me sentiría reconfortada.

Podemos derramar lágrimas de gozo y de tanto reír; pero también lloramos de dolor, pérdida, rechazo, soledad o una enfermedad. Como "La Llorona", nos lamentamos por los hijos que a veces nos desilusionan o hieren pues la vida no es perfecta aquí en la tierra. ¡Cuánto más no habrán llorado los lectores iniciales del Apocalipsis que sufrían de una terrible persecución! Pero la promesa de este versículo nos alienta.

Cuando lleguemos al hogar celestial, el Cordero, experimentado en quebranto, secará cada una de nuestras lágrimas; las de dolor, las de desprecio, frustración y todo aquello que las hizo salir. Cual amoroso Pastor nos guiará a lugares de delicados pastos, a manantiales de agua de vida, donde confortará nuestras almas, y nuestros corazones rebozarán de gozo en la casa del Padre, donde viviremos por siempre.

Tú conoces mis suspiros y mis lágrimas; eres mi Consolador.

MG

18 DE DICIEMBRE

LAS TROMPETAS

Los siete ángeles que tenían las siete trompetas
se prepararon para tocarlas.
Apocalipsis 8:6 (DHH)

La trompeta es uno de los instrumentos musicales más antiguos de la humanidad. Ha sido usada para rituales o celebraciones, para reunir a un ejército, comenzar una guerra, o para anunciar la victoria o la retirada en una batalla. Antes del dominio de los metales, eran hechas de cuernos de animales, cañas de bambú o caparazón de moluscos.

Entre los hebreos, se fabricaron con los cuernos de animales limpios como el carnero, la cabra, el antílope o la gacela y le dieron el nombre de "shofar". En la celebración del nuevo año, el shofar se tocaba cien veces para recordar la victoria contra Sísara, pues el lamento de su madre en Jueces 4 tienen noventa y nueve letras en hebreo. Por eso, a ese día también se le llama el "Día de las Trompetas".

Este pasaje de Apocalipsis nos habla de un "Día de Trompetas" que no será de júbilo ni de celebración. No sé cuántos sonidos dará cada una de las trompetas que anunciarán los castigos de los últimos días de la tierra, pero hasta los ángeles lamentarán que suenen por los inmensos sufrimientos que tendrán los seres humanos que han rechazado al Cordero y que tienen la marca de la bestia.

Entre los que amamos, hay personas que no han creído en el Señor Jesucristo. Pidamos al Señor que los rodeé de su gracia y que crean en Él para que no pasen por esos sufrimientos. Que, en lugar de escuchar las trompetas del juicio, escuchen la trompeta que anunciará que Dios viene por los suyos.

Señor, te pido por mis amados que no te conocen. Rodéales de tu gracia.

YF

19 DE DICIEMBRE

TODAVÍA HAY OPORTUNIDAD

*Esa gente no se arrepintió de sus asesinatos ni de su
brujería ni de su inmoralidad sexual ni de sus robos.*
Apocalipsis 9:21 (NTV)

"Perdón", le dijo a su hermanito, pero sus labios se curvaron lige-
ramente y supe que no estaba realmente arrepentida. ¿Podemos
fingir el arrepentimiento? En Apocalipsis 9 leemos una historia
triste y deprimente. Las langostas dañan a las personas y pican
como escorpiones durante cinco meses. Luego cuatro ángeles
matan a la tercera parte de la población mundial. El fuego, el
humo y el azufre ardiente destruyen y aniquilan.

"Sin embargo", nos cuenta el narrador, "los que no murieron en
esas plagas aun así rehusaron arrepentirse de sus fechorías y volverse a Dios" (v. 20, NTV). Esta gente prefirió sus ídolos y eligió
rechazar a Dios. Esta historia, lamentablemente, no solo ilustra
el futuro, sino el presente. A pesar de las calamidades que nos
vienen, muchas de ellas producto de nuestros vicios, pecados y
malas decisiones, elegimos no tomar en cuenta a Dios.

Me parece que una de las razones recae en que no nos sentimos
culpables. Cuando hablé con mi hijita sobre lo que había ocurrido con su hermano, noté que ella no consideraba su acción como
errónea. Tuve que mostrarle cómo sus hechos habían generado
dolor. Cuando lo entendió, su expresión cambió de inmediato.

Uno de los problemas en nuestro mundo es que ya no llamamos
malo a lo malo. Aun así, en el fondo, sabemos lo que está mal.
Por lo tanto, si no nos hemos arrepentido, hagámoslo. Después,
oremos por los muchos corazones endurecidos que nos rodean.
Todavía tenemos la oportunidad de cambiar y seguir a Dios. ¡No
la desperdiciemos!

Señor, muéstrame mi pecado.

KO

20 DE DICIEMBRE

MENSAJE AGRIDULCE

Tomé el librito de la mano del ángel y lo devoré, y fue en mi boca dulce como la miel; y cuando lo comí, me amargó las entrañas.
Apocalipsis 10:10 (LBLA).

Los mexicanos son famosos por combinar sabores contrastantes, que pueden causar extrañeza en personas de otros países. Lo dulce, lo ácido y lo picante se combinan en varios caramelos. Además, la salsa conocida como *mole* tiene una combinación de chocolate y plátano macho con una variedad de chiles y especias.

La cocina china también presume de varios platillos agridulces. En otros países, se empiezan a comercializar algunas barras de chocolate con una pizca de picante. Estos sabores tienden a confundir el paladar en la primera degustación, pero algunas personas se acostumbran a las combinaciones inesperadas.

El ángel de Apocalipsis 10 ofrece al apóstol Juan un pequeño libro ¡y le dice que lo coma! Al hacerlo, descubre que sabe "dulce como la miel" (v. 12) en su boca pero amargo en su estómago. Esto nos recuerda al rollo que Dios envió al profeta Ezequiel a comer, junto con el mandato de hablar al pueblo de Israel. También le supo dulce, pero supo que muchos rechazarían su mensaje, lo cual resultó agrio. En ambos casos se entiende que estos hombres de Dios tenían que recibir y "digerir" la Palabra de Dios para predicarla, pero junto con la gracia que ofrece el Señor, viene la amargura del juicio.

La Palabra combina sabores: la amarga realidad del pecado del hombre impenitente y la dulzura de un Dios misericordioso. Reconozcamos estas verdades y procuremos comunicar a otros la posibilidad de recibir esa gracia que es tan dulce como la miel.

Señor, quiero digerir bien tu Palabra para poderla comunicar.

MHM

21 DE DICIEMBRE

PRESENTE E INMERSO

*Diciendo: Te damos gracias, Señor Dios Todopoderoso,
el que eres y que eras y que has de venir, porque
has tomado tu gran poder, y has reinado.*
Apocalipsis 11:17 (RVR60)

La realidad virtual (RV) se refiere a un entorno de escenas y objetos simulados de apariencia real. Se genera mediante tecnología informática que crea en el usuario la sensación de estar inmerso en ese entorno por medio de un Head-Mounted Display (HMD), un dispositivo de visualización parecido a un casco o a unas gafas.

La sensación de estar presente e inmerso en un entorno se realiza mediante sistemas que tienen visión estereoscópica, múltiples pantallas con alta resolución y calidad de audio. Imagina que te encuentras conectado a un equipo como estos y empiezas a interactuar en una experiencia llamada "Apocalipsis". Ahora te llamas Juan y se te empiezan a presentar impactantes imágenes.

Escuchas fuertes voces y aparecen seres vivientes, ángeles y dragones. Después de oír una trompeta, se abre el cielo de Dios y puedes ver el arca del pacto, esa que nadie encuentra. Luego salen relámpagos, rugen truenos y cae una tormenta de granizo. Puedes incluso escuchar lo que veinticuatro ancianos postrados dicen.

Después de declarar dos de los atributos más profundos de Dios, su eternidad e inmutabilidad, nos recuerdan que Dios ya ha comenzado a reinar. ¡Qué gran noticia! ¿Cómo no vamos a dar gracias a Dios porque Dios está en control de todo? ¿Cómo no doblegarnos ante el que juzga y recompensa a los que temen su nombre, desde el menos importante hasta el más importante? Acompañemos este día a los veinticuatro ancianos diciendo: gracias.

El mundo es tu reino, Señor.

MG

22 DE DICIEMBRE

OTRA VISIÓN DE LA NAVIDAD

Y fue lanzado fuera el gran dragón, la serpiente antigua,
que se llama diablo y Satanás, el cual engaña al mundo entero;
fue arrojado a la tierra, y sus ángeles fueron arrojados con él.
Apocalipsis 12:9 (RVR60)

¿Qué imágenes tienes cuando piensas en la Navidad? Seguramente visualizas un pesebre, un bebé y una estrella. Pero ¿cómo vio el cielo la Navidad? El capítulo de hoy nos da una visión tras bambalinas. Comienza con una mujer con una corona de doce estrellas que representa a Israel. La mujer está embarazada y empieza con dolores de parto.

Entonces, surge del cielo un gran dragón rojo, y cuando la mujer está a punto de dar a luz, el dragón está listo para devorar al bebé. ¿Y a quién dio a luz esta mujer? A uno que gobernará todas las naciones con vara de hierro. A Jesús. Entonces, al dragón le arrebatan al niño y lo llevan hasta su Dios y su trono.

Si recordamos los Evangelios, veremos que muchos trataron de terminar con ese bebé. Sin embargo, Dios cuidó de su Hijo. La Navidad, en otras palabras, marcó el principio de una guerra en el cielo y aunque no la vemos, lo que sucede en ambas esferas influye tanto en la tierra como en el cielo.

Lo cierto es que el gran dragón será vencido; el acusador caerá. Como dice nuestro texto, él sabe que le queda poco tiempo y por lo tanto ha declarado la guerra contra los que obedecen a Dios y se mantienen firmes en su testimonio de Jesús, pero no tengamos miedo. Mayor es el que está con nosotros. ¡Él nos defenderá! Esta Navidad, recordemos esta escena de victoria y demos gracias por una salvación tan grande.

Señor Jesús, ¡sé mi Señor y líbrame del gran dragón!

KO

23 DE DICIEMBRE

ADORACIÓN ERRÓNEA

Y adoraron a la bestia todos los que pertenecen a este mundo cuyos
nombres no estaban escritos en el libro de la vida antes de la creación
del mundo, el libro que le pertenece al Cordero, que fue sacrificado.
Apocalipsis 13:8 (NTV)

Me encontraba delante de una prenda de marca, o que parecía serlo. Entonces una amiga me ayudó a observar con atención. El logo no coincidía totalmente con el auténtico. La calidad del tejido no concordaba con el original. De hecho, me mostró una aplicación que identifica los productos verdaderos de las imitaciones. El precio del producto no original se apegaba más a mi economía.

Sin embargo, así como existen copias falsas de libros y ropa, bolsos e incluso medicamentos, también nos rodean charlatanes religiosos. En este capítulo, se nos habla de dos bestias que recibirán poder de parte del dragón. ¿Y qué los distinguirá? Milagros asombrosos con los que engañarán al mundo.

De hecho, esto no solo sucederá en el futuro, sino que hoy día muchas personas se dejan influenciar por supuestos seguidores de Jesús que buscan más bien llenar sus bolsillos o expandir su círculo de influencia. Imitan lo más que pueden a los verdaderos creyentes. ¿Y cómo saber si alguien que dice amar a Dios realmente no lo hace?

Así como mi amiga me enseñó cómo distinguir un producto original de uno falso, existen pruebas. Quizá la principal se resume en quién es Jesús para esa persona. Los falsos maestros jamás aceptarán y adorarán a Jesús como Dios. Siempre habrá un cuestionamiento a su deidad y su humanidad, o a su rol como Salvador. Otras pruebas son si buscan dar la gloria a Dios o si están dispuestos a morir por Jesús. No te dejes engañar.

Señor, líbrame de caer en el engaño de aquellos que no te siguen.

KO

24 DE DICIEMBRE

MÁS QUE UN HUMILDE CORDERO

Luego vi al Cordero de pie sobre el monte Sion,
y con él había 144.000 que tenían el nombre del Cordero
y el de su Padre escrito en la frente.
Apocalipsis 14:1 (NVI)

El día de hoy millones de cristianos en todo el mundo recuerdan el nacimiento del Hijo de Dios. Se vuelve a contar esa historia de Dios encarnado como un bebé indefenso. Nacido en un humilde pesebre, estaba privado de la gloria de su Padre celestial. En México, muchos católicos acostumbran "arrullar al Niño Dios" en Nochebuena, pero no siempre lo relacionan con el mismo Jesucristo que vivió, murió y resucitó por nosotros.

Podemos recordar que uno de los nombres de Cristo es el Cordero de Dios, ese ser indefenso e inocente que murió como el cordero pascual de los judíos, para la salvación de todo el que confíe en Él.

En su vida terrenal, Jesús no encajaba con la imagen que tenían los israelitas del Mesías. No era guerrero ni conquistador. No se sublevó contra los opresores romanos. Murió sin defenderse y sin pedir a su Padre que enviara ángeles a salvarlo. Pero el Cristo de Apocalipsis, aun siendo el Cordero de Dios, vendrá con poder, como juez y vencedor, con una corona de oro en la cabeza y en mano una hoz afilada.

Así como en su primera venida, una inmensa multitud de ángeles alabó a Dios en esta ocasión, un coro de 144,000 redimidos cantará al Cordero. Todo eso hubiera sido imposible si no fuera por la vida obediente de Jesús, hasta la muerte por ti y por mí. Esta Navidad, recordemos que el humilde cordero nacido en Belén un día vendrá a reinar por siempre y para siempre.

Gracias, Señor, por venir a este mundo por amor a nosotros.

MHM

25 DE DICIEMBRE

SOL DE JUSTICIA

Y escuché una voz que salía del altar y decía: "Sí, Señor Dios Todopoderoso, estos castigos son correctos y justos".
Apocalipsis 16:7 (TLA)

Navidad es una palabra derivada del latín *nativitas* que significa nacimiento. En esta fecha, los cristianos celebramos de manera especial el nacimiento de Jesús. Tradicionalmente exclamamos "¡Feliz Navidad!". Actualmente, para no ofender a quienes no la celebran, se está sustituyendo por "¡Felices fiestas!".

Sin embargo, detrás de la comida tradicional y las costumbres familiares quizá ocultamos batallas de desilusión, traición y dolor que nos roban la felicidad. Podríamos estar luchando contra el cáncer o el desempleo. ¿Puede la Navidad ser feliz cuando el esposo se ha marchado o el hijo se rebela a la autoridad?

La porción bíblica de hoy menciona dos temas importantes: la justicia de Dios y la falta de arrepentimiento del hombre en relación con eventos futuros. Parece que el rechazo del hombre hacia Dios no cambiará en unos años. Lo que sí cambiará es que el Rey que nació en un humilde pesebre ahora está sentado en el trono y hará justicia. El justo se beneficiará de la justicia, pero el malvado recibirá su merecido castigo.

"Sus castigos son correctos y justos", y esta verdad aplica también para nosotros hoy. No tenemos que pelear nuestras batallas. Él lo hará y con justicia. Que en estas fechas tu corazón se llene de amor. Dios peleará por ti. El mismo mensaje para los israelitas que temblaban frente al mar Rojo es para nosotras hoy: "Jehová peleará por vosotros, y vosotros estaréis tranquilos" (Éxodo 14:14, RVR60).

Padre, gracias por tu justicia y amor. En ti estoy tranquila.

MG

26 DE DICIEMBRE

LLAMADOS, ELEGIDOS Y FIELES

Pelearán contra el Cordero, y el Cordero los vencerá,
porque él es Señor de señores y Rey de reyes; y los que están
con él son llamados y elegidos y fieles.
Apocalipsis 17:14 (RVR60)

Muchos piensan que el rey Arturo de Inglaterra es un personaje de leyenda, mientras que otros creen que realmente existió. Se dice que cuando Arturo llegó a ser rey, estableció la paz por toda Inglaterra y fue un ejemplo de justicia y generosidad. Invitó a los más leales, honestos y valientes caballeros a formar parte de su equipo de gobierno formando así la Orden de la Mesa Redonda.

Tenía que ser redonda para que no hubiera una cabecera y todos fueran considerados iguales. Esa mesa tenía un "asiento peligroso" que nadie podía ocupar a menos que fuera capaz de conseguir el Santo Grial. Uno tenía que lograr algo para ocupar ese puesto. Se podría decir que los caballeros de la Mesa Redonda eran "llamados, elegidos y fieles" por y al rey Arturo, pero la mayoría falló. Muchos lo traicionaron.

El ejército del Cordero, por el contrario, cuenta con otro tipo de guerreros. Ellos no lo eligen, sino que Dios mismo lo hizo antes de la fundación del mundo. El llamamiento, además, no depende de encontrar un grial, sino de aceptar la sangre del Cordero como medio de salvación. Además, son fieles, no porque nunca fallen, sino porque Dios mismo está haciendo en ellos la obra de perfección.

¡Qué privilegio formar parte de esta orden de excelencia! Si bien en la guerra contra Dios hay enemigos poderosos, el ejército del Cordero tendrá la victoria. Qué bendición hemos recibido al ser llamadas, elegidas y fieles. Vivamos rectamente como representantes del mejor ejército del universo.

¡Qué sea yo fiel a ti, Señor!

YF

27 DE DICIEMBRE

LA GRAN CAÍDA

La sangre de los profetas y de pueblo santo de Dios corrió en tus calles, junto con la sangre de gente masacrada por todo el mundo.

Apocalipsis 18:24 (NTV)

Mi corazón sufre cada vez que leo sobre la trata de personas, las injusticias o los genocidios. A final de cuentas, muchas de estas perversidades surgen porque la gente quiere más dinero. En la venta de pornografía hay ganancias, y parece que nuestra sociedad provee muchas guaridas para los pederastas, los asesinos y los estafadores.

Sin embargo, el capítulo de hoy nos habla de una esperanza real. Un día la gran Babilonia, esa cueva de maldad donde se impulsa a la inmoralidad y a los excesos, caerá para siempre para nunca levantarse más. Los comerciantes del mundo lo lamentarán. Los que se enriquecieron a causa de ella clamarán.

Sin embargo, también habrá alegría porque, finalmente, Dios la juzgará de un modo tajante y total por amor a su pueblo, sus apóstoles y profetas. Pues ha sido ella, esa ciudad que ama al dinero y la injusticia, la que ha hecho correr por sus calles la sangre de inocentes, de niños, de mujeres, de hombres y de ancianos, de creyentes y de siervos de Dios.

Mientras no llegue ese día, sigamos luchando contra este sistema de comercio, tráfico y pecado. Gocémonos en las pequeñas victorias que rescatan a muchos de este infierno. Pero, en las horas oscuras, recordemos que habrá justicia y un día todo eso se irá para siempre. "Será consumida por el fuego, porque el Señor Dios, quien la juzga, es poderoso" (v. 8, NTV).

Señor, gracias porque tu justicia reinará.

KO

28 DE DICIEMBRE

¡Aleluya!

*Después oí voces como el rumor de una inmensa multitud,
como el estruendo de una catarata y como el retumbar
de potentes truenos, que exclamaban: "¡Aleluya!"*
Apocalipsis 19:6 (NVI)

Hace años, en un viaje a Brasil, mi esposo tuvo la oportunidad de conocer las cataratas de Iguazú. Ante la vista imponente de ese poderoso flujo de agua, el impacto del chorro que lo empapaba y el rugido constante, elevó su voz para cantar el himno "Cuán grande es Él". El gran clamor ahogaba sus palabras mientras caían lágrimas de gozo de sus ojos. Desde entonces he querido conocer ese prodigio.

Un total de 275 saltos componen las cataratas, y el más alto y de mayor caudal mide ochenta metros. Han sido nombradas una de las siete maravillas del mundo. Aparte de la belleza y el poder de la naturaleza, una de las experiencias que más me ha impactado para sentir la piel de gallina por la presencia de Dios ha sido cantar en un coro de 300 voces. Al alabar a Dios, ¡sentí una probadita del cielo!

Cerca del final de Apocalipsis, Juan relata cómo escuchó un tremendo coro "como el rumor de una inmensa multitud, como el estruendo de una catarata y como el retumbar de potentes truenos" (v. 6, NVI). Su mensaje empezaba de esta manera: "¡Aleluya! Ya ha comenzado a reinar el Señor, nuestro Dios Todopoderoso. ¡Alegrémonos y regocijémonos y démosle gloria!" (v.7 , NVI). La ocasión: las bodas del Cordero con su novia, preparada de lino fino.

¡Cuán impresionante será estar presentes en aquel momento! Y nosotras participaremos como parte de la Iglesia, la novia de Cristo. Tomemos unos momentos para alabar a Dios por su poder, su magnificencia y su gran obra de salvación.

Te alabo y te adoro, ¡Dios majestuoso!

MHM

29 DE DICIEMBRE

¡PRESENTE!

*Y vi a los muertos, grandes y pequeños, de pie ante Dios;
y los libros fueron abiertos, y otro libro fue abierto, el cual
es el libro de la vida; y fueron juzgados los muertos por las cosas
que estaban escritas en los libros, según sus obras.*
Apocalipsis 20:12 (RVR60)

En la República Mexicana, los jueces del estado civil son responsables de registrar en libros las actas de nacimiento, de matrimonio y de defunción de todas las personas. A esto se le denomina registro civil. Un caballero se presentó a cobrar su pensión y le dijeron que no podían dársela. La encargada le explicó: "Su nombre no aparece en los registros, entonces usted no existe". Obviamente, se trataba de un error informático.

En el hospital donde mi primera hija nació, había registro civil. A las dos horas de haber nacido, la huella de su pequeño dedo ya estaba estampada en el documento. Me emocionó leer su nombre completo en un papel que sería anexado al libro con el registro de ciudadanos de nuestra ciudad. Algo similar ocurre cuando ponemos nuestra fe en Jesucristo. Nuestro nuevo nacimiento se registra en ese libro de la vida.

Para realizar nuestros trámites cotidianos resulta muy importante el registro, pero es todavía más importante que nuestro nombre esté anotado en el libro de la vida pues indica nuestra salvación. El juicio final será un evento ineludible, así que más vale prepararnos desde ahora y asegurarnos que nos espera la vida eterna.

Deseo con todo mi corazón que tu nombre ya esté escrito en el libro de la vida, y también los nombres de tus familiares y seres amados. Pongamos todo nuestro esfuerzo en asegurarnos de que el mayor número de personas pueda decir "Presente" cuando allá se pase lista.

Dios, te pido por la salvación de mis seres amados que aún no creen en ti.

MG

30 DE DICIEMBRE

LA NUEVA JERUSALÉN

*Y en la visión que me hizo ver el Espíritu, el ángel me llevó
a un monte grande y alto, y me mostró la gran ciudad santa de
Jerusalén, que bajaba del cielo, de la presencia de Dios.*
Apocalipsis 21:10 (RVR60)

"¿Dónde vive Dios?", me preguntó mi hijita. Se me ocurrieron varias respuestas, hasta que leí con detenimiento Apocalipsis 21. "El hogar de Dios ahora está entre su pueblo" (v. 2, NTV). En el futuro, cuando el gran dragón sea derrotado, Dios traerá un cielo nuevo y una tierra nueva. La santa Jerusalén también descenderá como una novia para su esposo.

Dios secará toda lágrima de los ojos y no habrá más muerte ni tristeza, ni dolor ni llanto. Todas las cosas se harán nuevas. La gloria de Dios iluminará la ciudad. Las puertas no se cerrarán pues no existirá la noche y todas las naciones llevarán su gloria y honor a la ciudad.

Sin embargo, desde hoy podemos ver atisbos de lo que será el futuro. Cuando el pueblo de Dios se reúne, Dios está ahí. Cuando el pueblo de Dios se une para ayudar a otros, somos las manos y los pies de Jesús para ayudar a los desamparados. Cuando el pueblo de Dios entiende que es el hogar de Dios, puede ser esa luz que atrae y refleja la gloria de su Señor.

Al finalizar un año, anhelemos la venida del Señor, pero empecemos desde hoy a ser parte de los planes de Dios. Analiza si ya has sido lavada por la sangre del Cordero y si tu nombre está escrito en el libro de la vida. Si no es así, ¿qué esperas para confiar en Jesús? Y si ya eres su hija, no lo olvides: el hogar de Dios está entre su pueblo. ¡Que así sea!

Tú estás conmigo, Señor.

KO

31 DE DICIEMBRE

¡VEN, SEÑOR JESÚS!

Aquel que es el testigo fiel de todas esas cosas dice:
"¡Sí, yo vengo pronto!". ¡Amén! ¡Ven, Señor Jesús!
Apocalipsis 22:22 (NTV)

Un año en el Nuevo Testamento. Un año de leer sobre la vida de Jesús. Un año de meditar en las instrucciones de los apóstoles. Un año de contemplar la obra perfecta de salvación por medio del Cordero. Y al llegar al final, vemos la hermosa escena del Cordero en el trono de Dios, rodeado de un Edén y un río, un árbol, frutos y hojas medicinales. Vemos un lugar donde no existirá la noche y habrá eterna adoración.

Pero ¿cuándo? Nuestro corazón grita mientras leemos los titulares de los periódicos o miramos a nuestro familiar convaleciente. ¿Cuándo? Nuestra alma gime pues seguimos equivocándonos y lastimando a los que más amamos. ¿Cuándo? Nuestros ojos recorren las bancas vacías en las iglesias y lamentan que los centros de vicio cada vez se llenen más.

"Miren, yo vengo pronto", leemos. Sin embargo, estas palabras se escribieron hace dos mil años y aún no vuelve. ¿Cuándo y cómo será? ¿Qué significa "pronto" en el vocabulario de Dios? ¿Un año? ¿Mil? Después de recorrer las páginas del Nuevo Testamento podemos confiar y esperar. Confiar porque Él no ha fallado a ninguna de sus promesas. ¡Cuántas no se cumplieron con la primera venida de Jesús!

Y esperar porque todavía nos falta clamar con el mismo fervor que los primeros cristianos: "¡Ven!". Por lo tanto, esta es mi oración de fin de año: que en el siguiente mi mente lo conozca más, mi corazón lo ame más, mi alma lo adore más, mi cuerpo lo sirva más y, que con más certeza y convicción, con más anhelo y fervor, pueda clamar a la par del Espíritu: "¡Ven, Señor Jesús!".

Señor, que la gracia tuya sea con todas las que han leído este devocional.

KO

KEILA OCHOA HARRIS es una escritora prolífica con más de veinticinco libros publicados. Su gran pasión es escribir novela, pero también desea compartir las verdades de Dios con mujeres de todo el mundo. Casada con Abraham y madre de dos hijos, radica en México.

MARJORY (MARGIE) HORD DE MÉNDEZ es antropóloga y lingüista, graduada de la Universidad de Américas de Puebla. Ha enseñado inglés, lingüística y traducción a nivel universitario. Desde 1995 ha colaborado con la revista *Alianza*, de la cual también fue editora. Es coautora de dos libros devocionales, y este es el tercero. Es autora del libro *Visión 60/60: Vida en plenitud después de los 60 años*. Viuda, mamá de Esteban y Linda y abuela de siete nietos. Durante la pandemia caminaba por los menos 6.000 pasos al día.

MAYRA GRIS es coautora de *Un año con Dios*, editora de la Revista *Grupo Alianza* y Cofundadora de *Insight Gospel Community*. Ha estado casada por más de 30 años con Guillermo Luna. Le gusta pasar tiempo en familia junto a sus hijas Danna, Alisson y su yerno Brandon. Sus gatos Mazapán y Shiro son considerados parte de la familia. Vive en León, Guanajuato, en México.

YURI FLORES es una maestra a punto de jubilarse. Es co-líder de la reunión femenil e instructora de chicas adolescentes en un discipulado en la Iglesia Cristiana Eben-ezer de la ciudad de Puebla, México. Además, fue integrante de la Estudiantina Eben-ezer. Hermana de tres mujeres y tres hombres, tía de once sobrinos y nueve sobrinos nietos, los ama con todo el corazón. Viajar es su pasión, así como conocer más al Señor.